想文库

教育中的直觉

AWAKENING THE INNER EYE

INTUITION IN EDUCATION

[美] 内尔·诺丁斯（Nel Noddings）　保罗·J. 肖尔（Paul J. Shore）　著

梁明月　王慧　译

教育科学出版社

·北京·

致我的母亲奈莉·丽思·沃尔特。

——内尔·诺丁斯

致格雷德·麦金尼斯。他一直认可直觉在教育中的重要性。

——保罗·肖尔

心灵有自己的逻辑，而理性对此一无所知；我们可以通过多种方式认识这一点。

——布莱士·帕斯卡

译者序

关注教育中的直觉

诺丁斯（Nel Noddings）1929 年出生于美国，先后当过高中数学教师、学区督学和大学教师。近十余年，诺丁斯的著作及相关理论受到了我国学者的广泛关注。即便不太熟悉她的人，也大体知道女性主义、关怀伦理、学会关心等属于她的独有标签。女性主义并没有刻意强调性别差异和对立，而是在强调不同性别独特而多元的存在方式。作为母亲，诺丁斯用爱滋养了十名亲生及收养的子女。作为学者，她是拥有深刻洞见的睿智女性。在一个以男性理性认知逻辑为主导的学术场域中，情感主义的、女性主义的观点很难被广泛认同，然而诺丁斯做到了。

20 世纪 80 年代，诺丁斯进入了知天命的年纪，她的思想日趋成熟，成果丰硕。她在 1984 年先后出版了《关心：伦理和道德教育的女性视角》（*Caring：A Feminine Approach to Ethics and Moral Education*）和《教育中的直觉》（*Awakening the Inner Eye：Intuition in Education*）。这两本著作是诺丁斯关怀理论的重要基础。

一、本书的主要内容

一直以来，直觉都是一个令人感兴趣的话题。对于直觉，人们既熟悉又陌生，它难以捉摸但可以感受、感知。本书选择了一个具有难度的研究主题。诺丁斯在前人探索的基础之上，梳理并论证直觉在人类漫长历史中，尤其是近几个世纪以来的发展历程。她分别考察了直觉在知识发现与创造中、在人类学习过程中、在女性与儿童身上、在教育中的发展历史。诺丁斯论证了直觉、直觉模式的接受性以及理解力，这为她后续发展和完善关怀理论打下了重要的哲学和心理学基础。

第一章溯源直觉概念的历史。直觉的发展就像拥有它的那些人一样，经历了各种波折。古代的直觉曾经被认为是唯一确定形式的知识及其来源，它普遍地存在于不同的文化环境中，通过先知或神谕的形式发挥着解释、预见的作用。亚里士多德提出，直觉模式是理性与认知相结合的产物。中世纪的神学家们是第一批使用直觉一词的人。他们用直觉来描述一种不可言喻的"上帝认同"的神秘体验。

第二章综述 20 世纪的直觉研究。首先，直觉作为一个日常概念，继续被用作其他概念的同义词。其次，直觉作为一个对神秘主义者充满吸引力的概念，又一次被作为真理的特殊来源，例如在科学的未知领域。再次，直觉作为一个哲学和心理学的概念，经历了不断的细化和强调。这也是诺丁斯整个理论体系的重要基础。康德指出，直觉与感官知觉（感性）相联系，感性与理性有密切关系。他还界定了两种纯粹理性直觉形式：空间（Raum）和时间（Zeit）。施莱尔马赫指出人类有四种智慧：自我引导、世界直觉、审美直觉和哲学思辨。直觉在哲学中经历了从被直接排斥、被勉强接受、得到感兴趣的分析到被认同的曲折发展。直觉成为认识论和道德哲学中的基本概念。在心理学领域，精神分析学派、格式塔心理学派等均做出了重要贡献。荣格指出，直觉是一个非理性的机能，是一种感知功能，包括内在直觉与外在直觉。美国精神分析学家伯恩对直觉理论的贡献是做出了"直觉氛围——最值得鼓励的直觉思维状态"的描述。此外，该章阐述的直觉与女性的话题也十分有趣。从狩猎采集社会、封建社会到现代社会，女性的职责主要是照料、协调、关爱，因此女性在社会中经常被塑造成社会关系的协调者。在这一过程中，女性认识和发掘他人的直觉能力逐渐被强化，这些直觉中就蕴含了关怀的直觉。在基础教育阶段，女性教师居多也具有一定的合理性，因为女性更能敏锐地觉察到儿童的精神与情感需要。

第三章继续对直觉进行分析与论证。直觉作为知识的基础，是知识的特殊来源，具有揭示、发掘意义的能力。直觉作为一种认知方式，为理性功能提供了对象。诺丁斯考察了直觉和表象、即时性直觉、直觉和意志、直觉的领域、直觉与熟悉的关系。诺丁斯指出，关注直觉的内在效用与本体价值，也会让教育工作者接近人类学习中最激动人心和最需要探索的领域。直觉把来自感知世界的图像带入了认知和情感，促进人的全面协调发展。她在直觉的领域阐述道德直觉：此时，直觉的对象不是他人的痛苦；此时，直觉直接唤起人的道德动机，引领人的道德行动。例如，施救者看到有人在水中挣扎，立刻跳水救人，并不需要经过理性分析与逻辑推理——今天天气如何、水凉不凉、距离有多少米、救起后会不会给我报酬，而是直接遵循道德直觉的判断，其依据是"我"与"你"的生命关怀关系，"我"要以最快的速度采取行动。

第四章论证了直觉模式。相对于前三章而言，从该章开始，所述内容更加具体，易于理解。直觉模式的主要特征有：意志的参与、感官的参与、接受能力、对理解力或同理心的追求，以及主观确定性和客观不确定性之间的张力。在直觉过程中，主观参与的方式有感受、倾听、观察、体验等，那些被感知、被接收到的情绪同样具有重要价值。我们可以利用心理学的同化、顺应的概念，或者采用神经学中刺激信息的冗余增加或冗余减少的概念，来表达直觉的发展变化。例如，经历了几天慎重认真的思考，在暂时休息或半睡半醒时突然灵感迸发，这是直觉等非理性感官持续思考与观察的结果，是因为直觉联结了非理性与理性。直觉模式的目标通常是"我明白了"这种类型的理解。然而直觉也存在不确定的风险，这是我们必须承认的局限性。

第五章讨论了如何强化直觉模式。首先需要明确的是，指向理性分析的直觉一般需要经历准备、孵化和启发几个阶段，但不必然导向如自然科学的重大发现等成功的结果。诺丁斯指出，我们必须承认直觉与直觉模式的合理性与正当性。在学校中讨论直觉与直觉模式时，可以鼓励师生分享有关直觉活动的信息和经验，可以使用能够增加学生感性经验的传记类材料，应该公开讨论历史文献中寻求意义的部分。然而，在自由的和理性的信息交流中，情感是直觉的核心，情感可能会被激发，信仰可能会受到审视。讨论直觉活动不是传播宗教、神秘主义或迷信，而是将它当作一个可以用理性与经验分析的对象。精神信仰的问题，是涉及人的终极关怀、人生指引的问题，是人类深切而普遍关心的问题。直觉讨论的范畴不仅涉及信仰，觉醒的"内在之眼"将目光投向所有感兴趣的事物：棘手的概念问题、充满希望的方法和技术、感官愉悦的领域和对象、爱和信仰、喜悦、恐惧、痛苦和快乐。为此，我们必须是自由、理性、学习成长的人，不能因为讨论这些问题而产生不适宜的行动。这些超越了学校教育的既定知识范围，应当引起我们的反思。鼓励直觉活动或强化直觉模式的具体活动包括鼓励接受、寻求理解、保持紧张等。寻求理解这部分还包括关注、注意、重要感、兴趣等。"直觉活动伴随着强烈的情感；事实上，正是智力活动的情感强度构成了直觉的参与。"接受、接受性、理解等词语在诺丁斯的后续著作中都是核心术语。

第六章主要阐述这样一种观点：在课程与教学中，应当以能够强化直觉的方式对学习主题进行编排。作为教育研究者，诺丁斯更关注直觉对真实的、挣扎的、易犯错的、有感觉的人类的作用，尤其关注直觉如何促进学习、创造、表达和解决问题，如何根据直觉、直觉模式等理论来提高人的直觉能力。在课程与教学方面，第一，主题应当以能够激发学生乐于学习的意志为目的进行呈现。第二，应为了提高学生的接受性而进行主题编排，同时，教师在教学过程中应善于察觉学生，能够利用色彩、语气、节奏、调控、激情、和谐统一感等吸引学生。"接受性是人类关怀的关键特征；一个关心他人的人，首先要接受他人。"第三，要提高对对象的熟悉度。获得熟悉度的具体操作包括：回顾、提供充足的材料、有意义的归纳、展望等，使得主题内容"既熟悉又陌生"，即主题内容的编排与呈现方式要体现螺旋式上升的特点。第四，应发展嵌入对象的结构表征。学习一个新的主题，需要理解直觉材料，即将学习主题的学术话语翻译转换为学生能够理解的内容与表征。如果使用直觉的呈现方式，我们可以借助以下方法：强调学生的观察、判断、表达偏好；提供几种可供选择的路径；提供多种可供检验假设的方法；采用更加丰富的资料与呈现形式；图文并茂，增加原理图、地图等的使用。第五，应促进理解的发展。我们需要从不同层面解读理解，对直觉的安排与呈现都是为了促进学生的宽泛意义上的理解。这不仅是指教或学的进度，还包括惊讶、喜悦、幽默、沉思和分享等，这些内容构成学习的情感色彩与背景意义，都是珍视直觉的教育的重要组成部分。

第七章是诺丁斯认为的重点章节。教育博爱或者教育爱有如下内涵：其一，希望与教育中的人进行面对面的、真挚的接触，超越肤浅的、参与他人精神生活的愿望；其二，热爱所教内容，热爱教与学的行为；其三，对学生有使命感与责任感。直觉与爱在佛教禅宗、教育家裴斯泰洛齐、哲学家布伯的理论中均十分重要。爱是孩子受教育和发展的重要力量，是教育者应该关心的核心问题。依据教育博爱的定义，诺丁斯指出，直觉和爱在学习环境中以三种特定的方式互动：教师和学生之间的关怀和直觉敏感性，教师和学生可能共同感受到的关于某一学科领域的爱和直觉"感受"，以及对学习或教学行为的爱。退一步讲，如果爱遭遇挫折，也要相信直觉与爱，且应当更加重视直觉反应和直觉方法，但不盲目依赖它。相信爱，就能获得最强大的力量。

第八章主要讨论了直觉研究的最新进展，包括研究成果、重要的研究机构，以及一些新著作，如《宝瓶同谋》（*The Aquarian Conspiracy*）和《绿化美国》（*The Greening of America*）等。《宝瓶同谋》中指出，所有疾病都可以在某种程度上与情绪压力和精神状态联系在一起。生物反馈、太极和其他与身体"接触"的方法（例如，催眠、冥想和其他练习）已经产生了显著效果。这些都说明非理性功能具有很大潜力，值得重视。此外，还有《体态语言》（*Body Language*）、《非语言交流》（*Inside Intuition*）等描述直觉、无意识与非语言沟通的著作。在直觉与精神领域，诺丁斯推荐了《快乐的宇宙观：意识的奇遇》（*The Joyous Cosmology：Adventures in the Chemistry of Consciousness*），这本书对教师教学也有帮助。此外，《禅的觉醒》（*The Awakening of Zen*）一书认为，真正的爱不具有破坏性。"爱学生不是要指导和操控他们，教师必须努力将教学/学习过程转变为一种更加全面的体验，不再关注权威，而是重视教师、学习者、学科和教学/学习行为之间的直接联系。"另有关于直觉的两本重要著作，分别是侯道仁（Douglas R. Hofstadter）的《GEB：一条永恒的金带》（*Gödel, Escher, Bach: An Eternal Golden Braid*）和凯斯特勒（Arthur Koestler）的《创造行为》（*The Act of Creation*）。如果对直觉研究感兴趣，可以对这些内容保持关注。

二、重视直觉等情感因素在教育中的价值

诺丁斯教授学养深厚、视野开阔、思路宽广，其理论引人深思。人类在数百万年的演化中，逐渐适应自然，而且发展出了敏锐的知觉、直觉，逐渐增强了理性，获得了道德等并将之刻入基因。现代人类便由此拥有了获得性遗传，即各种各样的高级心理机能。直觉便是其中之一。然而，人类对自身的认识存在局限，直觉等情感或非理性因素没能得到更多关注。这令人深感遗憾。诺丁斯在本书中旁征博引，做了充分的论证。从她的论述当中，我们能够看到康德、杜威、怀特海、荣格、布鲁纳等众多哲学家、心理学家、教育家的思想的影子。她在本书中还引用了众多数学方面的案例、文学经典的内容，例如《艾丽丝梦游仙境》（*Alice's Adventures in Wonderland*）、《注释本艾丽丝》（*The Annotated Alice*）等。她博闻强记、学贯中西，在本书中对直觉、爱、教育的相关阐述对突破我国当前的教育困境很有启发。

人的生命在本质上是情感性和精神性的。诺丁斯对人抱有诚挚深刻的情感，以关怀的视角观照每一个普通人的生命全过程，考量人的本质性生存的需要。她想要探究的是人的精神现象及其经由教育而健全发育的过程，然而每个人的精神世界神秘而难以窥探。幸运的是，精神世界的外在表达即

情感是可以观测与塑造的。"我们需要这样一条线索，它能够贯穿起我们生命最本质的部分，连接那些我们真正重视的东西：激情、态度、连续性、忧患意识和责任感。我愿意把关心作为这条线索。"① 她陆续描述了关心、直觉、罪恶、信仰、道德、幸福等一系列反映人的精神世界的情感现象，她把关心作为自己思想体系的核心与本体性存在。

情感互动是我们生存的方式，那么何种情感互动是理想的呢？诺丁斯的答案是关心。在本体意义上，关心是一种关系性的存在，彼此建立关心关系的情感互动是一种理想状态；在具体操作意义上，关心是一种不期望回报的美德，有具体的操作模式。这样的关心关系是可能的吗？她以关心、直觉作为两大基础概念，从哲学、心理学和与之相关的自然科学与社会科学领域寻找答案，进行论证。直觉，在诺丁斯的教育思想体系中占有基础性地位。直觉的存在是关心关系得以建立的认识、意识和心理基础。关心者的意识在本质上是接受性的，即以直觉思维为基础。直觉能力可以被强化，这关系到建立关心关系的可能性与关心关系的可塑性。

诺丁斯强调人的多样性的、基础性的情感。她指出，教育应从人的整全生命出发关怀人，帮助人学会过有意义的生活，教育应关注人的情感基础、兴趣与能力的多样性。她思考了未来社会需要什么样的人等基本理论问题。因此，诺丁斯可以超越教育中现有的学科体系范畴，提出以关心重构教育内容体系，强调直觉及以直觉为代表的非理性层面的内容应当在教育中占有一席之地。诺丁斯十分重视那些对人的一生发展具有积极价值的情感要素，例如关怀能力，成为合格父母、合格职场人的能力，诚实劳动，等等。她还关注直

---

① 诺丁斯．学会关心：教育的另一种模式 [M]．2 版．于天龙，译．北京：教育科学出版社，2011：61.

觉、兴趣、幸福等多种关涉整全人格的能力。诺丁斯强调要
向学生传递这样一个信息：学校教育不是通往上流社会的阶
梯，而是通向智慧的道路。成功不能用金钱和权力来衡量，
成功意味着建立爱的关系，增长个人才干，享受自己所从事
的职业，以及与其他事情和地球维系一种有意义的联结。其
实，不仅是建立联结的能力、直觉能力、关心能力，在教育
领域，我们还应当重视与呵护人类发展的全部情感，包括兴
趣、专注、神往、不过分的依恋、创造性，包括那些与智
力、道德、审美相关的特质。我们应当保护所有有利于身体
健康、智力和创造性发展的情感内容。例如，我们现在所关
注的创造力，与信任、安全感、宽容、兴趣、勇敢和大胆、
思索和探索、质疑批判、审美有关，这些情感就是我们应当
着力去培养的。这是教育研究应关心的问题之一。

最后，回到本书的直觉主题。以往直觉这一研究主题一
直处于含混不清或被忽视的弱势地位，关于直觉的认真严肃
的学术研究并不多。如果对直觉感兴趣，本书是一本很好的
指南。相信在未来，教育中的直觉等情感要素在全世界会得
到更多的重视和研究。

王　慧　梁明月
2021 年 9 月

目录

第三章 什么是直觉

第四章 直觉模式

第五章 强化直觉模式

第六章　课程与教学：对主题的直觉安排与呈现

第七章　直觉、爱和教育

第八章　直觉研究的最新进展

第九章　结论

致　谢

首先，我们要感谢朱利叶斯·莫瑞夫克斯克（Julius Moravcsik）。他对"直觉"的思考为我们的研究提供了最初的灵感。同时，多年来斯坦福大学教育学院的众多学生对直觉的研讨和评论也为本书的写作提供了巨大的支持。

托马斯·M. 罗特尔（Thomas M. Rotell）是哥伦比亚大学师范学院出版社的前主任。我们感谢他一直以来的热心和鼓励。我们还要感谢凯丽·克恩（Kerry Kern）和卡伦·奥斯本（Karen Osborne）对本书的编辑以及一位匿名的评论家为本书提供的帮助。克雷格·B.沃泰特（Craig B. Vittetoe）和利萨·布洛什（Lisa Bloch）提供的编辑建议很有用。露丝·伯格曼（Ruth Bergman）在本书的文字输入方面提供了巨大帮助。特别感谢简·瓦萨姆（Jane Wassam）对本书出版所给予的支持。

xi

导 言

几个世纪以来,直觉一直是一个令人着迷的话题。几乎每个人都在使用这个词。有些人怀着欣赏的态度认真地使用它;有些人怀着质疑的态度认真地使用它;还有一些人"只是"使用它,并没有想过要确切地说清它的意思。在最后一类使用者中,我们发现许多思想家将直觉看作非正式的、不严谨的、可视的、整体的、未完成的,以及其他诸多术语的同义词,并以此吸引人们的眼球。正是这种随意使用和滥用,导致直觉一直是教育工作者口中的流行语,但却没有在教育中产生真正有用的价值。

除此以外,还有许多思想家非常认真,并以欣赏的态度看待"直觉"和"直观"。其中,柏拉图主义者将直觉假设为一种心智能力,认为它将我们连接到一个理想形式的领域;神秘主义者则将直觉作为一种实现与"存在"的联系的手段。不过无论是理论家还是各种信仰的实践者,他们都在努力提高人们的直觉能力。这两类人都不应被忽视。在这两类人之外,还有许多人正在从事有趣的甚至是开创性的工作。我们将这种工作称为第三类领域(关于这类领域的介绍将放在本书的最后部分)。我们将以批判和欣赏的眼光来看待关于直觉的各种立场。这些立场不能被完全归纳到我们所建立的概念框架中。柏拉图主义者和神秘主义者的解释会让人们研究直觉和理解直觉变得非常困难，因为他们认为直觉是一种天赋，是我们无法用其他方法到达的领域。总结上述所有论述，我们发现它们都表达出：人们并不能通过日常生活的经验获得直觉。然而，我们认为我们设计的方法必须适用于日常生活世界。

我们从历史维度梳理了直觉的概念，从古代预言家那里溯源其发展。我们审视了艺术、心理学、教育和哲学等领域中的直觉概念。在追溯过程中，我们博采众家之长，重新构建直觉的定义。在这个过程中，我们分析了直觉与接受性、意识、直接性、表象和直观等术语的关系。在第四章，我们建立了一个基于"直觉模式"概念的框架。在这一章中，我们指出直觉思维和分析思维是有区别的。直觉模式的特征包括意志的参与、感官的参与、接受能力、对理解力或同理心的追求，以及主观确定性和客观不确定性之间的张力等。

我们在后续章节中使用了之前构建的概念体系。我们讨论了直觉模式的建立、维持和增强，以及如何努力尝试将这些重新用于认知和情感教育。在有关直观的主题范围和陈述中，我们描述了课程制定者和教师对于直觉的应用，包括：结构性课程，归纳法，创作表现，多重体现，从以前的抽象层次、嵌套的符号结构和其他层次中创建出新的具体层次。本书重点强调了"直觉、爱和教育"这一章。在这一章中，我们发现直觉在人际关系领域非常活跃。我们对师生关系以及教学如何提升学生的道德和智力尤为感兴趣。

作为作者，我们希望读者能捕捉到我们在研究和写作中所经历的愉悦与兴奋。直觉是一门既刺激又极具挑战性的学问。在探索它的过程中，我们不得不努力应对一些棘手的哲学问题、难以处理的语言歧义以及许多人（包括一大批教育者）对整个直觉概念所持的怀疑态度。那些对直觉的历史或哲学不感兴趣的读者可以跳过或浏览前三章。接下来的章节从"直觉模式"开始非常具有可读性。前几章我们的注意力集中在一个有趣的问题上：什么是直觉？在后面的章节中，我们探讨了教育者更熟悉的问题：如何才能做到这一点？

我们的研究并不是要限定直觉，而是希望这本书是关于直觉的意义、重要性和用途的严肃对话的开始。这场对话不仅涉及学者和科技工作者，还涉及教师、艺术家和其他在日常生活中遇到直觉的人。我们认为，如果要让直觉在有价值的教育概念中占据一席之地，那么这种交流是必不可少的。

xv

第一章

直觉的概念溯源

事实上，我们确实很难有绝对的道德勇气去承认直觉不是天性。它可能没有被描述为一种内在的神圣本质。因为这种本质需要我们勇于发现并敢于承认自己的发现，尽管直觉应该被置于个人内在的狭小地带。

——考文垂·帕特摩尔（Coventry Patmore）《先知、思想家和空谈家》

哲学家和教育家使用的词汇中，很少有像"直觉"这个词那样令人困惑的。"直觉"一词来源于拉丁语中的动词"intueri"，意为"观察"。随着一代又一代的哲学家、教育家和其他领域的人们用它来描述各种各样的成功和经历，"直觉"这个词的含义逐渐发生了变化。虽然直觉曾经被认为主要是哲学家和神学家关心的问题，但近年来心理学家和教育家对直觉思维的意义和重要性越来越感兴趣。著名的现代心理学家杰罗姆·S.布鲁纳（Jerome S. Bruner）认为，直觉对教育者来说尤其重要。[1] 在《教育过程》（*The Process of Education*）中，他提出了两个问题：什么是直觉？教师如何培养直觉？但是，布鲁纳承认他并不清楚什么是直觉思维。[2] 因此，教育者在《教育过程》一书中难以找到直觉的确切定义。尽管其中提出了很多培养直觉思维的建议，但是人们仍找不到"直觉到底是什么"的明确表达。

如果教育者想寻求直觉的定义或建构模型，那么他们在检索其他关于直觉的著作时，同样会很困惑。从伊曼努尔·康德（Immanuel Kant）开始，许多作者都用这个词来表示某种自发的理解或知觉，但对于直觉的实际性质却没有什么共识。比如：美学家贝奈戴托·克罗齐（Benedetto Croce）将艺术表现与直觉相联系[3]；格式塔心理学家，尤其是马克斯·韦特海默（Max Wertheimer），强调直觉在问题解决方面的意义[4]；而哲学家们，包括亨利·柏格森（Henri Bergson），对直觉仍然有不同的理解，认为它就是一种无我的意识，能把自己和直觉的对象等同起来[5]。与此同时，东西方的神秘主义者都用这个词来表示一种宗教启示或启蒙，一种与解决问题甚至与创造力无关的体验。[6]最后，大众用直觉来表示正确的预感，或者可能是"千里眼"或其他心灵感应，人们甚至给有洞察力的、有经验的女性贴上了一个特殊的标签——女性直觉。[7] 人们对直觉体验的各种风格的讨论进一步丰富（其实是混淆）了直觉的定义。这些作品从哲学论文到心理学分析，再到诗歌、小说和通俗的非文学作品，其涉及领域也很广泛，包括艺术、精神、教育和伦理。

面对"直觉"这一系列令人眼花缭乱的含义，一些教育者选择了完全忽视直觉或轻蔑地把它看作不容易被描述为逻辑或理性的东西，一些作家甚至更进一步地谴责直觉只是不精确的思考。典型的例子是齐格弗里德·英格尔曼（Siegfried Engelmann）和特雷泽·英格尔曼（Therese Engelmann），他们写道：

> 对于"直觉"的感受实际上只不过是一个非常草率的学习环境的副产品。它可以仅仅通过这样一种方式提出一个概念来诱导学习者，即学习者必须花费大量不必要的时间来学习它。通过改进演示可以消除直觉的感觉，从而减少学习概念所需的时间。[8]

但是，若教育工作者因此便忽视"直觉"，并把它视为学习中一个不重要的部分，那他们就有可能忽视直觉在推动科学进步和促进艺术与人文学科发展方面的不可估量的贡献。同时，忽视直觉的内在好处，也会让教育工作者远离儿童和成人学习中最激动人心和最需要探索的领域。

像布鲁纳这样杰出的现代教育家仍然对直觉的含义缺乏清晰的认识。因此，我们还需要对这个重要的概念进行更进一步的研究。下面几章将展开这样的研究。首先，对主要哲学家、教育家和作家有关直觉的观点做简要回顾，并试图比较他们对这个术语的不同看法，从中考察直觉概念的演变，以及人们为界定这一术语所做出的各种努力。这一讨论并不完全是历史或哲学的叙述，但它确实揭示了直觉在教育史和哲学史上的作用。我们相信这样的研究是有根据的，因为到目前为止，教育者还没有接触到真正的直觉概念史。虽然这一论述可能并不详尽，但仍然可能增进我们对直觉的理解，并鼓励其他人进一步讨论这个主题。

古代的直觉观

史前和古代社会用多种不同的方式寻求与验证知识。在验证过程中，来自外在物质世界的证据总是与个人或整个社会所产生的主观印象相互竞争。在古人看来，外在刺激和主观印象之间并没有明确的区分，因为主观印象常常证实（或证伪）外在刺激，外在刺激也常常证实（或证伪）主观印象。

如果感受过愿景或经历过顿悟，那么整合、解释直觉（或顿悟）将被视为个体最重要的能力。一种直觉可能普遍地存在于不同的文化环境中，它通过先知或神谕发挥着解释的作用。先知或神谕通常是社会中最重要的人，受到其他成员的敬畏和崇敬。这些先知或神谕可以预测社会的未来或洞察过去和现在。他们还可以协助解释或检验别人的直觉经验，以此作为知识的来源。这种直觉顿悟和经历常被视为来自神灵的启示以及先知（神谕）拥有特殊能量的证据。

先知或神谕的心理状态可能是冷静而理性的，就像阿兹特克人、巴比伦人和埃及占卜者；也可能是义愤填膺的，比如（像）希伯来预言家；又或者是疯狂的，亦如德尔斐神谕那样在恍惚的状态下预测了未来事件。在一些文化中，先知和神谕结合成强大的世袭祭司，如古代以色列的祭司，而在另一些文化中，先知是生活在社会边缘的孤独的人，只有在传递启示或回答紧迫问题时才冒险进入社会。在其他文化中，包括在美洲原住民看来，直觉是一种个人体验，很多社会成员可能会在特殊时刻参与其中。所有先知和神谕都声称：无法通过理性的手段获取知识。他们所共享的是一种通过理性手段无法正常获得的知识。这并不是说他们的知识都被认为是不正常的或"非理性的"，相反，它常常被认为是最有价值的知识。[9] 许多当代文化都对直觉过程持有严谨的态度。下面我们快速浏览两个主要的非西方社会使用直觉的方法。

中国人通常用比较严肃的态度来对待直觉观念。这种观念往往附着于一些具体的表征之上，如蓍草棒的图案、骨头（贝壳）加热后生成的裂纹等。他们的观点之所以如此严肃，是因为他们重视对这些事物的解释。这种解释需要非理性的联想和自发的见解。他们是严肃解释直觉的典型代表。例如，龟壳放在火上加热后形成了裂缝。对此，他们必须按照一套已经建立并登记造册的模板进行解释。解释者必须把比较零散而模糊的信息转化成易于理解且实用的信息。西方人通常很少接触上述形式的占卜或风水，但是《易经》[10]在西方很受欢迎，有些人认为，通过这种仪式，可以了解人类的主观世界和客观世界之间的相互作用。

在一个简短的梳理中彻底解释印度教的直觉观念是不可能的，但是印度教有几点是值得关注的：第一，对于印度教徒来说，通过冥想可以获得直观见解并严格控制心神。第二，直觉通常阐明了宏大的或普遍的宇宙问题，而不为解决具体问题。第三，直观的体验总是与精神和美学相关联。

直到 20 世纪，传统的东方直觉观念对西方哲学和教育都几乎没有直接影响。然而从 19 世纪末到现在，西方知识分子对东方神秘主义的兴趣与日俱增。一些作家，如艾伦·沃茨（Alan Watts）用东方隐喻描述直觉和精神体验。西方哲学家也认真研究了东方精神领袖的教义。[11] 在过去的几十年里，美国和西欧的流行文化也受到了印度教神秘主义、中国道教以及其他亚洲宗教和哲学体系的影响。这种融合最重要的贡献是：促使直觉在普通人和教育者的直觉经验中合法化。虽然对东方宗教的一些改编对于认真学习直觉的学生来说似乎没有什么价值，但印度教、伊斯兰教的苏非派①和其他东方宗教的原始著作值得进一步研究。按照亚瑟·叔本华（Arthur Schopenhauer）对直觉思维的阐述，佛教哲学及其重要性也是直觉的学习者应该研究的。

古希腊人和古罗马人认为理性知识和直觉知识都是有效的。事实上，直觉知识被认为是特殊的，通常可取代理性结论。例如，雅典将军尼西亚斯（Nicias）在锡拉库斯（Syracuse）被包围的时候，违背了他的理性判断，他对月食的直觉判断导致他的军队推迟了撤退。[12] 不幸的是，他对月食的解释导致了雅典人的决定性失败。其他古代领导人往往表现得更好，他们呼吁采用更全面的解读和预测技巧。几千年来，先知和神谕用一些奇异的名字来扩展他们关于所处时代的知识：神秘学、神谕宣告的艺术、梦的解释以及古希腊人都知道的先知或祭司的传说。罗马人对涉及自然世界的占卜特别有兴趣，西塞罗也写过一篇相关的论文。

对于古希腊人、古罗马人及其中东邻居来说，非理性的知识资源之所以受到重视，不仅是因为它可能解决现实问题，更是因为它可以

6

---

① 苏非派，又称苏非主义，即伊斯兰教中的神秘主义及禁欲主义，约出现于 9 世纪。它强调用神秘的直觉认识真理，重视精神世界与真主的联系。——译者注

帮助人们触及精神及非物质世界。因此，神谕实践和先知直觉之间的联系在整个古代都非常紧密。随着时间的推移，由于直觉常与不可信的精神领域相联系，结果易变，因而其在科学界中遭到贬低。正如我们将看到的，直觉在这一方面的漏洞一直持续至今。

随着古希腊哲学的发展，从直觉中获得的知识或基本真理被保留下来，融入哲学理念之中。活跃于公元前五六世纪的毕达哥拉斯学派将天文学和数学的知识融入数理本身。它（数理）存在于一个可被直觉理解的领域，从而获得对宇宙的深刻理解。这种理解是其他方式无法获得的。当地的神谕通常与一个特定的神有关。神谕会做出奇怪的，经常是不可思议的预言。苏格拉底相信一种善良的精神在关键时刻可以引导他的行动，使他可以无视朋友的请求，执行审判。[13]

从国王至奴隶都相信从幻象、洞见或梦想中获得知识是可能的。古希腊人在科学、哲学和艺术领域的杰出成就让我们相信直觉的存在价值，促使我们必须严肃认真地对待直觉观念，不把他们当作迷信的"无知之人"。

在毕达哥拉斯之后，柏拉图是最有影响力的哲学家。他在直觉问题上做出了很大努力。他的《理想国》充满了直觉色彩。这些思想并非来自具体的经验，而是来自他关于"理念世界"的直觉。这点常被评论家忽视。事实上，始自柏拉图的整个唯心主义哲学流派都植根于这样一种观点：直觉观念是可靠的知识来源。几个世纪后，德国哲学家康德利用柏拉图的直觉和理念的概念建立了自己的直觉理论。[14] 如今，有些人过分拥护唯心主义，认为这是一种完美的思维模型。在当代教育中，这个观点依然存在。然而这并不是我们应当采用的，因为它倾向于在道德和知识之间采用非此即彼的立场。

柏拉图和他的弟子们亦很重视理性。柏拉图在《理想国》中所设想的社会在很大程度上是以理性方式运作的。然而，柏拉图的许多观点的基础是一种非物质的唯心主义。这种唯心主义来源于他对人类和社会本质的直觉。柏拉图没有详细阐述其直觉洞察力的形成过程，但他的弟子亚里士多德曾专门且详细地讨论了直觉过程。

亚里士多德认为有些知识是不用证明的。他将之称为直觉理性。亚里士多德认为，除非某些知识无须证明便为人所知，否则一旦开始演绎推理，就需要直觉理念或归纳经验。这种直觉理念甚至高于科学的普遍性。亚里士多德认为，这对于科学探究来说是不可或缺的。在《后分析篇》（*Posterior Analytics*）中，他写道：

> 通过一些思维方法，我们知道一个真理：有些总是正确的，另一些，如一些观点或计算，可能会出错。然而，科学知识和直觉总是正确的。除了直觉以外，没有其他任何想法比科学知识更准确。[15]

如今，很少有人关注亚里士多德为直觉知识（包括欧几里得公理）所做的论证，因为直觉不再被认为是真理的可靠来源。事实上，概念化直觉的发展标志是：从把直觉视为真理的永恒源泉，转向把它视为一种认识的方式，一种观察知识对象的方式。知识和真理之间的区别是至关重要的，我们将反复强调这一点。当直觉被看作知识或实践的来源时，它一直被各种哲学或宗教体系过分夸大的情况便被消除了。由此，直觉成为教育工具进入人类的经验过程之中。

我们需要进一步强调亚里士多德的直觉观与其他古代哲学家的直觉观的区别。尽管亚里士多德崇尚直觉理性的价值，但他对这一概念的理解并不是宗教或精神意义上的，就像后来中世纪经院哲学家对其作品的解释一样。此外，亚里士多德对直觉的讨论以探究为主，而非以人类行为为主，从而使他有别于伦理道德主义者和犬儒主义者。亚里士多德的直觉与感觉、知觉和记忆有关，但比后两者都要深入。

8

亚里士多德指出："一种重要力量被称为直觉。"[16] 这是一个理解的飞跃，是对一个更大的概念的理解，这个概念是其他智力手段无法达到的，但从根本上说，这仍然是一个智力过程。直觉飞跃的概念是亚里士多德与现代直觉理论家之间的一个重要联系。我们将在关于教育的章节中讨论这个概念。然而，直觉的概念是理性的缩影，这也为"非严肃的"直觉观埋下了种子，阻碍了这一概念在现代的发展。

在基督诞生后，当个人试图应对动荡的政治局势和日益加剧的社会混乱时，出现了一系列教派和哲学学派。罗马帝国晚期各种非理性哲学流派繁荣，其中最重要的可能是新柏拉图学派。新柏拉图学派可能由于其知识分子的领导能力而繁荣了几个世纪，之后进入了基督教时代。新柏拉图学派最著名的思想家是埃及裔罗马人——普罗提诺（Plotinus，205—270），他是古典时期最重要的思想家之一、古希腊神秘主义者的代表。他写道：

> 现在看到和以往看到已经不再是理由。在理性之前，在理性之上，都是比理性更高的东西。因此，看到的东西确实是难以表达的，因为一个人怎么能把他自己以外的东西描述出来呢？[17]

普罗提诺坚信，在一次神秘的体验中，观察者对他正在接触的对象有着很强的联合感。联合或识别感知对象的理论会在后面的章节中得到更详细的研究和阐述。然而，正如我们将会看到的，我们将在后面的章节中阐述我们的直觉观点与柏格森的直觉观点的几点差异。

在古典时期，哲学对直觉的另一方面——"直觉主义"很感兴趣。直觉主义关注的是道德和伦理。它认为道德上的善的知识是由直觉直接达成的。它由西方犬儒学派（Cynics）创立。犬儒学派是古希腊哲学流派之一，活跃于公元前4世纪，影响长达几个世纪。犬儒主义者的道德体系强调美德。他们将美德与意志力紧密地联系在一起。他们认为，每个人对什么是正确的都有一种本能感觉，因此不应该受到法律或社会惯例的限制。值得注意的是，犬儒主义是一种简单的人文主义哲学，不能把它与现代意义的犬儒主义相混淆。[18] 犬儒主义者对个人有很大的信心。这种伦理直觉主义对民主制度的发展也有很大的影响。虽然直觉主义发展的许多方面都不可信，但伦理价值源自某种非理性的观点仍然存在。稍后我们将做更详细的讨论。

在尚未建立直觉主义的教条框架下，犬儒主义者留下了一个潜在空间：通过主观的、个人的反思经验来描述道德伦理价值观。虽然他们的观念看起来类似于柏拉图的理想主义，但他们从来没有坚持要一个可替代的、非物质的宇宙来提供直观。相反，他们强调每个人在现实世界中能够认知且做好事的内在潜力。此外，犬儒主义并不依赖于任何特定的神学理论，相反，它倾向于补充 20 世纪的个人主义和自由主义。现代伦理学家和教育家忽视了这种哲学，其实是不公正的。它可能是把直觉和伦理联系起来的诸多系统中的最优选择。我们将在下一章中看到，直觉主义一直延续到我们这个时代，尽管它在哲学中不再拥有过去的地位。然而，普通大众仍然坚信个人能够辨别是非，而无须借助复杂的逻辑和推理系统。此外，法院还要求个人对其行为负责，即使没有广博的法律知识也要行正事。因此，犬儒主义者所提出的关于对与错的直观认识可以说在许多方面仍很盛行。

像犬儒学派一样，伊壁鸠鲁学派非常强调具体的个人经验。伊壁鸠鲁学派有时被认为是反对直觉的，事实上这是不正确的。伊壁鸠鲁是公元前 4 世纪左右的古希腊人，是那个时代最重要的哲学家之一。他拒绝了柏拉图式的理想主义，坚持认为人类不仅仅具备五种身体感官。诺曼·德威特（Norman DeWitt）指出：

> 除了所有人都有的五种身体感官之外，感觉还包括一些天赋的观念，例如正义的思想等。这些思想先于经验而存在，所以被称为先验。[19]

这些"先验"非常像"直觉"，给了我们评价生活经验的知识。

10

"先验"与快乐、痛苦及身体感觉同时运行，使人类能够公正地对待周围世界。这种非主流的直觉主义在地中海世界的受教育阶层中流行了几百年，直到公元三四世纪罗马衰落之时。

先知或占卜者对罗马帝国受教育阶层的影响在古典时期的后期逐渐衰退。衰退的原因有很多，但最重要的两个原因是：哲学怀疑论的兴起和基督教力量的增长。在希腊化时期，特别是后来的罗马公国时期，受教育阶层对知识的直觉方法不再那么热衷，因为他们接受了斯多葛主义、怀疑论、经验主义或其他不太重视超自然的学说。然而，与此同时，下层阶级仍然对先知、占星术和狂热宗教保持兴趣，尽管基督教的冲击几乎消灭了西方文化中的先知。[20]

中 世 纪

在基督教扑灭了西方大多数与之对立的神秘主义之后，先知仍然在其他文化中占有一席之地。在北美印第安人和盎格鲁–撒克逊人的社会中，直觉的经验依然被认为是有效的知识来源。先知在非洲和亚洲文化中盛行，在印度的苏非派中有大量的文学作品描述了人们采用非理性方式获取知识的经验。[21] 今天，仍有许多社会雇用那些比别人"看得更清楚"、能够帮助预测未来或澄清过去（现在）的人。篇幅所限，我们无法详细讨论其他的直觉表现形式，但值得注意的是，直觉在几乎所有其他世界的文化中都很重要，而它在西方的影响力相对较小。

在欧洲，基督教对终极真理的主张使得先知无法在中世纪获得如过去那样的重要地位和影响力。进入文艺复兴时期之后，科学和理性的经验主义的兴起使大多数（并非所有）知识分子和教育者疏离了将先知作为知识来源的观点。然而，20 世纪以来，人们对其他文化的知识和将先知作为知识来源的兴趣日益浓厚。与此同时，越来越多的教育工作者愿意探索帮助学生获得知识的新方法。目前看来，值得研究的诸多途径之一是直觉模式。这种模式在古代先知的活动中初具雏形。他们能看见或预言别人看不见的东西。直觉模式是我们探索自身概念发展的核心，亦为后文讨论当代直觉论著作提供了焦点。

尽管在基督教建立之后，先知在西方的重要性逐渐减弱，但从古至今，人们对通过直觉方法获取知识的兴趣并没有完全消失。即使在基督教压制了"异教"先知之后，中世纪的神学家们仍然对直觉感兴趣。事实上，他们是第一批使用"直觉"（intuition）这个词的人。他们用直觉这个词来描述一种不可言喻的"上帝认同"的神秘体验。早期的奥古斯丁和中世纪的阿奎那等人都写过非理性的精神启示，因此这种精神被认为是一种直觉体验。中世纪基督教神学中关于直觉概念的复杂因素是：神的启示不仅是非理性的，而且通常违背亚里士多德的直觉概念（即心理行为可能成为知识）。与直觉相反，神的启示不是给所有人的。此外，基督教的基本概念如三位一体等可以成为信条，但不能清楚地从"理性和直觉相互作用"（这构成了亚里士多德的直觉观念）中衍生出来。随后，中世纪的神学家更倾向于将直觉视为沉思的产物，而不是认识现实世界的独特方式。[22] 因此，中世纪的直觉概念对后来几个世纪哲学或心理学的发展的影响相对较小，尽管它们确实保留了直觉的概念。回溯来看，基督教始于一连串的奇迹和超自然现象，但却没有完全保留其直观的方面，因为它变得越来越制度化，并涉及物质世界。只有个别的神秘主义者如埃克哈特大师（Meister Eckhart）和奥卡姆的威廉（William of Ockham）保留了个人直觉经验的概念，而宗教的律法主义和科学的逐渐兴起削弱了直觉的重要性。[23]

在中世纪的哲学家中，英国神学家奥卡姆的威廉是最关注直觉能力的。生活在14世纪的他认为当时的科学知识非常有限。然而，他相信许多无法通过科学或逻辑证明的说法仍然是正确的。为了解释这个谜题，奥卡姆的威廉提出了一个认知类型系统，内含两种认知：一是与对象直接接触而产生的认知，他称之为直觉认知；二是能够描绘感官所不能感知的事物的认知，他称之为抽象认知。在我们的分析中，直觉将涵盖感知和认知两个领域。像后来的几位哲学家一样，奥卡姆的威廉也允许对非实存的事物如数字、抽象概念等进行直觉认知。他说，当对不存在的物体进行直觉认知时，靠的就是上帝的介入。在这里，我们与他分道扬镳，因为这个观点意味着接受柏拉图的"理念王国"——我们可以通过上帝赋予的直觉进入这个王国。奥卡姆的威廉关于直觉认知的概念在历史上是很重要的，因为在后来的哲学著作中，与对象直接接触而生的直觉概念不断出现，并在康德的著作中达到顶峰。

奥卡姆的威廉的直觉理论在宗教方面也很重要。当人凭直觉执行上帝的意志时，没有上帝，就没有对不存在之事物的直觉。将直觉经验归因于个体之外的倾向在哲学中延续了许多个世纪，并且仍然存在于教条直觉主义和许多流行的直觉观念中。

文艺复兴至 18 世纪

文艺复兴时期，人们聚焦于艺术、政治和宗教领域所发生的巨大变化，而没有提出关于直觉的新哲学理论。然而，一些神秘的、传统的使用者继续在他们的流派中发展直觉理论，并取得了相当大的成功。诺查丹玛斯（Nostradamus，1503—1566）是这一时期最著名的预言家之一。他活跃于亨利二世的法国宫廷。诺查丹玛斯的神秘诗句据说是在一种神秘的恍惚状态下写成的。从 16 世纪开始，这些诗句就引发了持续不断的争议。当时的朝臣们似乎在他的四行诗中发现了预言。这些诗文是否明确地预测了大灾难、战争或其他事件仍存在争议，但文艺复兴时期对诺查丹玛斯著作的浓厚兴趣表明：即使在对科学的关注日益增加的时代以及以辉煌和成熟而著称的皇家宫廷之中，人们对先知的信仰仍然存在。

　　然而在 17 世纪，严肃的思想家开始回到关于非理性知识来源的问题上。这是因为他们意识到仅仅谈论知识、证明和线性推理是不够的，还需要其他东西来推理和得出结论，由此出现了即时理解和先天观念。勒内·笛卡儿（René Descartes，1596—1650）希望将当时的新兴理性与他个人的知识经验联系起来。他说，"理性直觉"是获得某些知识的唯一途径。他写道：

　　　　直觉知识是灵魂的一种启示。它在上帝的光芒中看到了那些让我们高兴的东西。它通过神圣而清晰的直接印象向我们展示我们的理解。这种理解不是一种代理，而是对神圣的光芒的接收。[24]

　　因此，笛卡儿的直觉概念与中世纪的经院哲学惊人地相似，似乎与他所强调的严格数学系统不协调。

　　在贝内迪克特·斯宾诺莎（Benedict Spinoza，1632—1677）看来，直觉是三种知识来源之一（另外两种是理解和理性思维）。[25] 在笛卡儿和斯宾诺莎的观念中，"直觉"被赋予了过程或经验的内涵。这些过程或经验在某种程度上超出了理性分析的范畴，但却非常真实。即使在一个怀疑论日益增长的时代，通过"内观"（seeing）获得的知识依然是确定的、清晰的。它与标准知识联系在一起，脱离了神秘主义。

　　17 世纪末和 18 世纪早期兴起的牛顿物理学以及随之而来的理性主义观念认为，宇宙是一个精确的、可预测的机器。这无疑会阻止许多受过良好教育的人对神秘直觉进行认真审思。然而，许多人仍然相信非理性（nonrational）甚至不理性（irrational），亦如这个时代依然关注巫术那样。与此同时，一种反对直觉的新理性主义被提出。如果宇宙及其所有运作都不需要超自然的力量，那么争论就会继续：为什么要依靠逻辑而不是其他东西来解决宇宙中的问题呢？[26] 宗教对哲学思

14

想的影响正在减弱，大卫·休谟（David Hume）正在努力说明人类的道德不是一个至高无上的存在。休谟试图通过非理性的讨论来解释什么是恰当的人类行为。他没有提及方便人们解释经验或指导人类活动的直觉能力，而是用我们所说的"直觉感受"代替了前人所使用的"直觉知识"。休谟还提出了一些棘手的问题，如我们如何感知和理解周围的事物。在回答休谟最著名的问题"我们如何知道关于外部世界的所有事情"时，一场激烈的辩论开始了，其中一个人的回应对于研究直觉的学生来说具有至关重要的意义。

康德（1724—1804）是一位哲学家。他在塑造和阐明直觉的意义和重要性方面贡献巨大。对于康德来说，在一个持续不断地向更理性、更科学的认知论发展的世界中，直觉并不是理念世界的先验洞察力。相反，康德将直觉定义为个体的非理性认识和意识。基于有限的假设立场，康德又回到了早期的直觉内涵，即"看上去"（to look upon）。康德对直觉的观点是：直觉与感官知觉（感性）相联系。这是康德设想的整个心理过程中必不可少的一部分。他也明确表达了感性与理性的密切关系：

> 没有感性，就没有之于我们而存在的客体；没有理性，就没有思想。没有内容的思想是空洞的，没有概念的直觉是盲目的。[27]

康德继续界定了两种纯粹理性直觉形式：空间（Raum）和时间（Zeit）。他有意识地排除主观、情感对直觉的影响，并且不支持通过情感、疾病或其他重要的内部条件"过滤"感性印象。尽管康德所处的时代与我们所处的时代在对感官的关注上是差不多的，但康德似乎对生物或其他物理因素对人类直觉的影响漠不关心或不了解。为此，他可能会受到批评，因为直觉的一个显著特征可能就是它是个人的、主观的，因此是可变的。

15

在他去世后的一个世纪里，他关于直觉能证明真理的断言受到了严重挑战。因为康德关于直觉的论证建立在一个只有欧几里得几何学的世界观之上。在 19 世纪，随着非欧几里得几何学的发展，康德的批评者们声称他的直觉论证失去了有效性。例如，在非欧几里得几何学中，三角形的三个角之和不等于 180 度。因此，关于三角形性质的"真理"，康德认为可以通过直觉得到，但事实证明它并非普遍正确。康德的批评者们试图用这样的证据怀疑康德关于直觉的整个概念。然而，批评康德将直觉作为命题知识来源的观点，并不能否定他将直觉作为客体知识来源的论证。在康德的世界里，他关于几何学的直觉结论是有效的。对于康德所研究的对象来说，直觉仍然是一个有用的知识来源。我们将在下一章再次为康德的基本概念进行辩护。

由反对理性主义引发的另一场运动是浪漫主义。它宣扬个人的自然美德，反对宇宙的机械模型和理性统治。取代机械模型的"自然的"人总是与自己的情感和直觉生活在一起。让-雅克·卢梭（Jean-Jacques Rousseau，1712—1778）在他的教育专著《爱弥儿》中提出了基于该观念的教学直觉主义，即在我们年轻的时候，我们的真实情感被所受的严格教育所压制。卢梭认为，如果让男孩和女孩独自去发展自己的情感，他们将会接触到源自自身天性的重要价值观。亚里山大·S. 尼尔（Alexander S. Neill）的《夏山学校》（*Summerhill*）一书描述了一种鼓励儿童凭直觉行动的环境。[28]

伴随着浪漫主义而来的是一种民族主义意识，这在某些方面则是一种宗教复兴，反映了人们对 18 世纪毫无生气的理性主义的反弹。许多人认为，无所助益的理性将使人们陷入无神论和宿命论，并贬低了家国情怀。[29] 这场运动，或者说是一组运动吸引了一些知识分子，也吸引了许多没有受过正规教育的普通人以及一些不信奉新教的作家。这些运动的纯粹影响是复杂的，但一个无可争辩的结论是：非理性是值得怀疑的。无论是保守的宗教运动人士（包括天主教徒和新教徒），还是日益增加的拒绝把迷信当作个性化宗教体验的科学家和其他人，

16

都认同该结论。随着科学知识的稳步发展和 19 世纪科技的迅速进步，18 世纪的理性主义观点得到了加强。与这一趋势相关的是维多利亚时代人们在人类心理情感方面的深刻矛盾。尽管多愁善感的艺术、绚丽浪漫的音乐和文学非常受欢迎，但在社会科学等其他领域，人类性格的非理性和情绪化在很大程度上被淡化了。在非线性、非理性的认知方式中，毁誉参半的宗教运动只会导致许多心理学家不愿意处理直觉问题。在这方面，19 世纪与我们这个时代没有什么不同，当时许多作家并不严谨地提及直觉，使得一些教育家和心理学家避开了这个概念。

随着中世纪早期炼金术的最终消亡，直觉以一种更隐晦的方式遭受了再次打击。众所周知，炼金术这种伪科学的目的是将贱金属转化为黄金，但在炼金术的实践和教学中存在着强烈的神秘和直观成分。从炼金术代表人物帕拉塞尔苏斯（Paracelsus，1493—1541）的职业生涯中可以发现神秘主义与原始科学的联姻。与诺查丹玛斯同时代的帕拉塞尔苏斯是一位德国内科医生和炼金术士，他将其对科学的重大贡献归功于古代咒语和炼金术。然而，他是最后一批在科学与迷信之间游走的智者之一。到了 18 世纪，科学家们开始感到羞愧，因为他们之前对冥想状态和其他获取信息的非理性方法感兴趣。这种态度转变带来了复杂的后果。从积极的角度来看，原始的医疗行为（如放血等）以及对化学的错误认识逐渐被抛弃，人类融入宇宙的信念亦日渐暗淡。此外，人们获取事物信息的合理途径在范围上缩小了，因为人们排除了很多非经验性的方式。这是当代医学一直存在的特点。

值得注意的是，到目前为止，我们所讨论的许多观点的本质是直觉的概念。它与人类生活的整体愿景和身心和谐发展的观念相联系。在过去的几十年里，这种联系再次出现，那些原本反对经验方法的卫生和医疗领域，也保留了以直觉解决问题的思路以及与某人身体"联结"的治疗方法。当然我们并不确定这一趋势是否会成为现代卫生学发展的长期组成部分。

在探讨这个命题之前，我们必须回到19世纪直觉研究者们非常关心的一个问题：是否有可能形成一种严肃的直觉观，承认直觉在专业知识中的作用，揭示其在重大问题中的作用，并避免神秘主义？

19　世　纪

在追溯直觉概念的变迁时，我们注意到直觉概念作为一种认知方式的变化过程。一些现代思想家揭示了直觉指向经验世界之客体的"前瞻性"（forward-looking）。有些人似乎回到了中世纪的直觉概念，还有一些人试图重新认识中世纪的直觉观念。在最后一类人中，我们找到了德国神学家弗里德里希·施莱尔马赫（Friedrich Schleiermacher，1768—1834）。他认为人类有四种智慧：自我引导、世界直觉、审美直觉和哲学思辨。令人惊讶的是，宗教被归入了"世界直觉"的范畴。可以预见的是，科学获得的知识也被归为此类。根据理查德·B.勃兰特（Richard B. Brandt，1910—1997）的引证，施莱尔马赫曾说：

> 这一原则（世界直觉）不仅与科学知识有关，而且是所有直觉的基础。在该前提下，直觉是真正的宗教原则，所有的知识都被设定为上帝或上帝的直觉。[30]

施莱尔马赫试图将宗教和科学联系起来，这让人想起斐洛（Philo）。但该观点被提出后便屡遭批评。然而，他在直觉命题下对不同的概念进行综合这一思路是很重要的，因为它再次表明西方哲学家试图创造一个包罗万象的关于直觉和人类知识的理论。即使这种尝试被认为是失败的，但科学知识和神秘启示相统一的视角可能会吸引今天的很多人。他们在东方神秘主义者和其他著作中寻求对直觉的跨学科定义。同样，施莱尔马赫将宗教经验比作感官知觉的观点也吸引了那些

18

试图让灵性变得更易理解的人。在第八章中，我们将看到许多当代学者在努力解决相似的问题，但几乎没有人比施莱尔马赫更成功，尽管他的结果也不完全令人满意。

施莱尔马赫对人类智慧的研究体现出一种倾向。这种倾向至少可以追溯到亚里士多德，即对人类的认识进行模糊的划分或建立相互的联系。尽管这种研究背后的动机值得称赞，但其结果往往令人费解。例如，为什么审美直觉和其他形式的直觉是分离的？施莱尔马赫的观点在多大程度上蕴含着康德的"审美"？这些问题的答案并不清楚。施莱尔马赫所说的"上帝的直觉"指的是什么亦不明晰。施莱尔马赫的努力在今天可能被看作直觉研究史上一个有趣但并不特别有用的理论。然而，我们确实发现，施莱尔马赫强调直觉本体而不是对物体的直觉反应。在他的神学中，上帝服从于人类对上帝的直觉。这表现在人们向直觉认知本身不断靠拢。这点在我们的研究中显得格外重要。

施莱尔马赫的一生都面对着强烈的批判。神学家谴责他是无神论者，因为他让上帝看起来依赖于人类的感知。普通大众并不理解他通常复杂和晦涩的论点。后来的哲学家们也认识到，施莱尔马赫在试图解决的认识论问题上进展甚微。然而，他仍然是直觉概念溯源过程中的重要一环，因为他的作品表明了知识分子和普通人将感觉、宗教经验和直觉相互联系的强烈愿望。

19 德国哲学学派并不是唯一一个关注直觉的学派。在 19 世纪初的意大利，经院哲学出人意料地兴起。哲学家们辩论着人类直觉的本质。文森佐·乔贝蒂（Vincenzo Gioberti，1801—1852）认为知识基本上是直观的，在直觉过程中，主体瞬间对客体做出反应，主体或客体均没有做任何理性加工。[31] 乔贝蒂声称，客体本身在人脑中呈现出表象，这个表象就是直觉结果。乔贝蒂的直觉理论没有施莱尔马赫或康德的理论那么充分，但是它预示了当前的直觉概念，即认为学习是一个自发的事件，没有任何形式化的加工。这就是我们后面所说的"非严肃的"直觉观的雏形。这种观点将直觉简化为一种快速而无意识的分析思维形式。

反对乔贝蒂的是耶稣会信徒塞拉菲诺·索尔迪（Serafino Sordi，1793—1865）。他采纳中世纪经院哲学家的立场，主张人类的思想实际上只存在于神的头脑中。对索尔迪来说，直觉确实是一种行为，由主体或客体来完成。他还坚持认为，直觉意味着直觉者头脑中的印象，即使这种表现根源于上帝而非人类的理性。在这方面，索尔迪直接吸收了中世纪哲学对亚里士多德理论的诠释。尽管索尔迪没有创立任何重要的哲学流派，在 20 世纪也没有多大的影响力，但他的学说值得一提，因为这些学说表明了几个世纪以来亚里士多德和托马斯主义对直觉理论的持续影响。

在 19 世纪，西方把广泛的哲学运动分裂成各种相互对立的观点。有些人如功利主义代表人物杰里米·边沁（Jeremy Bentham）和约翰·S. 密尔（John S. Mill）很少关注直觉的概念，而另一些人，包括浪漫主义者和前拉斐尔学派，则重新回到中世纪甚至更早的时期，并重视以非理性的方式来启发灵感。以叔本华、施莱尔马赫、乔治·F. 黑格尔（Georg F. Hegel）等人为代表的德国主流哲学强调直觉，但没有探讨直觉在教育中的作用。这种探讨必须推迟一段时间，以便我们可以简要地看一看德国哲学学派的贡献。

19 世纪德国哲学家步入历史舞台，直觉研究迎来了其至关重要的发展期。德国哲学家叔本华（1788—1860）认为，虽然科学智慧只能由现象产生，但对现实的直接或直觉反应是由人脑创造的。这种直觉能力可以通过意志加以引导。叔本华认为，如果我们愿意接受利他主义、禁欲主义和艺术学科，那么人类的精神可能会被带入更高级的直觉层面。在这个层面上，人类存在的虚荣将变得明显，为个人成就而奋斗的愿望将不复存在。这种直觉将使人类重新吸收宇宙意志变成可能。叔本华与东方哲学家所持的信仰有相似之处。事实上，叔本华的作品在佛教信徒中被广泛阅读。然而，他最初的贡献和对我们来说重要的是他把直觉和意志联系起来。叔本华对直觉的理解超越了康德对

20

直觉的理解，但它仍然来源于康德的直觉概念，即直觉是感官印象的知识来源。不过，叔本华明确地指出，直觉可以揭示宇宙真理，而更为谨慎的康德绝不会采取这种立场。叔本华将直觉与动机尤其是个人对意义的追求联系起来。这一点我们稍后再阐述。

在整个 19 世纪，宗教人士对直觉的持续性兴趣削弱了许多人对直觉的尊重。在一个日益世俗化的时代，试图复兴经院哲学的神职人员对直觉的兴趣几乎没有影响那些研究人类思维的新理性主义者。虽然以卢梭追随者为代表的浪漫主义者也认同直觉的价值，但新的心理学并没有特别重视浪漫主义者的观点。在心理学家看来，直觉不过是不受控制的想象力。然而，当哲学倾向于忽视直觉的时候，另一门学科正在培养这种能力。[32]

在叔本华论证其直觉理论的同时，欧洲大陆教育学正在借鉴康德对直觉经验的界定。约翰·H.裴斯泰洛齐（Johann H. Pestalozzi）的核心观点是，教育本质上是一种感觉印象获得意义的过程。意义印象转化为知识的过程涉及深层结构的领悟。这体现了康德关于直觉和理解的相互补充的思想。裴斯泰洛齐的教育学与 19 世纪学校的严重道德化、传统宗教观点和结构主义教学法形成了鲜明对比。这些学校压制了创造力和直觉思维。虽然裴斯泰洛齐自己研究了很多道德教化的内容，但他意识到将物品相互关联以促进学生更加清晰地去理解是非常重要的。裴斯泰洛齐将这种直接观察和直接经验的课程称为直觉课程（Anschauung lessons）。他使用了康德表示直觉的词。

弗里德里希·W.福禄贝尔（Friedrich W. Fröbel，1782—1852）以裴斯泰洛齐的思想为基础，强调课程的灵活性，包括直觉的发展。尽管他以"幼儿教育之父"闻名于世，但他也是一位教育哲学家，非常关注象征主义和儿童思想。福禄贝尔在他的幼儿园项目中推荐的一项游戏活动便是使用特定的物体，将其以一定的顺序呈现给孩子，以传授关于宇宙的基本真理。例如，用球作为象征传达宇宙统一的思想，用立方体展示宇宙的多元性和多样性。福禄贝尔显然希望在适当的时候将这些简单的具体物体呈现给孩子，以有助于在物质世界和精神世界中培养出更宏观、更复杂的概念。值得注意的是，福禄贝尔的理论除了强调创造性以外，还强调自然环境可以引发直觉思维。虽然福禄贝尔的追随者并没有广泛使用他的自然教学法，但福禄贝尔的理论仍然很重要，因为它试图促进符号与现实之间的直觉跨越。[33] 一个世纪后，韦特海默再次用几何图形向年轻人传授基本真理。这次是数学而不是哲学。

19 世纪末，哲学家们对许多直觉活动和经验重新产生了兴趣。[34] 柏格森认为，正如生命先于物质一样，直觉先于理智。柏格森的意思是，一个人、一个物体或一个情境可能会被直觉感知，但却从来无法被完全地了解、分析或用理性的语言进行描述。尽管心理学（在柏格森时代还是一门非常年轻的科学）试图分析人类思维以提供关于个体的知识，但它所提供的知识永远是不完整的。诗人、先知、哲学家甚至是成功的商人都用他们的直觉来获得对现实的深刻理解，而不是从分析数据中获得。柏格森认为只有通过感觉与整个世界保持和谐一致，才能看清它的真相。[35]

22

柏格森依靠自己的直觉构建了以生命力为核心的哲学理论。他的哲学思想受到了尖锐的批评，一部分原因是他的观点缺乏文献支持，一部分原因是阿尔伯特·爱因斯坦（Albert Einstein）的理论表明柏格森的时间概念论证不充分。尽管如此，他对直觉的强调对教育者是有一定价值的。这主要是出于柏格森对后天直觉（如技巧或技能、鉴赏力等）的认识。这些后天获得的直觉是经长期了解和训练形成的。这正是人们感知某个历史时期或文学环境所需要的才能。它们还有助于培养年轻学生的数学和计算机编程技能，在体育和手工艺方面亦具有明显价值。

为了说明柏格森的直觉理论的意义，我们做一个类比。一个男人拥有许多巴黎的照片，通过看这些照片，他对这个城市的主要地标变得熟悉起来。然而，无论这个人研究多少照片，他对巴黎这座城市的理解仍与一个住在巴黎的人完全不同。他的理解需要认知中介。它不是与巴黎大街"合而为一"的产物。对事实的认知与对情境进行深入鲜活的理解之间存在差异。这类似于柏格森所说的表面熟悉和直觉理解之间的区别。

19 世纪末，西方学术界呈现出和谐、自信的画面。许多人同意美国著名物理学家阿尔伯特·A.迈克尔森（Albert A. Michaelson）的说法：

> 物理科学中重要的基本法则和事实都已被发现。这些法则和事实已经牢固地建立起来。它们被取代的可能性极其遥远。[36]

看起来，宇宙似乎已经被破译了，所有了解它的方法都被编入册。很少有人想到 20 世纪，几乎每个领域都发生了巨大变化，甚至那些主张认真处理直觉问题的人也无法预见像卡尔·G.荣格（Carl G. Jung）、韦特海默、艾瑞克·伯恩（Eric Berne）等学者给直觉这个概念所带来的复兴和变化。直觉摆脱了直觉主义的思辨和理性主义的蔑视，再次得到了人们的尊重和信任。这在很大程度上应归功于 19 世纪 90 年代鲜为人知的学科——精神分析。与此同时，直觉还会遭受评判。这种打击会削弱直觉受人尊敬的地位。这种打击来自一种非常不同的学派——哲学分析学派。

小 结

在本章开始时，我们讨论了"直觉"的各种含义和用法。我们已经注意到，"直觉"这个词已被广泛用于日常的常识性语言，但也被用于神秘主义、神学、美学和技术领域。虽然我们的讨论没有全面涵盖这个概念的发展脉络，但我们试图描绘出一幅直觉概念的发展图。

在审查 20 世纪直觉概念的变化时，我们将看到三种主要趋势：第一，直觉作为一个哲学和心理学的概念，经历了不断的细化和强调；第二，直觉作为一个日常概念，将继续被用作其他概念的同义词；第三，直觉作为一个对神秘主义者充满吸引力的概念，将再次被作为真理的特殊来源。

在这段简短的历史中，我们仅仅提供了一点线索。显然，对于直觉丰富而复杂的过去来说，这样做是有风险的。其他作者可能会在特定的情节上停留更长时间。我们的目的是为在教育中分析、阐述和应用直觉概念提供背景。

注 释

[1] Jerome S. Bruner, *The Process of Education* (Cambridge, Mass.：Harvard University Press, 1977), p. 59.

[2] Ibid., p. 55.

[3] Benedetto Croce, *Aesthetic*, trans. Douglas Ainslie (New York：Noonday Press for Farrar, Straus and Giroux, 1972), p. 12.

[4] Max Wertheimer, *Productive Thinking* (New York：Harper, 1945), pp. 234-236.

[5] Henri Bergson, *Time and Free Will*, trans. F. L. Pogson (London：George Allen & Unwin, 1910), p. 237.

[6] 佛教可能是亚洲哲学和宗教体系中最著名的处理直觉的体系。在铃木大拙 (Daisetz Teitaro Suzuki) 的著作中，可以清楚地看到禅宗对直觉的理解。参见 Daisetz T. Suzuki, *The Awakening of Zen*, ed. Christmas Humphreys (Boulder, Colo.：Prajna Press, 1980), pp. 24-27.

[7] 有关女性与神秘主义、直觉的概述可参见 Marg E. Harding, *Woman's Mysteries, Ancient and Modern：A Psychological Interpretation of the Feminine Principle as Portrayed in Myth, Story, and Dream* (New York：Putnam, 1971).

[8] Siegfried Engelmann and Therese Engelmann, *Give Your Child a Superior Mind* (New York：Cornerstone Library, 1981), p. 62.

［9］ 弗雷泽爵士（Sir James G. Frazer）引用过一个突出的例子，说明了先知或有远见的成员对现代文字出现之前的文化的重要性，参见 James G. Frazer, "Adonis, Attis, Osiris," Part 4 of *The Golden Bough*: *A Study in Magic and Religion*, vol. 2 (London: Macmillan, 1963), p. 107. 在太平洋的帕劳群岛，一些妇女被认为是神的妻子。这些女性做出了非常受重视的神谕。此外，男性也可能具有特殊的洞察力，使他们变得富有和有影响力。弗雷泽注意到了帕劳群岛文化与古埃及和西亚的宗教与社会系统之间的相似之处，还表明，在太平洋和亚洲文化中，母亲主宰神职人员的权力很强大。对古代和史前文明的研究反复提到女性与直觉的制度化使用之间的微妙的联系。

［10］ 《易经》指出，扔草不是一种偶然的操作，就像今天扔骰子一样，是为了获得某种启示，见 *I Ching*, trans. John Blofeld (New York: Dutton, 1968).

［11］ 关于现实本质的印度教直觉的代表性作品是沃茨的《超越神学：上帝在丛林中生活的艺术》（*Beyond Theology*: *The Art of Godmanship*）(Cleveland, Ohio: World Publishing Company, 1967)。

［12］ Plutarch, "Nicias," *The Lives of the Noble Grecians and Romans*, trans. John Dryden (New York: The Modern Library, Random House, reprint of Arthur Hugh Clough' edition, 1864), pp. 645-646.

［13］ 在《斐多篇》（*Phaedo*）（107d）中，柏拉图认为苏格拉底断言有一种东西（δαιμων）监视着个人的生活。在《申辩篇》（*Apology*）（31d）中，苏格拉底承认，有个声音一直在引导他做许多事情，但从不催促他，劝阻他免受许多事情的影响。这种声音并没有阻止苏格拉底采取他在被审判期间所采取的立场，因此他失去了生命。

［14］ Immanuel Kant, *Critique of Pure Reason*, trans. F. Max Müller (Garden City, N. Y.: Doubleday, 1966).

［15］ Aristotle, *Posterior Analytics*, vol. 2, 100b.

［16］ Ibid., 99b.

［17］ Plotinus, *Sixth Ennead IX*, 10. 与许多其他古代哲学学派一样，新柏拉图主义者从非理性精神资源中寻求知识，这样一来，尽管先知的传统最终会消失，但在许多方面，有关直觉作为内在洞察力的价值的信念仍然强烈。包括普罗提诺在内的一些古希腊哲学家用来描述这种洞察力或直觉的词是 γνωσις，在语言上它与诺斯替派和瞽针有关。虽然 γνωσις 经常被翻译为"直觉"，但这个词不应

被理解为康德和其他后来的哲学家所理解的意思。γνωσις 经常带有精神启发和启蒙的内涵，更接近东方的直觉概念，而不是康德严谨的哲学定义。在新约中，γνωσις 获得了对神和其儿子的奥秘的深刻精神理解的意义，并且提出了诺斯替派的神秘神学。

此外，每当 γνωσις 出现在福音书中时，必须谨慎地将之翻译为"直觉"。显然，新约中"直觉"意为对知识和真理的揭示，但只是知识和真理的一个非常具体的范畴。除了奇怪的精神意义之外，人们不能将这种直觉称为"解决问题"。然而，γνωσις 对早期基督徒的意义与亚里士多德和后来的直觉概念密切相关。

在福音书中使用 γνωσις 开启了一种在基督教的参考框架内对直觉进行研究的传统，这种传统强调了直觉的理性方面。几个世纪以来，天主教会以及近代其他教派都培养了这一传统。实际上，这是一种今天仍然存在的传统。基督教的直觉方法影响了许多哲学家，包括斯宾诺莎和康德。显然，这一传统最终为英语单词"intuition"提供了 γνωσις 的所有含义。大约在福音书撰写的同时期，菲洛（Philo）作为一名古希腊时期生活在亚历山大的犹太人，独立于其他基督教作家，将直觉的概念融入他自己的宗教哲学中。像早期的基督教神学家一样，菲洛对普通人类推理能够将上帝的知识带给人类的能力并不是很有信心。相反，菲洛认为只有通过直觉——一种富有神圣启发、洞察力的经验，才能获得对上帝最高的认识。这种观点使菲洛更接近中世纪的神秘主义者，而不是古希腊人或古希伯来人。非洛的理论甚至可以被视为异教徒和基督徒的直觉观点之间的桥梁，也是东方直觉体验概念的重要纽带。直觉的精神方面在整个西方历史中都是重要且不断重现的，同时它们也构成了印度教传统中直觉概念的重要组成部分。

[18] 愤世嫉俗者（Cynics）从他们的批评者那里得到了他们的名字，意思是"狗似的"。批评者声称愤世嫉俗者的侵略性争吵风格类似于狗的咆哮。愤世嫉俗（cynic）的负面含义一直持续到现在。

[19] Norman DeWitt, *Epicurus and His Philosophy*（Minneapolis, Minn.：University of Minnesota Press, 1954），p. 122.

[20] 参见 Julian Jaynes, *The Origin of Consciousness in the Breakdown of the Bicameral Mind*（Boston, Mass.：Houghton Mifflin, 1976）. 该书对直观的"内心的声音"在几个古代社会中的作用有不同的看法。

[21] 关于非洲的神谕和先知，有许多很好的参考资料。其中最好的是：Geoffrey Parrinder, *West African Religion*（London：Epworth Press, 1901），pp. 136-155；T. O. Ranger and Isaria Kimambo, *The Historical Study of African Religion*（Berkeley：University of California Press, 1972）. 关于伊斯兰世界，参见 R. B. Serjeant, "Islam," in *Oracles and Divination*, ed. Michael Loewe and Carmen Blacker（Boulder, Colo.：Shambhala, 1981），pp. 215-232. 关于苏非哲学对直观的完整描述，参见 Idries Shah, *The Sufis*（Garden City, N.Y.：Doubleday, 1964）.

[22] 圣伯纳德·德克莱尔沃（St. Bernard de Clairvaux, 1090—1153）是中世纪神学家的代表之一，他认为直觉是产生宗教真理的沉思的产物。这种直觉的定义与20世纪的美学家和心理学家的定义相去甚远，但他对直觉的定义的确表明在中世纪时期，通往光明的非理性路径在理智上是可敬的。有关这位重要的神学家和亚伯拉德（Abelard）的对手的更多解释，请参阅 Watkin W. Williams, *Saint Bernard of Clairvaux*（Manchester, England：Manchester University Press, 1935）.

[23] 埃克哈特大师（约 1260—1327）是多明我会（Dominican Order, 也译作道明会）的成员，也是中世纪伟大的神秘主义者之一。他受普罗提诺和阿奎那的影响很大，也熟悉阿奎那的作品。埃克哈特的立场是，导致与上帝接触的沉思不是纯粹的欣喜若狂，而实际上主要是理智的。埃克哈特还强调了灵魂与上帝的结合，因此预示了诸如施莱尔马赫这样的后来神学家的著作。埃克哈特对精神直觉经验的理解表明了异教徒哲学家的影响力。就像新约的影响力一样，这尤其得益于新柏拉图主义者。埃克哈特的影响力在 20 世纪扩大了，今天他被认为是基督教有远见的遗产的重要贡献者。有关进一步讨论，请参阅 Meister Eckhart, *New Catholic Encyclopedia*（New York：McGraw-Hill, 1967），vol. V, pp. 38-40.

[24] Lettre au Marquis de Newcastle, March or April 1648, 引自 J. H. Randall, *The Career of Philosophy：From the Middle Ages to the Enlightenment*（New York：Columbia University Press, 1962），p. 388.

[25] 斯宾诺莎将理性和直觉区分开来，他认为理性思维可以使用一般原则推断出结论，而直觉可以不使用任何一般原则直接理解真理。虽然斯宾诺莎声称直觉和理性都是充分的想法和必要的真理，但他认为在两个方面，直觉是优越的。首先，直觉可以用抽象理性所无法得到的具体方法得出个体本质的知识。其次，从一般原则推理出来的知识，从认识论的角度来看，是不安全和不完整的。根

据斯宾诺莎的说法，直觉为这种不完全的理由提供了补充。

在我们探索教育中的直觉概念时，斯宾诺莎将直觉视为直接理解。这对教育来说至关重要。此外，虽然直觉作为真理的必然关键概念不再成立，但斯宾诺莎对这一概念的研究仍然为 150 年后康德的工作起到了重要的推动作用，也有助于人们了解施莱尔马赫和其他人的后期作品。

[26] 关于这一时期机械论观点的讨论，请参阅 Dudley Shapere, "Isaac Newton," *The Encyclopedia of Philosophy*, vol. 5, ed. Paul Edwards（New York：Macmillan, 1967），pp. 489-496.

[27] Kant, *Critique of Pure Reason*, "Transcendental Logic," 1, p. 45.

[28] Alexander S. Neill, *Summerhill：A Radical Approach to Childrearing*（New York：Hart Publishing, 1960）. 尽管尼尔没有直接提及直觉，但他明确支持一种直观的学习方法，因为他允许学生在最少量的成人指导下发现世界和自己。

[29] 雅各比（Friedrich H. Jacobi, 1743—1819）有时被称为"信仰-哲学家"，他开始挑战 18 世纪理性主义者的无神、无情的领域。这位直觉的使徒断言，一定能达到形而上学的真理，但不是通过"调解"思想的知识，而是通过雅各比称之为 glaube（信仰）的一种即时感知，以及今天所谓的直觉。雅各比因此重新定义了康德的直觉概念，认为直觉不仅包括一种冷静的、能照亮一切的感知，还包括引起人们与上帝接触的深刻的精神体验。这种形而上学的直观方法与一些中世纪神学家的神秘主义有很多共同之处；在与康德更基于认识论的直觉概念的理性比较中，这种形而上学的直观方法没有幸存下来。因为他没有详细解释这两者间的联系是如何产生的。我们在他的努力中看到了将直觉与神秘联系在一起的持续尝试。直觉的概念化进程不断演进，在非神秘知识中，直觉显然仍然扮演着一个重要的角色。

[30] Friedrich Schleiermacher, *Ethics*, 引自 Richard B. Brandt, *The Philosophy of Schleiermacher*（New York：Harper, 1941），pp. 319-320.

[31] 乔贝蒂大量引用了另一位意大利神学家安东尼奥·罗斯米尼-塞巴蒂（Antonio Rosmini-Serbati, 1797—1855）关于直觉的观点。因此乔贝蒂和罗斯米尼-塞巴蒂都可以被认为是 19 世纪复兴主义的先驱。后者更是持续对基督教唯灵论哲学产生了重要影响，并对欧洲教区学校的教学实践产生了一些影响。

[32] 弗里德里希·W.谢林（Friedrich W. Schelling, 1775—1854），叔本华的同时代作家，关注康德的观点，即我们的审美（即感知）意义可能包含对终极真理的

看法。然而，谢林的思想在很大程度上被人们忽视了，他是在柏格森之前，欧洲最后一位著名的哲学家。他写了大量关于直觉的文章。

[33]　参见 Christopher J. Lucas, *Our Western Educational Heritage*（New York：Macmillian，1972），pp. 409-411. 该书对福禄贝尔符号教学法进行了简要讨论。对于福禄贝尔试图建立一个直觉理解的符号世界的尖锐批评，参见 John Dewey, *Democracy and Education*（New York：Free Press，1966），pp. 58-59.

[34]　此时探索直觉的众多学者中有弗朗兹·布伦塔诺（Franz Brentano）和詹姆斯·萨利（James Sully）。

　　布伦塔诺（1838—1917），一位著名的奥地利教师和哲学家，他将所有的演示分为两类：具有直觉统一性的和具有归属统一性的。具有直觉统一性的演示被分为直觉和抽象，后面一类通过简化和概括直觉而获得。布伦塔诺不同意康德的观点，否认我们对三维空间有先验知识。他还提出了一种不可能的主张，即内在的感知在个体与个体之间并无不同。相反，我们的内心直觉与在同一时间和地点经历的所有其他直觉具有统一性。像其他努力解决直觉问题的人一样，布伦塔诺的研究进程也被自己不明确的立场和无法证明的断言阻碍了。然而布伦塔诺的讨论值得注意，因为他的教学对随后的直觉作家产生了影响，尤其是胡塞尔。参见 Franz Brentano, *Psychology from an Empirical Standpoint*, ed. Oskar Kraus, trans. A. C. Rancurello, D. B. Terrell, and L. L. McAlister（New York：Humanities Press，1973）.

　　萨利（1842—1923）在一系列题为"感觉和直觉"的文章中试图将达尔文主义、斯宾塞的人类和动物发展概念与美学联系起来。对于萨利来说，直觉意味着广泛的审美体验，所有这些都与对美的认识和欣赏有关。萨利还关注情感和道德感受的发展，他将其称为"品格的审美方面"。虽然他的理论像是心理学、音乐、伦理学的大杂烩，但萨利确实反映了维多利亚时代的人对识别、分类和整合人性的渴望。

[35]　柏格森在下述著作中提出了他的直觉概念：*The Introduction to a New Philosophy*, trans. Sidney Littman（Boston：John W. Luce，1912），pp. 1-12.

[36]　迈克尔森在芝加哥大学瑞尔物理室落成典礼上的讲话，引自 *Burtlett's Familiar Quotations*（Boston：Little, Brown，1968），p. 827.

第二章

20　世　纪

直觉在研究中的作用是提供可能被证实或证伪的"有根据的猜测"。但在任何情况下，没有直觉，研究就无法取得进展，即使是错误的猜测也可能带来进步。

——雷蒙德·L.怀尔德（Raymond L. Wilder）《直觉的作用》

20世纪是知识爆炸和研究方向多样化的时代。在这个世纪里，我们不能概述哲学流派或心理学学派，因为它们都分裂成许多不同的分支。数学和自然科学也是如此。许多新领域都关注非理性的认知方式，而这些领域中的一些知识领袖，如爱因斯坦和荣格，都特别努力地强调自己思维中的直觉成分。本章将回顾过去80年来不同学科的研究者为更好地理解"什么是直觉及其运作方式"所做的贡献。首先来看精神分析。

荣格和伯恩

精神分析学家和哲学家往往依靠直觉来解释他们的理论。虽然西格蒙德·弗洛伊德（Sigmund Freud）显然并未直接提出直觉这个概念（这个概念不可避免地涉及"无意识"），但他的弟子荣格（1875—1961）提出了直觉，并在心理学中对这个术语进行了界定。[1] 荣格认为直觉的功能是可以无意识地传递内涵丰富的感觉。从亚里士多德开始，就有很多研究者暗示直觉以无意识的方式运作，但荣格第一个清楚地阐明了直觉的运作方式。荣格把直觉分为主观和客观两种形式。主观直觉是源于主观的对精神事实的无意识感觉。客观直觉源于荣格所说的"潜意识感知对象"，是一种对客体事实的感知。它是由潜意识产生的思想和感觉。我们还发现内在直觉和外在直觉的概念很有用，但主观和客观这些术语可能会产生误导。基于叔本华的理论，我们承认所有直觉都有主观成分，因为它是由意志驱动的。此外，我们不会把自己的痛苦、情感等当成直觉的对象。我们会去直接感受它们，而不会去观察或体认它们。我们认为内在直觉会将直觉转向认知对象和图式。

荣格从不同的角度看待直觉，区分了他所谓的具体直觉和抽象直觉。他对这两个术语的解释并不完全令人满意，因为他把抽象直觉定义为源自意志而非环境。我们也强调意志，但我们坚定地认为所有的直觉都受到意志的召唤和引导。此外，对同一个体而言，所谓的"具体"或"抽象"是一个主观判断的过程。这就产生了难题——它让这些术语无法适用于不同类型的直觉定义。不过，荣格关于直觉的其他论述也很重要，如他说："直觉是一种非理性①的机能。就像感觉一样，它是一种非理性的感知功能。亦如感觉，它的内容需要被赋予意义。这不同于知觉和思维借助'演绎'和'推理'而生成的内容。"[2]

在同一作品中，荣格还描述了直觉类型。一种是知觉引导个体，另一种是无意识知觉引导个体。荣格坚信直觉的无意识本质。他将直觉与其他思维过程分离的做法影响了当代学者对直觉思维的理解，并

① 荣格使用了"不理性"（irrational）这个词，但从他对"心理类型"这个词的讨论中可以清楚地看出，他的意思并不是"不理性"，而是"非理性"（nonrational）。——译者注

为其他心理学家如伯恩的理论奠定了基础。在严肃界定直觉概念方面，荣格的贡献还包括在直觉被忽视了几十年之后，依然尊重这个概念。荣格的心理类型理论和其他著作的广泛流行有助于公众认识到直觉的存在——直觉独立于精神或神秘体验之外。因此，荣格应该被认为是第一个探究和普及直觉重要性的现代心理学家。

荣格断言："直觉是一种非理性的机能。"对此，我们毫无异议。然而，当荣格坚持直觉的无意识特性和缺乏方向性时，我们对此并不认同。我们认为当直觉作为一种非反思性的意识时，它是一种更好的思维。这种思维强调关注客体，以至于我们不可能观察到自己的直觉过程。这并不意味着直觉是"无意识的"，只是它的过程是未知的。因此，我们反对荣格将直觉描述为缺乏方向性的，以及由此导致的对直觉能力的贬低。事实上，这种对直觉的贬低很可能与荣格对女性的贬低有关。这与直觉也有很大的关系。

荣格在讨论直觉时还提出了其他几个问题。他对直觉类型的描述似乎过于僵化和排他。他把席勒、歌德和尼采这样的历史人物划分为直觉型、外向型、内向型，或不同类型的组合，这过于简单化了。同时，荣格的心理类型理论并不是很明晰——荣格是否承认至少在某些时候，个体具有某种直觉潜能？他对这个问题最直接的回答是：直觉是一种基本的心理功能。

更棘手的是，荣格渴望把直觉强行置于一个理性模型之中。即使将难以捉摸的"理性法则"置于直觉概念之中有助于直觉概念的分解，以得到更清晰的界定，但人们仍会追问，这样的分析有何价值？荣格本人并没有明确说明这种分析是如何完成的，或者是否应该由直觉者或精神分析师来完成。所以说，我们并不否认以理性或经验验证直觉的重要性和可行性，然而我们否认将直觉经验本身置于这种分析之中的价值和可行性。

客观来说，我们应该记住荣格最关心的是（精神）分析而不是教育。他的工作并不涉及将直觉培育成学习和认知的辅助手段。荣格将

27

直觉作为一个重要的概念，并将其列入他的心理功能目录，这就足够了。这增强了其他人，包括一些精神分析学家进一步发展直觉概念的普遍性和重要性。荣格对直觉和灵性的兴趣鼓励了欧洲和美国的心理学家开始关注这些命题。跟荣格同时代的那批精神分析学家沿着荣格的道路，建立了他们自己的理论。这些理论尽管存在争议，但并没有招致唯心论或其他神秘主义观念的嘲笑。一个充满可能性的新世界正在被打开，尽管此时，教育工作者们对这个世界还知之甚少。

在 20 世纪五六十年代，美国精神分析学家伯恩对直觉进行了详细而引人入胜的分析。伯恩意识到许多哲学家、神学家和其他人已经用不同的方式定义了直觉。他试图对直觉概念进行精确界定。这对精神分析学可能有用。伯恩以荣格的理论为基础，将直觉定义为一种无意识的知识来源，并将其与其他三种做出判断的方式区别开来。具体来说，伯恩感兴趣的直觉类型与观察密切相关，它被称为"临床直觉"。用荣格的话来说，临床直觉是客观而具体的。它是知识（伯恩用的词是"knowledge"，而不是"fact"）。它基于经验，通过感官获得。康德对直觉过程之审美意义的强调再次出现在后来的理论著作中。不同的是，伯恩非常关心直觉者的感受，而康德忽略了这点。

伯恩指出，不仅直觉者不知道他是如何知道某件事的，有时他甚至不知道自己知道了什么。相反，当知行合一时，直觉者会以特定的方式做出反应。这表明了直觉知识和直觉感觉之间的区别。稍后我们便会发现这点很重要。这是直觉者的特点。当他们没有启动意识，仅仅依靠直觉时，他们的反应最有效。对试图培养学生直觉思维或启发式思维的教育者来说，这个事实很重要。因为直觉经验无法在一个高度结构化和自我意识强的环境中生长。

伯恩在《直觉与自我》（*Intuition and Ego Stutes*）中将亚里士多德视为哲学家，认为其观点最接近于自己的直觉论断。根据伯恩的说法，这位古希腊思想家基于三种能力描述了"直觉归纳"：第一，感觉能力；第二，组织能力；第三，系统能力。伯恩指出，亚里士多德也认识到了神经系统的功能。其描述方式类似诺伯特·维纳（Norbert Wiener）对控制论的讨论。伯恩结合了新理论，并承认其他思想家的贡献。这使他的书特别吸引那些开始研究直觉的人。

伯恩的直觉理论最重要的贡献是对"直觉氛围——最值得鼓励的直觉思维状态"的描述。伯恩的一段话最能说明问题：

> 如果没有直觉自我的积极干预，那么警觉或接纳的态度都可以增强直觉氛围。它可以通过练习轻易获得，却也容易松懈，且不断松懈。不同领域的直觉似乎不会相互干扰。直觉并不完全依赖于特定领域中广泛存在的过去经验。无关的事物刺激，无论是源自外部还是源自内部，似乎都无关紧要。[3]

在后面的章节中，我们将发展直觉模式的概念。直觉模式与伯恩的直觉氛围有许多相似的特征，但在几个重要方面有所不同。我们将在此说明。

伯恩说，直觉包括两个过程。第一个是潜意识里的感知。第二个是对这种感知进行的有意识的语言表达。我们对此提出异议。我们必须指出，有许多直觉，如数学中的一些困难很难用语言表达出来。伯恩没有解决这个问题，也没有处理语言的局限性如何影响我们的直觉这一问题。如果语言表达是直觉过程的基本组成部分，那么一个说中文的人的各种各样的直觉与说英语的人的类似直觉，会有很大的不同吗？

伯恩区分直觉的知觉层面和表达层面还涉及一个问题。如果直觉基本上是口头表达的，那么根据定义把直觉分为感知部分和表达部分是不可能的。而如果直觉是非语言的，那么语言表达（假设它真的可以实现）将会涉及费力的非直觉过程。我们稍后会看到爱因斯坦证明了这一点。最后，有些直觉在任何情况下都不能用语言表达，例如动觉直觉、音乐直觉。

29

在伯恩的论证中，他对直觉思维进行了几次深入分析。他断言，可以凭经验对直觉功能进行研究，且直觉功能是一系列以综合的方式进行加工的感知过程。按照他的直觉，他意识到，"直觉到的"（what is intuited）和"直觉"表达的并不相同。最后，伯恩指出直觉功能是"有用的，值得培养的"。[4] 当代精神分析学家对直觉的强调，表明如今研究直觉具有持续的重要意义，同时在未来我们有可能理解直觉过程。

不幸的是，伯恩并没有研究之前哲学和美学中的直觉理论，也没有研究格式塔学派的直觉问题解决方法。他的想法虽然新颖，但没有为其时代做出重要贡献。伯恩通过语言表达直觉的这一部分内容使其等同于知觉。这显然过分高估了美学里的直觉。伯恩也在很大程度上忽略了灵性。在灵性中，直觉体验的一个典型特征就是它的不可言喻性。稍后，我们将更多地讨论直觉行为，它兼具言语智慧和意志。

最后，伯恩对其他文化中的直觉意识没有兴趣。而这点恰恰是荣格感兴趣的。伯恩的观点仍然是狭隘的和线性的，用语言表达束缚了直觉的概念。然而，伯恩承认直觉不同于对过去经历的回忆。指出这种差异是非常重要的，因为这种差异常被忽视。他对直觉经验问题的严肃态度为那些希望进一步研究直觉过程的人提供了必要的支持。

哲学的贡献

在荣格开始研究直觉的同一时期，人们对直觉作为一种艺术能力产生了兴趣。这种兴趣不是分析性的或调查性的。在直觉的艺术价值研究方面，克罗齐是最杰出的美学家代表。在《美学》（Aesthetic）[5]中克罗齐试图给我们讲述一段美学历史，同时提出了自己关于知识、感知和创造力的理论。对克罗齐来说，知识以两种形式存在：第一种是直觉，通过想象来揭示现实世界；第二种是逻辑，利用智慧系统性地进行组织和分析。[6]

克罗齐的《美学》代表了一种整合知觉、美学、直觉的诸多不同观点的尝试，以形成艺术和美学的概念。这是他所在时代的主流哲学趋势。这种尝试涉及的范围可能太大了，克罗齐的整合失败了。失败的主要原因是他缺乏令人信服的创造力，并且他的修辞风格有时会模糊他的意图。不过，在我们的分析中，克罗齐在直觉表现力和创造性方面的认识是有价值的。

现象学家提出了更多严谨的直觉定义。这场运动中最重要的人物是埃德蒙德·胡塞尔（Edmund Husserl，1859—1938）。他深受弗朗兹·布伦塔诺（Franz Brentano）、戈特弗里德·莱布尼茨（Gottfried Leibniz）和康德的影响。他的座右铭是回到事物本身。他总结了现象学家关于如何研究我们周围世界的立场。现象学家认为，现象必须在直接体验的情况下得到调查，而不需要理论或因果解释介入。现象学家努力对现象进行检验，尽可能排除未经检验的先入之见和预设。只要关系和价值直观地呈现自己，那么对现象学家来说，关系和价值便是可接受的经过检验的对象。当然不可能有一个实际情境完全脱离理论和解释，以完全满足现象学需要，但他们建立的思想指向一个更客观的评价路径。他们将直觉与感知概念区分开来，并提升了直觉的潜力。直觉可以提供知识，且这种知识无法通过其他经验获得——这提升了直觉经验的地位。直觉经验与其他知识（智慧）的来源是平等的。依照康德对直觉的狭义界定以及古代先知时期的直觉定义，这里的直觉获得了康德所希望的地位。

现象学还有助于直觉概念的动态发展。当意义-意向没有直观内容时，它们会融合感觉的直觉。这就是胡塞尔所说的静态"覆盖"或巧合结果。这种"覆盖"最初的目的是将感官之实指与意义之意指结合起来。值得注意的是，充满意义的直觉带来了这种转变。现象学的整体研究方法，包括意向和直觉，对教育者具有重要价值。它展示了直觉在获取知识中的重要性，并且直觉（至少在胡塞尔的定义中）是学

习过程的中心而不是次要的。胡塞尔专门称获取知识的过程为直
觉——

> 对于知识来说，权威的来源是任何以原始形式出现的
> "直觉"（就像它在其本身之中）。当它呈现自我时，便很容
> 易被接受，尽管这种呈现是有限制的。用我们的洞察力抓住
> 这个事实：除了原始资料之外，理论本身无法得出真理。[7]

然而，在后续的讨论中，我们没有发现主流现象学理论的用处。
因为包括胡塞尔在内的现象学家们把现象学变成了对意识结构的细碎
分析。从皮亚杰理论的角度出发，我们同样反对现象学家们主张的超
科学形式的知识。不过，胡塞尔及其追随者架构了康德与当代直觉思
维之间的重要联系。

在 20 世纪的哲学中，存在主义与现象学有许多共同的关注点。尽
管一些存在主义者自称现象学家，但这两个群体之间似乎存在着显著
的差异。现象学家胡塞尔借鉴了唯心主义的传统，认同乔治·贝克莱
（George Berkeley）所说的"存在即被感知"，并以"先验自我"指导
意识。而对于存在主义者让-保罗·萨特（Jean-Paul Sartre）来说，这
样的结构是不可接受的。[8] 萨特认为先验自我是没有必要的，让个人
存在依赖于感知也是不可信的。萨特认为：意识是核心概念，几乎与
直觉同义。萨特的"非反思性意识"（nonreflective consciousness）的概
念与被普遍接受的直觉概念相似。他的反思性意识理论聚焦于观察者
而不是客体，并将观察者对世界的认识与他对意义的追求联系起来。[9]
后文我们将再次讨论反思性意识和非反思性意识之间的区别。

我们讨论了 20 世纪哲学家对直觉研究的贡献，但是如果我们不提
到阿尔弗雷德·怀特海（Alfred Whitehead）和伯特兰·罗素（Bertrand
Russell）的贡献，会令人不满。（我们还将简要讨论分析哲学家的贡
献，但他们的贡献在很大程度上是破坏性的，我们将把该讨论推迟到

本章结束时。)

怀特海对数学、认识论、思辨哲学和教育改革感兴趣。他建立了一种涉及直觉知识的复杂理论。[10] 有一次，怀特海直接与教育者们交流一个与直觉密切相关的话题。在《教育的目的》（*The Aims of Education*）中，他描述了获取知识的三个阶段：浪漫、精确和概括。怀特海所描述的浪漫阶段与我们所称的"直觉模式"有许多共同之处。这也让人联想到伊壁鸠鲁的"预感"之说，用怀特海自己的话来说便是：

> 主题……本身就是未被探索的链接。它可能一半来源于"一瞥所见"，一半来源于挖掘物体所蕴含的内容。在这一阶段，知识不受系统程序的支配。[11]

怀特海还认为直观判断可能很少不同于有意识的知觉，也就是说，明确的感觉和物理认知是相同的感觉。从教育者的角度来看，这种更具整合性的直觉方法是怀特海对直觉理论最重要的贡献。不幸的是，怀特海的思想过分抽象，有时候他的生僻语言导致他的概念很难被大多数教育者读懂和理解。当然，怀特海依然被认为是 20 世纪研究直觉的最重要的知识分子之一。

罗素（1872—1970）是怀特海的同事。他对直觉采取了不同的态度。他通过研究数学集合理论得出结论：我们的"逻辑直觉"（即与诸如真理、概念、分类等概念有关的直觉）可能包括一些相互矛盾的内容。罗素通过拓展这些术语的命题功能让这些数学命题可以不自相矛盾地存在。虽然罗素声称拒绝数学，拒绝柏拉图式的理智直觉，但是正如菲利普·维纳（Philip Wiener）所言，一种特定的柏拉图式的理想主义仍然存在于罗素的哲学思想中。[12]

罗素非常感兴趣的教育改革试验事实上是失败的。但是，他的

"亲自认知的知识"（knowledge by acquaintance）① 的概念——概念的前语言形式——是教育者们感兴趣的。我们非常重视直觉在熟悉对象过程中所起的作用，并再次强调这种熟悉如何增强直觉活动。

19 世纪下半叶，招魂术和其他伪科学导致了一些科学家、哲学家、教育家对直觉充满怀疑。面相学、招魂术等领域充满了欺骗，部分或完全地失去了信誉。因此，那些崇信"实证"的物理学家质疑直觉的价值。此外，随着达尔文主义、科学心理学以及试图解释人类行为的社会经济理论开始兴起，对一些概念的研究受到了阻碍，例如直觉。这些概念本身就很难澄清和界定。正如我们所见，直觉与基督教神性的联系已经导致直觉遭受了有组织的宗教影响。

然而，19 世纪也是直觉伦理经历艰难界定、不断成熟和发展的世纪。尽管直觉伦理学家们的意见有所不同，但都认为人类拥有一种特殊的能力来识别道德差异。这个基本观点已成共识。除此之外，直觉伦理的三种形式也被区分开来。第一，审美（康德意义上的）或感性直觉主义认为一个特定行为的道德价值可以被直觉捕获或理解。第二，道德的层次结构是由行为动机构成的②。这种动机来自直觉。第三，信奉巴特勒主教（Bishop Butler）和詹姆斯·麦考士（James McCosh）[13]的教条直觉主义者声称从整个观念或动机的角度来直觉地认识正确与错误是有可能的。

在 20 世纪的科技圈内，这些观点被普遍质疑。然而正如我们所见，在我们的文化中，依然存在任何人都可以凭直觉判断对错的观念。教条直觉主义在 18 世纪和 19 世纪达到顶峰。它被视为一种尝试，试图保护新教伦理，而不需要依赖神学信仰。然而，这种哲学理论的意义不限于此。它还回应了常被人类感知到的、具有伦理价值的非理性

---

① "亲自认知的知识"是我们直接感知客体而无须以任何推论过程为中介得到的知识，或者任何有关真相的知识；凭借"描述的知识"（knowledge by description），借助描述，我们可以间接地获得有关从未经验过的事物的知识。——译者注
② 道德心理学如此认为。——译者注

内容。有几个心理学学派，最近的一个是行为主义学派，试图通过强调环境对个人的影响来解释直觉对道德决策的影响。然而，这种说法似乎并没有完全否认我们内心的感觉是这些道德指令的来源。正是这种感觉让大多数外行保持了对伦理直觉主义的信仰。它为大众文学中的直觉讨论提供了很多动力。直觉主义——另一种形式的直觉伦理学，试图将一套实用规则综合成一种普遍的不可改变的规则以区分善恶。这实际上是在寻找康德绝对命令的要点。在各种情况下，直觉主义者都认为：道德真理是可以被直觉发现（而非创造）的本质存在。所有形式的直觉伦理都认为直觉不仅是知识，亦是真理。目前，直觉伦理学已经在很大程度上被取代了，因为坚持直觉会导致真理失宠。当然还是有一些伦理学家自称直觉主义者，但这种说法已经不再像从前那样普遍了。

公平地说，我们支持直觉主义，因为道德哲学不能完全独立于直觉。例如，功利主义基本原则的来源是什么？是促进快乐和减少痛苦吗？[14] 我们可能不使用直觉知识的概念，而用直觉感受这个概念来代替直觉知识。这将涉及由某些外部事件直接或立即引起的个人感受。例如，我们直觉地感受疼痛。当类似的疼痛感出现时，我们可以对别人的疼痛做出反应。我们没有把直接的身体疼痛称为"直觉"。这点稍后再论。

格式塔心理学家

教育者关心的是如何培养直觉。在 20 世纪，格式塔心理学家的工作是最有意义和最富挑战性的。格式塔心理学的核心是：整体的心理、知识、符号结构（格式塔）不能从其各个部分衍生出来。德国心理学家韦特海默（1880—1943）在《创造性思维》（*Productive Thinking*）一书中探讨了这种观点的教育意义。[15] 这本书是他多年研究数学问题解决方法的代表性成果。韦特海默认为人类有一种倾向，想要把不确定的或不完整的东西联系起来、整合起来，使之成为"好的格式塔"。这种格式塔拥有完整、平衡、统一的属性。逻辑本身可能不是解决某些问题的关键，相反，关于"正解"的联想、回忆和直观经常成为成功解决问题的策略。通过对儿童和成人使用积木或几何图形的实验，韦特海默积累了证据，确信解决问题的能力往往取决于人们对问题深层结构的理解。

这种自发的非理性的理解可能被称为直觉。尽管韦特海默从未将这种经验或过程称为"直觉"，但他写道：在困难的工作中经常"看见光"。因此，韦特海默回到了始于古代先知时代的关于直觉的视觉隐喻。这种洞见的体验涉及各元素的重组。它可能需要很长一段时间。这种洞见需要抓住韦特海默所说的"拟动"（prevelations），同时放弃"盲目"和无效过程。

与康德不同，韦特海默认为主观经验和情感的作用体现在思维过程之中。即便如此，他还是明显地借鉴了康德。尽管韦特海默不再强调逻辑（康德很强调这点），而是认为对很多问题解决程序来说逻辑是无用的、不够的，他关心的是形式、整合和与感觉印象相关的时空框架，但是这些均来自柏拉图和康德。韦特海默内化并重新定义了康德的概念，为哲学理论介入课堂教学的问题解决提供了思路。

《创造性思维》中最有趣的一个章节是叙述韦特海默对爱因斯坦的访谈。爱因斯坦，一个真正的直觉思想家，通过忽然闪现的洞察力推动了宇宙概念的革新。随后，他研究了该理论中的数学问题，但是数学本身从来不是其发现的载体。有趣的是，爱因斯坦小时候被认为是沉闷的，因为他没有很好地适应当时传统的教学法。直到父母把他送去一个裴斯泰洛齐式学校（Pestalozzian school），他才开始取得明显进步。爱因斯坦的经历强有力地证明了鼓励学生直觉思维的重要性。

进一步的心理学贡献

在《创造性思维》出版几十年后，出现了许多关于教育中的直觉的著作。其中最有影响力的是布鲁纳的《教育过程》。[16] 正如前文所说，布鲁纳没有在这本书中给直觉下一个操作性定义，但是他在课堂上做了大量涉及直觉的田野观察。他认为在数学方面有两种类型的直觉。一种是对问题做出适当的猜测，或者证明解决问题的几种方法中哪一种是最富有成效的。另一种是直觉数学思维，它可以在没有严格证明的情况下提供一个问题的解决方法。这种直觉思维也发生在许多其他领域。布鲁纳引用了诗人创作的例子。诗人为写一首诗不断地打草稿，直到"好的"版本出现。[17] 布鲁纳断言，对于看了不同草稿的读者来说，直观意义上的"好"是显而易见的。然而，他也承认很难说是什么让一首诗的"好版本"优于其他草拟版。

在后面的章节中，我们将仔细研究什么是"对"的感觉。然而，一旦一个人的艺术直觉被认识和重视，布鲁纳所说的"勇敢体验"（courageous taste）便得以发展。"勇敢体验"的人愿意抵制大众媒体所强调的一致性和缺乏风格。他/她追求个人表达，而不是平庸或故意哗众取宠。布鲁纳认为，这种对自己认为美的事物的认同与追求可能是直觉的直接产物。这当然是最重要的贡献之一。它说明直觉的认可能对社会产生影响。

布鲁纳非常关注课堂上经常发生的贬低直觉的现象。由于直觉经常会产生错误答案，因此在竞争激烈的学术环境中，直觉的方法有时会受到嘲笑。因为在这种环境中，给出正确的答案，并且首先给出正确答案，是非常重要的。具有讽刺意味的是，像数学和基础科学这样的学科，其发展恰是基于直觉思想家们的贡献的。然而学校很少倡导直觉，反而存在着僵化的形式主义。布鲁纳反对这种做法，他鼓励学生猜测。他还认识到直觉思维和启发式程序之间存在的密切关系。布鲁纳认为虽然让学生过分重视启发式规则可能会破坏真正的启发式思维，但是通过发展学生对问题解决过程的自我意识、启发式方法的表达能力以及直觉式问题解决的策略，可以帮助年轻人通过直觉思维得到更好的结果。

37 随后，布鲁纳在《论认知：左手随笔》（*On Knowing：Essays for the Left Hand*）一书中保留了他对非分析性思维的兴趣。[18] 他的直觉概念类似于韦特海默的概念。布鲁纳写道：

> 直觉意味着掌握一个问题的内涵、意义、结构，而不明确依赖于个体的分析能力。[19]

在《论认知：左手随笔》中，布鲁纳深化了直觉的概念，但他仍然不能为学校老师或课程设计者提供一个具体的定义。在接下来的章节中，我们将进一步拉近直觉与教育者的关系，因为教育者需要更清楚地理解直觉的经验和过程。

20世纪最重要的创造性人物之一是理查德·B.富勒（Richard B. Fuller，1895—1983）。他对心理学和发明都很感兴趣。他长期支持直觉。他认为直觉是人类在其所有努力中的主要工具。在心理学对直觉的贡献史上，富勒应该是最后一位值得被提及的人，因为他的直觉概念结合并整合了许多早期学者的观点。富勒认为直觉作为一种积极力量，可以让个体和整个社会受益。他认为直觉具有精神内涵。这些观点与施莱尔马赫的相呼应，然而他又强调德国哲学家著作中所没有的人类的物质未来。[20] 富勒坚持将直觉作为真理的来源。这一观点已经普遍被现代哲学家所抛弃。最后，富勒的直觉体验概念似乎与中世纪的神秘主义者或东方哲学家密切相关。事实上，他将直觉称为"人类科学发现的钥匙"。[21]

在贯彻直觉理论时，富勒的乐观精神和个人的成功经验显然增强了其关于直觉的积极态度。然而，我们不应该忽略：他的想法有时候过于天真、过于乐观，像象牙塔中的知识。富勒认为，古希腊以来的许多重大科学突破都是他所认为的直观洞见之结果。他预测这些洞见将继续为未来的理论和科技进步做出贡献。毫无疑问，他是对的。富勒的未来愿景要求我们认真对待直觉，特别是要使所有教育者尊重和关注直觉。

女性和直觉

38

纵观历史，有一种独特而长久的观念，认为只有女性才拥有明确的直觉。这种观点与宗教、哲学中的直觉概念并行不悖。目前我们不可能忽视各种影响因素，如作为抚育者的女性生物角色、社会确实允许女性更多地表达情感、传统的民间传说所塑造的女性直觉的刻板印象。尽管如此，人们仍普遍认为直觉研究需要提及这种现象及其历史持久性。如果这仅仅是一种迷信，那么女性的直觉就应该被抛弃，因为它对严肃的直觉研究毫无意义。然而，如果我们不能证明这个概念只是民间传说，那么对教育工作者和女性来说，对它的功能和特性进行探索与界定就是有用的。

有研究认为女性直觉的表现形式多种多样[22]，从古希腊和古罗马的希伯来宣言（sibylline pronouncements），到现代民间传说中女性比男性更容易感知艺术或社会的微妙之处。女性直觉的民间传说的共同主题是：很多甚至所有女性都可以理解某些事物或情形的更深层结构和真正内涵，而不需要依靠常规的逻辑过程。此外，女性对未来事件的预感常常被证明是正确的。一个相关的现象是在自称灵媒或通灵者的人中，女性所占的比例格外高，而且在许多基督教之前的宗教和异教中，女性的地位也很突出。人们普遍认为直觉与艺术能力有关。这表明在我们的社会中，女性通常以艺术家或美的追求者的传统角色出现。这可能使女性的直觉能力得到了比男性更全面的发展。然而，显而易见的是，历史上大多数伟大的艺术家都是男性，这一事实至少部分缘于整个时代女性的社会地位不高。[23] 这种观察将促进我们进一步研究直觉和经验之间的联系。所谓的女性直觉很可能，至少部分是女性社会地位的产物，即她们作为抚育者和看护者的特殊功能。

不幸的是，目前我们还不能充分解决女性直觉的问题。没有根据的民间传说和性别刻板印象仍然掩盖了普遍指称的女性直觉的真正本质。教育者如果对女性的特殊直觉能力感兴趣，那么必须等待心理学家、历史学家、人类学家及其他人来阐明直觉的这个潜在的重要方面。

正如我们所说，女性在社会中经常被塑造成社会关系的协调者。她们可能已发展出一种能力，让她们特别擅长认识和发掘他人的直觉能力。如果这种能力确实存在于女性身上，那么它将特别适用于基础教育。在基础教育中，大多数教师是女性。然而，尚需在这一领域开展更多的研究，以界定该领域女性能力的性质和范围（如果有的话）。

儿童与直觉

另一个值得提出的问题是，年幼的儿童，他们可能更少接触线性的逻辑思维，更自然地倾向于直觉。与年长的人相比，他们更容易被训练为直觉者。特别是，如果儿童使用直觉解决问题的天然倾向与皮亚杰的认知发展阶段存在关联，那将是一个很有价值的发现。例如，如果有证据表明当儿童进入具体运算阶段时，使用直觉方法的自然倾向会减弱，那么课程设计者和教师可以集中精力在此阶段之前建立并保持直觉思维模式。与此同时，如果确定学生在某些时候变得更有可能使用直觉方法，则可以开发其他类型的课程，将这些方法整合到儿童在课内与课外的其他活动和经历之中。

研究儿童直觉可以有很多其他的方向。有研究显示，儿童在音乐、数学、写作和其他领域的天赋与直觉思维模式有关。这显然对教育者和家长都有价值。其他可能有价值的研究领域是：文化背景等对儿童直觉倾向的影响以及遗传对直觉的影响。显然，涉及儿童与直觉的研究领域充满了可能性。

当代文学中的直觉

40

在过去几十年中，出现了一种直接或间接涉及直觉的新文学。它是受大众欢迎的流行作家的作品，虽然这些书中有许多奇异的内容和一些从未被证实的通灵者或其他人的想法。有些作品认真而真诚努力地应对社会的价值观，如玛丽莲·弗格森（Marilyn Ferguson）的《宝瓶同谋》（*The Aquarian Conspiracy*）[24] 与侯道仁（Douglas R. Hofstadter）的《GEB：一条永恒的金带》（*Gödel，Escher，Bach：An Eternal Golden Braid*）[25] 等，利用当前的高科技解决了很多哲学上的复杂问题。

这些新书之所以重要，有两个原因。一是它们说明人们对来自非理性过程的知识的接受度越来越高。这种接受部分是由于在核武器和环境污染的时代，人们对科学及其成就日益失望。这也是其他知识体系日益增长的认识的结果，其中包括禅宗、美洲原住民和佛教的认识论等。不择手段的出版商以恐怖故事，不负责任的电影制片人以隐匿题材，挖掘人们对直觉主题的兴趣。直觉概念的重新界定和发展也可以借助于教育者在课堂上成功地展示直觉技巧。我们将在第八章中介绍更多的、有价值的直觉技巧。

直觉发展史上的危险十字路口是导致人们对直觉的兴趣增加的第二个原因。直觉可能会成为一种徘徊在教育边缘的耸人听闻、未经证实的现象，但也可能会帮助技能娴熟的教育者开展教育教学活动。直觉的研究和运用取决于教师的认真努力。教师鼓励直觉思维，熟悉它的优势和用途，并为直觉辩护，尤其是当直觉受到批评时，那些批评者总是嘲笑直觉草率或不准确。

最后，在某种程度上，直觉的研究已经不再是神学家、哲学家甚至心理学家的专利。在一个充斥着各种艰难抉择的世界里，人们迫切需要古代先知的力量。学生必须意识到，他们有成为处理学校和生活问题的"先知"的潜力。同样重要的是，教师必须认识到他们在培养学生直觉过程中的作用，以便后代不会忽视这个重要的知识来源。

目前，没有任何蕴含直觉的哲学涉及知识或教育的实践理论层面。为什么会这样？其中一部分原因是，人们缺乏对直觉定义的清晰理解。但是这并不是全部原因。在西方，直觉倾向于与理性紧密合作。它导致了直觉被理性掩盖，也导致了直觉被那些不信任非理性的人所贬低。西方思想对理性的偏爱让直觉在任何时候都显得可疑。这种偏爱必须停止，人们才能充分认识直觉，并在课堂和其他地方利用直觉。直觉不能，也不应该高于其他思维过程。反之亦然。我们不能忽略这里提到的诸多关注直觉的思想家。在我们分析直觉之前，我们将简要地讨论分析哲学家对这一概念的研究。

分析哲学与直觉

根据理查德·罗蒂（Richard Rorty）的描述，哲学家们界定了"直觉"的四个主要含义。[26] 第一，直觉是不合理的真实信念，或者是没有经过推理的信念。罗蒂认为，这种直觉或"预感"的存在是"没有争议的"。但是，正如我们看到的，这种直觉的来源、性质和局限并非没有争议。第二，直觉是对命题、真理的直接（非推理）认识。在这个问题上，我们与康德一致，坚持认为命题知识既包括直觉也包括理性。我们并不直接理解真理，尽管当一个概念以清晰的直觉打动我们时，我们可能把它说成是"直观真理"。我们认为这种真理需要进一步的检验，并且需要某种形式的证实。第三，直觉的含义维系于概念的直接认识。在面对司空见惯的学生反驳时，教育者经常感到"我知道，但我无法解释"。语言哲学家和行为主义哲学家拒绝分析学生的反驳和前语言知识的基本要求，但是我们认为这种拒绝留下了许多无法解释的东西。第四，直觉是实体的非命题性知识。这种直觉形式包括感觉直觉（伴随知觉的整体感觉）、普遍性直觉以及神秘的或无法表达的直觉。

42

我们将避免狭隘的理性主义或经验主义观点。这在很大程度上是因为我们不想陷入与直觉分析无关的事情。对于经验主义者，我们接受感觉直觉；对于理性主义者，我们坚信思想必须包含使经验成为可能的纯粹直觉形式。最后，我们将对神秘直觉采取不可知论的立场。当然，有证据证明存在这种"直觉"，但接受其作为可见的、直接接触的真实案例，则涉及某些虚假存在的领域。这些领域不是真实的经验，也不是个人认知、记忆中的内在真实体验。我们把这种探索留给其他人。最重要的是，我们探索理性主义和经验主义之间的关系。这种关系在很大程度上被忽略了。我们还探讨了意志和直觉之间的关系。换句话说，这种关系也存在于个体的意义追求和即时理解之中。

小 结

在本章中，我们回顾了很多人的工作。他们为直觉的发展做出了贡献，让直觉成为一个哲学和心理学上的概念。我们还简要地讨论了直觉在各种当代活动中的应用。在哲学中，我们注意到人们对直觉的态度变化——坦率的驳斥、含蓄或勉强的接受、饶有兴致的解析，以及对直觉作为认识论和道德哲学中的基本概念的认同。

之后，我们将不再讨论之前提到的某些直觉研究。女性直觉、直觉类型、道德真理的直接直觉都很吸引人，也值得进一步研究，但我们不能在此研究它们。我们将广泛使用格式塔概念、直觉模式，以及直觉与动力中心（自我的或意志的）之间的关系。我们将特别关注直觉（富勒所说的）在学习和创造中的应用。

注　释

［1］ Carl G. Jung, *Psychological Types*, trans. H. Godwin Baynes（London：Kegan Paul, Trench, Trübner；New York：Harcourt Brace, 1946）.

［2］ Ibid., p. 568.

［3］ Eric Berne, *Intuition and Ego States：The Origins of Transactional Analysis*（San Francisco：TA Press, 1977）, pp. 25-26.

［4］ Ibid., p. 31.

［5］ Benedetto Croce, *Aesthetic*, trans. Douglas Ainslie（New York：Noonday Press for Farrar, Straus and Giroux, 1972）.

［6］ 克罗齐的直觉观与康德不同，因为它可以在没有空间或时间的情况下存在，并且包含一个富有表现力的成分。"直觉就是表达性知识"这一概念是克罗齐对直觉理论做出的最重要贡献，因为它暗示了直觉与情感领域之间的密切关系。从我们的观点来看，克罗齐的另一个重要贡献是他强调用直觉的力量来启发理性的力量。不幸的是，他在这方面的想法还不够充分。与康德一样，克罗齐认为直觉会产生无意义的表征，但他允许情感和"宇宙"的表征都被直觉所理解。他坚持认为，对象或关系的图像对于直观过程至关重要。在提出这样的主张时，克罗齐似乎接近韦特海默和其他格式塔心理学家，他们强调可视化在解决问题中的重要性。然而，克罗齐希望在艺术创作和直觉之间建立的联系不要过于清晰。

［7］ Edmund Husserl, *Ideas*, trans. W. R. Boyce Gibson（New York：Macmillan, 1962）, p. 83.

［8］ 萨特明确反对先验自我，见 *Being and Nothingness*, trans. Hazel E. Barnes（New York：Washington Square Press, 1966）, pp. 9-24.

［9］ "现在，当我进行'我思'时，我的反思意识并没有以自己为对象。思考证实的是映像意识。如果我的映像意识是意识本身，它就是非对象性意识。它仅根据映像意识的指示而变成对象性的意识，在被反映之前，它并不是其自身的对

象性意识。因此'我认为'层面的意识，不等同于认真思考层面的那种意识，或者更确切地说，不是它自己的思考，而是由独断的行为所决定的。因此，我们有理由探寻，在两种共同存在的意识中，是否存在共有的'我'在思考，或者是不是映像意识的'我'。没有任何一种反思意识反映在自己身上；直到另外的上位的意识行为来刺激它，它才开始反映自身。但这里不是逻辑学意义上的无穷倒退，因为，意识，它不需要为了意识到自身而拥有一个可以反映它的映像意识。它只是意识到自己，没有将自己定位为意识的对象。难道不是反映的行为使作为宾格之我在映像意识中出现了吗？这将可以解释，直觉所理解的每一个思想是如何拥有一个作为主语的我的，而同时，我们又不会遇到前面提到的困难。"Jean-Paul Sartre, *The Philosophy of Jean-Paul Sartre*, ed. R. D. Cumming (New York: Random House, 1965), pp. 52-53.

[10] 怀特海说，直觉的判断源于他所谓的想象的感受与指示性感受的结合。在直觉判断中，人们会体验到在意识感知层面中产生的相同的物理感觉和概念感觉的整合。怀特海坚持认为，在有意识的感知中，概念感觉源于相同的物理感觉，而在直觉判断中，显而易见的概念感觉是基于两种物理感觉的，一种是怀特海所说的指示性感觉，另一种是直接的物理感觉。拉斯维哈里·达斯（Rasvihary Das）以简洁的方式描述了有意识的感知和直觉判断之间的区别："差异……是基于两种物理感受之间的差异，这两种物理感受分别是指示性感受和物理知觉。如果任何同一感觉共同作用于二者，我们得到的是有意识的知觉；如果指示性感受和物理知觉是两种截然不同的感受，它们则会引起直觉判断。"参见 Rasvihary Das, *The Philosophy of Whitehead* (New York: Russell and Russell, 1964), p. 123.

怀特海的方法的问题在于感受的概念很难定义，因为它既具有物理的内涵，又有情感的内涵。尽管如此，当怀特海区分物理知觉和指示性感受时，他确实为教育者提供了启迪。怀特海将指示性感受定义为"一种物理的感受，其中给出了作为命题逻辑主体的实际的实体"。指示性感受和物理知觉之间的差异，使知觉和洞察行为进入更深的结构中。深层结构就是韦特海默和其他人以后将继续发展的结构。

[11] Alfred Whitehead, *The Aims of Education* (New York: Free Press, 1967), pp. 17-18.

[12] 维纳写道："罗素起初是柏拉图主义者，但在逻辑学操作主义的发展的影响下，他转向了经验主义的唯名论。与之相对莱布尼茨起初是原子主义者，但后来转

向了更现实的形而上学。这与 17 世纪的信念一致，像艺术一样，科学也将人的心灵之镜托付给自然。在罗素的知识理论中，逻辑分析将心灵之镜分解成如此多的原子般的感觉数据，以至于根本没有办法将其作为一面整体的镜子去讨论心灵。对意义的分析，成为逻辑建构的问题。在逻辑建构中，感觉数据和普遍性，二者是中立和透明的基石，而真理则包含了一种相当模糊的逻辑对应关系。因此，罗素有效地批评了莱布尼茨的单子论与神圣的预定和谐论之间建立的简单镜像关系。但是，某种柏拉图主义仍然通过逻辑上的对应关系困扰着罗素的真理理论。在这种对应关系中，各自的原子观，就像永恒真理的幽灵一样，纠缠在一起。" Philip Wiener, "Method in Russell's Work on Leibniz," in *The Philosophy of Bertrand Russell*, ed. P. A. Schilpp (New York: Tudor Publishing Co., 1951), p. 274.

[13] 参见 Austin Duncan-Jones, *Butler's Moral Philosophy* (Harmondsworth, Middlesex, England: Penguin, 1952). 也可参见 James McCosh, *Intuitions of the Mind, Inductively Investigated* (New York: R. Carter, 1872).

[14] 参见 Henry Sidgwick, *The Methods of Ethics* (Indianapolis, Ind.: Hackett Publishing, 1981).

[15] Max Wertheimer, *Productive Thinking* (New York: Harper, 1945), pp. 1–12.

[16] Jerome S. Bruner, *The Process of Education* (Cambridge, Mass.: Harvard University Press, 1977).

[17] Ibid., p. 61.

[18] Jerome S. Bruner, *On Knowing: Essays for the Left Hand* (Cambridge, Mass.: Harvard University Press, 1966).

[19] Ibid., p. 102.

[20] 关于施莱尔马赫神学的陈述参见 Friedrich Schleiermacher, *The Christian Faith*, ed. H. R. Mackintosh and J. S. Stewart (New York: Harper & Row, 1965).

[21] Richard B. Fuller, *Intuition* (New York: Anchor Press, 1973), p. 50.

[22] 参见 Mary E. Harding, *Woman's Mysteries, Ancient and Modern: A Psychological Interpretation of the Feminine Principle as Portrayed in Myth, Story, and Dream* (New York: Putnam, 1971); Erich Neumann, *The Great Mother: An Analysis of the Archetype*, trans. Ralph Manheim (Princeton, N. J.: Princeton University Press, 1955).

［23］参见弗吉尼亚·伍尔夫（Virginia Woolf）关于女性和小说的话题：*A Room of One's Own*（New York：Harcourt, 1929）.

［24］Marilyn Ferguson, *The Aquarian Conspiracy*（Los Angeles：J. P. Tarcher, 1980）.

［25］Douglas R. Hofstadter, *Gödel, Escher, Bach：An Eternal Golden Braid*（New York：Basic Books, 1979）.

［26］Richard Rorty, "Intuition," *The Encyclopedia of Philosophy*, vol. 4, ed. Paul Edwards（New York：Macmillan, 1967）, pp. 204-212.

第三章

什么是直觉

43 在这里，我们触摸到"自我"的双重本质……，即"我"有两面性：一方面，我是一个真实的个体，表现出真正的行为。挣扎的不断犯错的人类把黑暗投射到世界和个人命运之中。另一方面，人类通过直觉看到了自己的光。在人类的意识中，直觉孕育意象，赋予意义，世界由此被打开了。

——赫尔曼·外尔（Hermann Weyl）《心灵与自然》

在描述直觉的历史中，我们看到这个概念的某些特征存在了几个世纪，而其他一些特征则被抛弃、修改或放大。将直觉视为直接接触物体的一种形式——一种"看见"的形式，这种观点一直存在着！的确，如果没有这种观点，那么这个概念就会退化成某种省略词①。我们建议加快分析的速度，但如果速度过快，分析步骤便会变得模糊和难以识别，而这不是一个严肃的"直觉"使用者想要的。作为严肃的使用者，我们应该保留这个观点的核心——直接接触、"看见"，同时还要承认和接受直觉概念在发展中所取得的进展。尤其是，我们认为直觉不再紧密地或普遍地与命题的真理性相联系，这是我们的收获而非损失。显然，一种

---

① 因此直觉不重要，可以被省略。——译者注

直觉可能以命题的形式出现，例如"*p* 就是这种情况"。或者我们几乎无法用语言恰当地分辨直觉，但它的真理性并不依赖于我们的直觉。坚持直觉与真理的联系导致了直觉作为一个受人尊敬的概念在知识研究中几乎消亡。汉斯·哈恩（Hans Hahn）在《直觉的危机》（The Crisis in Intuition）中摒弃了直觉。他认为直觉仅仅是一种根植于心理惯性的习惯力量。[1] 他认为我们错误地将直觉真理神圣化了。我们当然反对直觉的武断之词，但是我们必须指出：哈恩的批评没有影响直觉概念的有用性——无论是哲学意义上的直觉概念，还是心理学意义上的直觉概念。

需要强调的是，我们对直觉的描述旨在将其用于教育。我们要思考：直觉如何促进学习、创造、表达和解决问题。我们想知道教育如何提高直觉能力。例如，当讨论直觉与接触物体有关的功能时，我们不会深入地涉及本体论问题。也就是说，我们不会纠缠现实的终极本质。有人可能很容易把所有的努力都用于描述什么是真实，虽然我们不能完全避免这个问题，但这不是我们的目标。

同样地，认识论者可能主要关注直觉作为真理的基础或作为证明的模式。尽管这些问题非常有趣，但是我们更关注直觉如何在认识和理解中发挥作用。我们最感兴趣的是直觉对整个人类的作用——对真实的、挣扎的、易错的、有感觉的人类的作用。我们的兴趣和现象学家不同。他们的任务是对意识结构进行细致的识别和阐述。而作为教育者，我们的兴趣促使我们从接触现象的中心向两个外部方向发展。一是面向对象。这样我们可以知道更多的内容。这些内容将会抓住学习者的兴趣。二是面向主题。这样我们可以学习更多关于个体学习者在直觉方面的倾向。

我们将讨论一些问题和概念。它们出现在之前提到的哲学研究中。由此，我们能够得到可靠的、有用的直觉概念，某些概念长期以来与直觉相联系，有时甚至混淆了直觉概念，例如知觉、表象、感受性、知性、意志和意识等。它们必须与直觉保持正确的关系。从第一章的内容来看，我们的概念主要来源于康德。因此，从直觉的概念开始讨论相关术语及其修正与联系正是我们所需要的，也是合理的。

康德直觉的地位：精神实质和字面意义

从根本上说，康德的观点假定了一种接受能力——一种指向对象的能力。它使知觉材料具有最初的概括性意义。这种思维能力促使人们对事物进行理性加工，由此发现尚未被赋予语言符号的结构，并且在不使用有意识的分析思维的前提下，判断正确性和准确性。这没有背离康德的观点。尽管康德认为理解力的运行需要依据规则和理性的原则，但这个规则不是有意识的分析所需要的规则。我们从以下几个方面表达我们与康德的不同。首先，我们允许直觉向内看，去观察理性表达，并传达一种情感表达——"我明白了!"，以达至自我的动力（动机）中心。在这一点上，我们赞同克罗齐的观点。从叔本华和后来的现象学家[2]的角度来看，我们更加强调直觉对表现形式和理解的贡献。但与此同时，我们不希望重复唯心主义（或现象学）的基本错误。它们从康德的感受性概念出发，走得太远，以至于把世界变成单纯的心灵构架或"关联"。

包括哈恩在内的一些学者声称，直觉（康德所说的直觉）作为知识的基础被非欧几里得几何学彻底摧毁了。然而，被摧毁的可能只是康德所说的直觉的表层意思，而非精神实质。正如戴维·W. 海姆伦（David W. Hamlyn）指出的："如果这个发现驳斥了康德直觉观的形式立场，那么它就不能清晰地驳斥康德直觉观的精神实质。"[3]

困难在于康德确实宣称几何学（欧几里得几何学）包含了一系列的必要真理。这些真理根植于纯粹直觉：

> 几何学是一门科学，而且是先验科学。它综合性地决定了空间属性。要使这样一种关于空间的知识成为可能，空间的表达方式必须是什么？它必须始于直观，因为从单纯的概念中推断超出该概念的命题是不可能的……，然而，这种直觉必须是

先验的。也就是说，它必须存在于我们的内部，才能对对象产生感知。因此它必须是纯粹的，而非经验直觉。[4]

欧几里得第五定理，即欧氏平行公理的假设（对于任意直线 a 及不在 a 上的一点 A，那么在 a 和 A 确定的平面上，通过 A 点至多有一条直线与直线 a 平行）可能被更新。替代它的可能是与此相矛盾的，但又不失合理性的、可供选择的假设。这破坏了康德的说法。因为他声称几何学是一系列基于直觉的必然真理。每种几何学都包含了必要的真理，因为它的命题必然遵循它的公理，但任何对"真理"的诉求都必须局限于这种内在的意义。显然，欧几里得几何学并没有说明经验世界的真理。

然而，海姆伦指出，"欧几里得几何学是第一个被展开研究的体系。这并不是巧合。该体系在某种程度上显然比后来的几何学更符合经验"[5]。我们可以更有力地说明这一点。如果经验本身依赖于直觉，那么可能只有欧几里得几何学能被研究出来。非欧几里得几何学作为理性的产物得到发展，但它们的存在和合理性证明仍然依赖于直觉。直觉提供了第一步陈述，随后分析推理得到了一组对象，以供人们思考、重组和重构。此时直觉再次发挥作用，进行创造或识别客观模型。这些模型可以用来测试假设系统的合理性。这里我们强调，直觉不仅在知识结构领域起作用，也在物质世界的客体认知中起作用。因此，作为知识的基础，康德的直觉概念是否已经被驳倒尚无结论。

我们并不那么关注直觉作为知识的基础，而是把直觉当作一种认知方式。实际上，我们将看到数学中的每一种观点在某种程度上都依赖于直觉的概念。即使当数学哲学拒绝把直觉作为知识的基础时，人们也必须承认数学可以被"直觉地"认识。这句话是什么意思？正如鲁迪·拉克（Rudy Rucker）所说：

> 数学家并不是简单的推理或证明定理的机器。在研究的最初阶段，数学家似乎不像定理证明机器那样起作用。相反，他

们用某种数学直觉来"观察"数学世界，并通过某种经验过程来确定什么是正确的。[6]

这是我们特别感兴趣的一种直觉功能：把知觉转向概念对象内部。查尔斯·S.皮尔斯（Charles S. Peirce）① 将数学描述为"某种经验过程"的内在活动。他把数学描述为"在想象中建立策略"[7] 的活动。他的立场与他的父亲、数学家本杰明·皮尔斯（Benjamin Peirce）形成了鲜明对比，后者将数学描述为"得出必然结论的科学"[8]。从老皮尔斯的论述中，我们看到他把数学家当作定理证明的机器，就好像数学思维是从操纵数学对象开始的。从小皮尔斯的观点中，我们看到这样一种论调，即强调数学的建构性、象征性和图解性。他告诉我们，不能仅仅关注结论。这个结论既来自描绘与推理的过程，也来自被描绘的客观世界。在客观世界的基础上，这些结论才能够被描绘出来，由此创建数学世界。

皮尔斯父子对数学的不同观点涉及了一些问题。这些问题是关于数学对象的本质以及直觉在联系、表示或发现数学对象方面的作用的。菲利普·戴维斯（Philip Davis）和鲁本·赫什（Reuben Hersh）讨论了各种数学哲学依赖直觉的方式。[9] 他们指出，柏拉图主义者相信数学对象存在于终极现实的世界中，即一个理想的永恒形式的世界。他们认为这个领域对"看见"持开放态度——正是直觉将我们与普遍形式的世界联系起来。这种观点面临的难点是：直觉活动领域在成倍增加。我们有理想形式的宇宙、经验世界和内心精神世界，它们之间的联系很难被描述。即使我们认为精神世界是永恒形式宇宙的一部分（拉克的"思维空间"），我们还是要解释这个世界的对象如何与通过经验直觉推理出的对象相结合，从而形成结构。这个结构可以通过感知进行验证。

此外，由于我们把直觉设定为人们认识非知觉世界中的真实对象的

① 查尔斯·S.皮尔斯（1839—1914），美国哲学家、自然科学家、逻辑学家，实用主义创始人。他生前仅发表了一些单篇论文，他逝世后，大部分著作由后人整理为《皮尔斯文集》（共八卷），于1933年由哈佛大学出版社出版。——译者注

方式，因此我们无法通过参考普通而熟悉的外部或内部经验来描述直觉。例如，我们不认为我们关于直觉的讨论对那些坚定持守柏拉图立场的人是有用的。当然我们没有驳斥柏拉图主义，在寥寥数语中，我们甚至没有触及柏拉图理论的表层内涵。我们的教育兴趣促使我们寻找一种直觉观。它可以毫不费力地解释形而上的问题。值得注意的是，柏拉图的观点是严肃的直觉观点。对于那些相信理念形式的人来说，直觉是一种绝对必要的能力。

另一种数学哲学立场是形式主义，亦被看作非严肃的直觉观。形式主义者把数学的全部意义系于其形式，并坚持认为，从经验上讲，数学是一个没有意义的游戏，不会产生关于经验世界的"真理"。然而，他们很难解释在正式的名称、概念和证明出现之前，人们如何"知道"某些数学对象和关系。他们把"直觉知识"归结于那些揭示数学关系的人，这些关系能够被证明，但尚未得到证实。我们不清楚他们所说的"直觉知识"是什么意思。这种知识可以用预感或猜测来描述，但这种描述回避了核心问题。大脑是如何把"看到"但尚未被证明的推论组合起来的？唯一的解释是把直觉描述为一种迅速的甚至是无意识的分析思维。我们已经注意到，语言学和行为主义哲学家倾向于将直觉解释为无意识的推理。然而，这种观点损害了推理的合理观点。准确地说，推理是在有意识地建立先前的陈述（前提）和结论（推论）之间的联系。当我们考虑直觉结论的影响时，这种观点尤其令人不满。如果直觉结论仅仅是推理的快速版本，那么它为什么会带给我们惊奇、清晰和美感呢？为什么当直觉出现时，我们常常发现自己词不达意？

形式主义还面临另一个困难。数学家再次变成了理论证明的机器。数学世界和经验世界的联系被描绘成意外之喜，而数学和意义之间的联系被简单地否定了。这就像老皮尔斯所说的，数学思维就像操纵数学对象那样，从演绎开始。形式主义者坚持认为数学完全是人类创造的，对经验世界来说，数学本身毫无意义。他们不关注数学对象的起源。这些对象从何而来？我们如何与它们接触？如果说这些对象是人类"创造"

出来的，那么最让人满意的说法是：这些对象是人们通过直觉探索永恒的形式世界时所发现的。

49

到目前为止，我们遵循了戴维斯和赫什的观点。然而更恰当地说，在非形而上的层面，他们对形式主义的论述可能有失公允。有很多证据表明，形式主义者持有严肃的建构主义态度。这种态度既可以从非空白的起点中逐步产生可靠的结果，也可以在使用模式的过程中得到具体认知。[10]

直觉对数学哲学最明显的贡献是建构主义。它的基本立场是，数学始于直观给出的自然数和迭代法。这显然与康德的直觉观相一致。我们不是始于不言而喻的真理，而是始于特定对象和我们可以对它们采取的可识别的行动。数学家的关注点是数学对象的结构。例如，外尔建议有抱负的数学思想家"具体地思考"（think concretely）。[11] 事实上，他比小皮尔斯更强烈地质疑了老皮尔斯对数学家工作的描述。外尔坚称：

> 有建设性的数学家的工作不是得出合乎逻辑的结论。事实上，他的论点和主张只会伴随他的行动、他的构建得以实施。[12]

在这个观点中，我们看到直觉的两个重要功能：给定对象和赋予经验。直觉的经验赋予功能，指的是它先于经验，并使经验成为建构知识的可能来源。如果没有直觉，那么经验就是一系列事件的简单组合，没有方向和意义。经验仅仅是"有"的东西，而不是可预期的、有组织的、被选择的和被评估的东西。显然，建构主义的直觉理论提出了我们所说的直觉的心智能力结构。这与康德的观点不谋而合：建构主义以迭代的形式假定了一种时间的纯粹直觉。我们有这样的能力——给定初始事件，之后复演下一个，再下一个，再再下一个。当然它也与空间的纯粹直觉紧密相连。这种计数的迭代方式不仅取决于我们记录"下一个事件"的能力，还取决于我们挑选离散对象、确定其空间位置以及剥离其背景的诸多能力。从这个意义上说，自然数是"给定的"。这种观点显然不同于柏拉图学派的观点，因为自然数不必假定存在于直观理解的形式世界之中。相反，由于思想与对象的相互作用，自然数成了一种现实的存在。这种相互作用来源于人们对时间和空间的纯粹直觉。

数学直觉主义者与激进的经验主义者有所不同。前者认为纯粹直觉的形式先于经验，并让经验成为可能。而后者与直觉主义者一样，在认识论中牢牢地依赖直觉。二者的另一个共识是，他们认为直觉上认识的事物，其本身具有开放性。接受这个观点的人反对康德的理论，因为康德的理论提出时，便假定心理是完全固定的，遵从于整合的先验。康德把心智机制完全描述为一种内在结构，促使思想在心智运行中增长。这种增长在经验中发生，但不一定是由经验引起或检验的。相反，直觉能力的发展使越来越复杂的经验成为可能。在这点上，那些把直觉视为主导的人不同于激进的经验主义者，正如理查德·冯·米塞斯（Richard von Mises）所说：

> 与经验主义的科学概念相一致，直觉主义认为数学的源泉是洞察力。它是我们对外部世界经验的直觉性理解。它不可能被一劳永逸地储存于封闭的公理体系之中。[13]

当然，我们必须修订米塞斯关于洞察力的陈述。对我们来说，洞察力不是从经验中获得理解，而是使经验成为可理解的。它是要追寻意义和一连串经验之间的互动结果。如果我们在教学中提出应考虑直觉的方法，那么这种差异对我们来说就至关重要。我们说的"洞察力"也在提醒我们必须讨论直觉与理解之间的联系。我们将很快回到这个问题。

我们完成了对康德直觉观的辩护，将直觉作为知识的基础。哈恩认为非欧几里得几何学的发现破坏了康德的空间纯粹直觉理论。哈恩还认为，把纯粹直觉作为算术的基础同样是错误的。他高度称赞：

51 　对康德理论激烈而成功的反驳是：算术即数字的研究也取决于纯粹直觉（与罗素的说法完全对立）已被证明。与康德理论完全对立的观点是：算术只属于智力和逻辑领域。[14]

逻辑主义者罗素的理论理所当然地认为迭代的概念很重要。例如，在构造整数时，空集 ‖ 与零相对应，1 代表包含空集的所有集合 ‖‖‖，2 的建构和我们预期的一样，即 ‖‖‖，‖‖‖‖。大括号这个基本符号在用于表示"集合"时，不断被重复使用。事实上，迭代概念是非常基础的（直觉的），以至于我们几乎没有注意到什么时候使用了它。罗素和怀特海用来表示某种逻辑行为的大括号或其他标记是被重复使用的。什么可以证明这种重复是合理的？乔治·S.布朗（George S. Brown）反对罗素的理论。布朗认为将逻辑公式化是有可能的[15]，也就是说，有可能从基本的直觉分辨力和两个基本算法来构造逻辑：（1）做一个标记来表示差异；（2）重复这个标记。因此，康德究竟是在几何上还是在算术上遭到驳斥？尚无定论。

直觉和表象

到目前为止，我们一直在为康德辩护。然而我们之前说过，我们将更接近叔本华，把理解看作直觉的功能。这样做的一个非常重要的原因是康德未能将直觉与影响智力活动的动力或动机联系起来。对他来说，尽管他坚持认为理性不足以了解经验世界，但是理性在知识和道德生活中仍然是至高无上的。对于前者，直觉仅仅提供了表象，从表象中可以提取思考的对象；对于后者，情感必须服从理性规则。

叔本华批评康德，因为康德没有考察我们所说的"直觉"①。叔本华

---

① 教育学所谈论的"直觉"。——译者注

认为我们应该期待这样的调查研究。在阐述直觉功能之后，康德告诉我们有关直觉的经验内容以及它们是如何形成的。康德重复说：它是给定的。这受到叔本华的强烈批评。如果说感知的内容是"给定的"，便否认了直觉的创造性。此外，康德把理解与直觉分离开来以及他对"理解"含糊其词的界定，对叔本华来说是不可理解的。叔本华认为知觉知识——经验直觉的中心——对我们富有意义。也就是说，它之所以是"被给定的"，是因为我们寻求它的重要意义。此外，即便是抽象知识——叔本华认为它从根本上说是理性加工，也需要直觉来理解它。因此，叔本华对康德的批评集中在：康德忽视了理解，这种理解伴随着感知，并且最终需要借助直觉来理解抽象知识。此外，叔本华坚持认为，内部（观念）和外部（感知）直觉都有趋向，是"一种意志的或目的的行为"。[16]

叔本华认为，直觉内容中的一部分是由动态因素（他称之为"意志"）决定的，是由我们对意义的追求决定的。既然如此，直觉就不可以简单地接受表象，而所谓的"理解"对象也不能从这些表象中提取出来，以传给理性进行"思考"。对意义的探索必须贯穿整个过程。直觉不仅需要提供一组能唤起各层面的、有组织的感觉，还需要回答这些感觉是由什么事物引起的以及它们是如何通过其形式得到形象的发展的。这些感觉还要受制于人们对意义的追寻和理解。因此，它们至少要提供第一层意义。如果我们把感知局限于感官所收集的材料，那么直觉显然不是感知的同义词，因为它的影响来自内部，而不仅来自其形式。进一步来说，它可以作为"内眼"或"内耳"向内转，观察和倾听内在与外在的事物。允许直觉向内看，寻找分析性结论的意义，这将使我们能够把直觉的两个领域——内部和外部（逻辑和经验）联系起来，从而避免对永恒形式世界的诉求。当我们允许直觉向内看的时候，直觉就变成了胡塞尔所说的智慧[17]，但这并不意味着直觉像胡塞尔说的那样产生于理性。这只意味着，只有直觉可以看到——清楚地看到或者理解认知对象。胡塞尔所说的与直觉相联系的意向性并非直接来自理性，而是直接来自潜在动力。这种意向性受理性的影响——我们所知道的东西会影响我们所追寻的东西，但它并不来源于理性。

在考量直觉知识（叔本华的感知知识）的清晰度和确定性对我们的影响时，我们应该把这种理解与直觉本身联系起来。理解没有很好地作用于证明的步骤，不管这些步骤如何完美地从前提展开直至得出结论，但是"看见"（seeing）已经出现在理性结果之中。为了识别和创造意义，直觉将对这些成果进行再次审视和检验。这种意义感就像手里拿着什么东西，它贯穿于思维的直觉阶段。韦特海默引用了爱因斯坦关于这种感觉的回忆：

> 有时候，有一种方向感，它直接趋向某种具体内容。当然，这种感觉很难用语言表达出来，但它事实上是明确的，显然不同于后期用理性方式解决问题的思路。[18]

为直觉所做的辩护必须考虑到它的影响。这些影响推动直觉，并伴随直觉。但这些影响绝不能侵扰直觉本身的确定感，这种确定感一直存在于直觉中。在直觉上看起来正确或明显如此的东西，实际上可能是错误的。但那种兴奋、期待和确定的感觉本身便表明，直觉的功能之一便是追求意义和理解。事物不是简单地被按照固定的、有限的直觉形式"给予"我们的，而是在我们寻求理解的过程中被捕捉到的。

然而，这种捕捉并不意味着我们的直觉或意识完全创造了思维对象。直觉构成了思维对象，或者说，直觉组合了思维对象。我们必须小心，不要把"构成"理解为建立或提供组合的全部要素。感知过程可以提供或接收这些要素。直觉将这些要素组合起来。这儿有个问题，我们是否能够避免唯心主义的陷阱？即使胡塞尔声称自己避免了这个陷阱，但最终还是给思维（noema）的关联物贴上了"不真实"（unreal）的标签。[19] 我们更倾向于把直觉看成一种揭示能力，而且我们坚持认为，在获取"被给定的"内容时，"存在"与直觉扮演着相同的角色。因此，直觉有发掘意义的能力，这在一定程度上取决于意义所依附的事物。正如维特根斯坦所说，有一种"世界是'我的'世界"的感觉，但同样也有一种"我是世界"的感觉。萨特在讨论情绪如何发生时认识到了这种双重可能性：

> 因此，情感有两种形式。一种是依靠我们所构建的世界的魅力来取代无法实现的确定性活动，另一种是世界本身突然显露出它自身的魔力。[20]

我们认为，从情感到认知的过程，延续了人们试图避免极端理想主义和极端现实主义的想法。即使在与经验世界接触时，我们依然让理性占主导位置。当然，理性不能单独在经验领域中运作，但它可以主导经验过程。我们可以根据希望发现或完成的事情，反复为世界建立同化方案。我们可以针对抵制它们的感知知识来捍卫这些方案。或者我们可以抛开控制和强迫的驱动，而有意识地接受它们。直觉似乎有一种特殊的功能，允许我们在反思性意识模式做出决定之后，再把自己置身于世界之中，并且以非反思性的、直接的方式通过直觉与世界对话、理解和感受世界。

我们遵循萨特对"反思性意识"和"非反思性意识"的使用方式。在反思性意识中，我们意识到自己作为主体、思考者和行动者的身份；反思性意识指向意识试图审视自己。当然它所能看到的只是一段记忆，一种转瞬即逝的东西——就像光照到影子，影子便消失了。另一方面，非反思性意识是对客体的意识。当我们使用这种模式时，意识就被固定在物体上。当我们把意识转向自我时，主体（我们自己）和客体之间的联系就断裂了。在大多数情况下，我们在"觉醒"或"意识"层面上使用"意识"一词，但与萨特不同，我们拒绝把直觉与"无意识"相联系。没有一种心理模式比直觉模式更具有意识性。事实上，萨特的"意识"和"直觉"几乎是同义词。当然，我们还是想要区别分析模式和直觉模式。我们所说的直觉是"无意识地"运作的，意思仅指，在直觉行为中，我们无法控制自己；直觉本身是意识至上的，不可分析的。在直觉模式中，我们是主体，但我们没有意识到自己的主体性。矛盾的是，我们的经历增强了我们的主观性（我们被影响了），与此同时，我们似乎失去了主体性。在这种状态下，外部世界中可能存在的对象在我们看来并不是对象，因为我们已经主动地转让了自己的主体身份，让对方成为主体。这种情况就像，我们以同理心接纳另一个人——这个人被恰当地描述为"主体"。这种隐喻准确而有力地描述了当我们把自己交给无生命的对象时会发生什么。这并不意味着我们只是简单地、不可避免地采取行动或被打上烙印。相反，我们选择这种情境，我们认同它，甚至为之奋斗。

当我们考察直觉模式时，我们发现模式是由直觉支配的，而不是由理性支配的。具有创造性的艺术家们往往会证明这种被动接受的状态，这种状态是人们心甘情愿、满怀期待地进入的。沃尔夫冈·A.莫扎特（Wolfgang A. Mozart）描述了他脑海中听到的旋律，高斯"被数学迷住了"，胡安·米罗（Joan Miró）说自己"像喝醉了酒"。人们害怕失去创造力。失控的感觉或缺乏主体性也能为这种状态提供证据。这就好像事情是通过一个人完成的，而不是借助一个人完成的。

我们是否已经远离了康德，以至于我们的观点不再是"新康德主义"的？其实不是，康德理论的本质仍然存在——情境具有联结能力。它参与了表象的创造。当意志被置于这种强烈的感受形式中时，情境还具有"接收"表象的能力。与康德不同的是，我们认为，直觉提供了一种对意义及其表现形式的最初理解。直觉在追寻意义的过程中影响了直觉的经验内容。我们认为，直觉反映了意志对意义的诉求，并由此创造了表象。我们希望保留一种可能性，推动事物趋近真实的"感受"。我们将进一步讨论这点。我们还坚持认为，直觉着眼于理性的表征，并引发熟悉的"我明白了！"的感觉。我们必须更多地讨论在创造表象的过程中，直觉的主导领域和作用范围，也就是它有可能的界域。此外，如果追寻意义影响了或在一定程度上影响了直觉的功能，那么我们是否可以将直觉看成一种直接的、即时的反应形式，以有效地捍卫我们的主张？

即时性直觉

我们一开始就提到，认真研究直觉概念的人会把直觉视为"直接接触"和一种"看见"的形式。对康德来说，"即时"是直觉的一种属性，指的是认知的非干涉性。我们肯定这一点，但这并不意味着我们认为感知可以不受认识的影响。凡是能被思考的事物，即认知活动的全部内容，无论是直接的还是衍生的，都是直觉的产物，都是由直觉表象所提供的。但在特定的感知行为中，认知图式可能会模糊存在的事物。在某些条件下，我们的感知可能会被调节。

许多认知心理学家坚持认为所有的知识都要被调节。正如乌尔里克·奈瑟尔(Ulric Neisser)所说："我们无法直接、即时进入世界，……我们所认识的现实都是被调节的。"[21]

显然，如果假设在人类的感知和认知中有一个活跃的主体，那么我们就会受到影响而朝这个方向发展。但是我们要小心，如果所有事物都是调节的结果，那么就会产生两种后果。第一，如果"调节"意味着我们与世界的联系仅限于现象，那么我们必须假设，像康德所说，本体世界隐藏在表象世界之中。这种表象在某种程度上比现象世界更真实。但是它是不可知的，只能通过推理来了解。第二，如果"调节"指我们在现象世界中所知道的一切事物，它们本身都是调节的结果，那么"调节"的概念就失去了效力。本体世界的假设会引发哲学难题。我们来考虑其中的一些问题，但这并不会损害严肃的直觉概念。直觉以现象的形式与对象直接（非认知的）接触作为现象的对象。它们是知识的真实对象。（事物本体，即叔本华所说"意志"，是众所周知的。但是从完全不同的角度来说，我们更喜欢用"感觉"。）如果我们坚持认为我们无法直接进入现象世界，那么直觉就消失了。

比方说，假设我戴着手套在花园里干活。我被美景吸引，伸出手去触摸一朵玫瑰。我会有什么感觉？我戴着手套的手指可以折弯这朵玫瑰，但我无法感受花瓣柔滑的质地。手套的厚度影响了我的感觉，所以我脱下手套。我现在还可以说我的皮肤调节我的触感吗？还是说，"触感"与"皮肤"联系密切，我可以将触摸花瓣视为一种非调节的接触？

57

后一种理解是合理的。由此，我们丰富了"调节"的内涵，并保留了直觉的本质特征。我们看到了迅速即时进入"中介"的东西是什么。在实践中，这种过渡往往是不可能被察觉的。我们同意奈瑟尔的观点，即我们对世界的任何话语性知识都是被调节的。但我们不同意他的另一个观点，即我们无法直接接触世界。这种感知是可以被调节的，我们不否认这里有"感知集合"，但我们不认为它们必须被调节。我们观察到，许多东方宗教的训练旨在系统地消除人们常无意识使用的认知中介。在直觉模式中，这些中介物相对不活跃。直觉模式的标志是不戴眼镜地看见，不加过滤地聆听，不戴手套地触摸。直觉的直接特性并不意味着准确、正确或道德善良。它意味着承诺和清晰。

在创造性工作的历史上，有许多案例表明：在概念上构建对象，与直接看到、触及对象是不同的，保留这种区别对于实践和理论都有合理性。雅克·阿达马（Jacques Hadamard）讲述了一些事件，在这些事件中，他和其他数学家实际上构建了一些非常重要的数学成果，但他们无法看到自己完成了这些成果。[22] 这个问题不仅是因为看不到具体的应用，更是因为看不到构造本身的核心。"它"就在那里，但它的本质并没有显露出来。

我们的立场是：直觉就是在现象中直接接触对象的功能。这种直接接触产生了所谓的"知识"。知识指导我们的行为。我们对意义的追求促成了知识。一些直觉的东西，如其他人的感受可能最先、最直接地呈现于动力结构之中，从而引发"我必须做点什么"的回应。我们把这种表现形式称为"直觉"。如果是为了认知（会进入意志）而创造直觉表象，那么我们就可以正确地引用那些指导我们的"直觉知识"。

这个立场可能让我们脱离了康德的不可知论本体领域。对我们来说，这不仅是可以接受的，而且是不可避免的。我们也许能短暂地瞥见（感觉）那个世界，但却无法确切认识它。强大的数学成果，尤其是哥德尔定理（Gödel's theorems）表明，人作为一个系统，不可能完全了解自己的功能，当然也不可能完全了解自身之外的系统。因此，我们的直觉观是：直觉是由现象世界构建的，并应用于现象世界。

直觉和意志

叔本华认为意志是自在之物（thing-in-itself）。我们所有人都能感受到这种意志。事实上，它被认为是终极的、真实的。与其他任何事物相比，人们更为直接地认识到它。这里所说的"认识"不同于直觉认识。直觉认识是通过接触现象、产生表象而建立的。事实上，我们也可以通过这种方式认识意志的表现化，比如动机，但这并非意志。同样地，叔本华说，当我们把一株植物穿过石头或混凝土的生长力量看作植物的"意志"时，我们就错了。因为意志超越了力量，力量仅仅是它的表现。叔本华进一步说：

> 因此，如果我们用"力"的概念代指意志的概念，我们实际上提到了一些更不为人知的东西。而意志很好理解，事实上，我们能立刻完全地了解它。我们已经极大地拓展了我们的知识。从另一方面来说，如果我们把意志置于力量的概念之中，那么我们便放弃了对世界内在本质的直接认识，因为我们让它在一个概念中消失了。这个概念是从现象中抽象出来的。因此，我们永远都无法超越这个现象。[23]

　　我们倾向于认为个人与意志的关系既不是知识性的也不是简单的相互影响，而是某种明显超越这两者的东西。在表现形式中，它表现为直觉的感觉、感受性或洞察力。有时我们会有一种纯粹的感觉，一种超越了知识的确定感受。除了它们的表现方式之外，我们并不关注这种基本的"物-物接触"（being-to-being contact）存在关系，比如我们是什么以及我们与其他存在形式接触的方式，因为这本质上是神秘的。我们并不否认这种联系，但在目前的情况下，我们无法关注这种接触。我们关注的是接近这种纯粹接触的时机：当我们感受到对方的感受时，当灵感迸发时，当我们以惊人的清晰度看到对方时。每种情况都发生在现象世界之中。它引导着我们看起来正确的直觉知识或直觉感觉。我们接受这些真实事件，不仅因为人们说他们经历过，还因为它们的产品：温柔的人类爱情行为、交响乐、绘画、数学定理。当然，分析性思维和身体活动也参与了产品的生产过程，这点可以被其他人观察到。但我们关心的是，直觉活动受到意志的影响，努力地表现自我，向我们展示生活的表象。我们将继续使用"意志"一词作为自我动力的中心——存在的核心的简称。

　　讨论直觉必须考虑意志。意志作为一种力量——指向理解、感觉、表达、创造，维持并促进直觉活动。对意志的诉求压制了分析和逻辑的活动，平息了内部逻辑机器的持续低吟。它为直觉提供了支持性的影响，好像在说："来吧，继续吧！"

　　我们已经开始讨论直觉的功能及其潜在内容，而不仅仅将其视为促使经验成为可能的固定形式。直觉能力在个体的幼年时期非常活跃和重要，从根本上来说是经验所必需的。然而当我们获得越来越多的概念和惯例时，直觉能力也许不再经常起主导作用了。我们很容易将创造力的丧失归咎于学校教育，但事实上创造力的丧失更可能应归咎于阅读。当我们学会阅读时，我们接受了一种预设的表象。这个表象被迅速同化到理性之中。词语本身往往成为我们关注的对象，而理解和直觉的器官则服从于解码的逻辑要求。在意志追求意义的过程中，直觉不再发挥自然地选取对象的作用。意志引出符号，让直觉沉睡或醒来。当直觉处于从属和自动的角色时，伴随直觉活动的好奇心、敬畏心和兴奋感会很自然地消失。我们如何避免这种情况？通过创造生动的表现形式？通过与代码之外的其他东西或机械思维所产生的字面意思保持密切联系？这些问题对探索教育中的直觉至关重要。

　　我们重申：使用"意志"意味着我们将意志视为动力机制或动机机制，是人类存在的中心。从重要意义上说，这个中心机制就是"我们"。我们直接感觉，直接被感动，直接获得"我是"。叔本华对东方哲学有着浓厚的兴趣，他关注的意志是一个整体。意志以不同的方式在不同的客观水平上展现自己。对直觉进行严肃的形而上讨论，必须考虑"终极实在"是多种的还是唯一的（在数学哲学中，鲁克讨论过这个问题），但我们主要关注的不是形而上学，也不会深入思考这个问题。然而，我们对直觉的描述转向内在，暗示了一种将现实视为许多意志和思想的观点。因为我们没有为永恒形式世界提供直觉接触，我们的思维方式是个人的——尽管它也是社会建构的。因此，我们对"意志"的使用与叔本华有很大的不同。

直觉的领域

　　我们一直在努力描述直觉及其与意志、知觉、理解和理性的关系。我们还需要多谈论一些与直觉有关的领域。

　　我们认为"物–物接触"是一种神秘的存在。但这并不意味着，在寻求知识的过程中，我们与自在之物的联系是不重要的。正如我们所见，事物本身，其显现出的意志努力驱使我们去看、去听、去触摸，从尽可能多的方面去接触，以便我们能够理解。

　　但是当直觉发挥作用时，我们接触到的是什么呢？我们必须把一切都包括在感性世界中，这就是康德所说的创造"直觉"的功能——用以解释我们如何了解外部世界。然而，这种观察能力可能会转向内部。它既可以看到理性的产物，也可以看到知觉的产物。从这个角度来看，我们找到了坚持理解直觉功能的另一个理由。直觉表象为理性功能提供了对象。理性依据自己的规则对其进行组合、转换，但理性结论必须经过直觉的观照。这样，理性结论才能被发现和理解。通常我们面前恰好有一个结果，它来源于我们自己，但我们仍然不能理解它。我们的认知图式在"我们"和我们正在思考的材料之间形成了一道屏障。在这种情况下，我们确实需要停止思考，看看理性的对象。显然，就我们的理解而言，理性本身并不能自圆其说，说出的也不等于理解的。

通过直觉内观来审视认知的结果可以带来另一个好处：它允许我们抛弃理想模式。允许直觉内观，我们可以把数学对象描述为一系列直觉行为的产物。这种直觉行为起源于经验直觉的具体表象。因此，这两个领域——感知和概念化——必须由直觉来组织和理解。对我们来说，"现象"世界将包括感知领域和概念领域的主客体接触。

诸如疼痛、刺痛、伤痛之类的感觉是否应该被包括在直觉的范畴内？我们认为这是一种误解。首先，这些感觉似乎不是知识的对象。至少，"拥有"它们似乎不代表拥有知识。这并不是说我们不能考量疼痛和伤痛。我们当然可以考量它们，甚至在特定情况下，它们是知识的对象，但是疼痛本身是我们直接感受到的，而不是通过表象呈现出来的。我们称之为痛苦的东西不是首先存在于感知世界里，之后再表现出来的。正如索伦·A. 克尔恺郭尔（Søren A. Kierkegaard）所说：它们不能产生知识。

从概念上讲，允许直觉内观非常重要。意志——我们意志的全部——不是直觉的领域。相反，意志控制并指导直觉。意志是直觉功能的主要范围；直觉为意志创造表象，或在意志中创造表象，但它不能为我们提供先于意志而存在的表象。我们要在这里解释一下，我们用标准化的数学方式使用了"域"（domain）和"范围"（range）这两个概念：域指的是集合，范围指的是图像集。为了使我们的概念系统运行顺利，我们主张：从感知的直觉和概念化的直觉这两个领域来观察和创造表象。它包含两个维度的表征：认知-智力上的表征和意志层面的表征。意志永远是直觉的范围。无论它看到什么，都立刻告知意义和生命的中心，但是意志，作为直觉背后的东西，它本身不能被直觉所用。在我们使用直觉时没有神秘主义的成分。在我们的讨论中，我们要谨慎地将直觉概念从其他相关概念中分离出来。这些概念把直觉与"物-物接触"联系在一起，或者把直觉与物本身的知识联系在一起。

到目前为止，我们已经考虑了直觉的领域——那些直觉作用于创造表象的世界。我们还必须考虑直觉的范围，也就是那些承载着表象的区域。有一点非常明确：直觉作为一种功能或映射，把感知材料带进了认知领域。更确切地说，它也把知觉材料带入了意志，带到了自我的中心，那里不是直觉的领域。当然，表象所表达的意志，必须与意志所蕴含的目的相一致。如果诉求的是理解，那么意志体现的就是"就是这个""这就是它的意义"，意志在回应"我找到了"。如果诉求的是安静的接受，那么意志体现的就是这种形式——"记住它，以它为乐，承认它"。如果诉求的是与他人的共同感受，那么意志体现的是类似痛苦或快乐的奇特感受。感受来自我们的内心。它激励我们为他人做事，就像我们为自己做事一样。

那么我们可不可以这样说，我们看到了想看的，听到了想听的，感受到了渴望感受到的？不是的。这种理解是错误的。我们常常对自己的直觉感到震惊和失望，但它所表达的确实对我们很重要。直觉表达的目的来自我们对意义的追求，对身心和情感的诉求。一种表达需要进入认知，这样该事物才可以进入意志引发思考。

当我们将理性（操作性概念）和意志视为直觉范围时，我们提出了一种概念机制，用来解释由直觉生成的确定感或认知意识。在"知道"（knowing）的瞬间，感知材料被同时带入理性和意志，那时候，我们产生最初的顿悟，这种感觉就像"原来如此"。随后，当我们的分析和概念机制开始产生解决方案时，直觉将新表象带入意志，呈现了清晰的理解。

直觉把来自感知世界的图像带入理性和意志，或者，不严谨地说，直觉把来自感知世界的图像带入认知和情感。当我们直面痛苦和感受时，即使没有表象的呈现，这些感觉依然能在意志中得到体现，但是这些感受的其他方面必须通过直觉才能被人们感受到。当直觉占据主导地位，其与意志的联系非常紧密时，我们就能感受到"物-物接触"。人们并不情愿地进行思考。如果智力上的活动主要是感知性的——事物是可见的，那么概念性的加工是可以被观察到的。这就是观察和看见的领域。如果这种活动是非智力性的（不是针对概念世界，而是针对人的世界和人们的情感反应），那么它似乎就是一切，是无所不在的。如果接收到了痛苦或恐惧，被唤起的感觉是直接的——"我必须做点什么!"，那么个人的利他动机随即被唤醒。这种感觉，这种道德冲动直接指引行动，发生于人们思考应当做什么之前。[24] 如果把道德直觉理解为道德感觉，那么道德直觉就不同于道德直觉主义所假定的道德知识或道德真理。它没有直接解释"道德意义上的善"，而是提供了最初的冲动，以一种关怀的方式对待他人。这种关系可以被表述为马丁·布伯（Martin Buber）的"我-汝"（I-Thou）关系：

> 这个人不是他或她，而是从其他人中彰显而出的，在特定的时空所构成的世界之网中存在。这个人的天性也无法被体验到或被描述清楚，而是一堆松散的特质。如果他没有邻居，那么他就是他自己，他就是你，就是全部。[25]

人们借助感知世界和概念世界中的对象可以体验这种关系。一个人可能与事物或思想建立了"我-你"这样的关系。这种关系当然是短暂的。"你"必须成为对象，如此才能在工具世界中进行思想，采取行动。在这里我们关注的是从直觉能力的角度来解释布伯所说的"我-你"指的是什么。这种直觉能力最接近我们所说的"物-物接触"。

在所有这一切中至关重要的是，我们的意志必须允许直觉做出这样的接触；在某种意义上，它必须更关注主体间关系，而不是主客关系。传统上，我们将直觉视为理性地接触或表达事物的能力。我们忽略了直觉的动力性或动机性连接以及直觉的情感连接。我们认为这种直接与物体接触的功能似乎可以很好地发挥作用。这样主客身份便被颠倒了。在某种意义上，我们可能会乐意成为对方的客体，这种方式可以彰显我们的主体性。我们有一种自我的感觉，甚至愿意被他人刻意对待，就好像事情经由我们而完成。

在这个阶段，我们有一个概念性机制，能富有成效地讨论教学和学习问题。因为很明显，直觉功能的运行是短暂而强烈的。我们感兴趣的不是直觉的结果（这种结果很少与概念相混合），我们感兴趣的是直觉模式。这些模式似乎由直觉支配，而不是由概念或分析支配。我们试图通过描述直觉的功能、领域和范围来回答"什么是直觉"。为了得到一个对教育特别有用的概念，我们发现转向直觉模式是富有成效的。

然而，在我们转向之前，我们应该认真考量：熟悉度在产生直觉方面的作用。即使是非严格地使用"直觉"的人也会将直觉视为"有根据的猜测"。我们还需要考虑直觉活动的增加可能是由熟悉度而引发的。

直觉与熟悉

暂时假设我们怀疑整个直觉系统。作为实证主义者或行为主义者，我们可以说："看！这些都是无稽之谈。"直觉只是我们用来命名某些事件的术语。当一个人对一个知识领域非常熟悉时，那些对初学者来说似乎很难的东西对他来说却非常简单、理应如此。他们的行为被贴上"直觉"的标签。或者，有时，我们思考得太快，太专注于我们的目标，以至于我们无法追踪我们所使用的步骤，然后我们给自己的思维贴上"直觉"的标签，因为我们无法回忆它的分析过程。同样地，我们有时从大量的潜在知识中汲取有意义的想法，由于我们无法追踪分析过程，因此我们将结果标记为"直觉的"。但我们必须承认，人们无法在自己的无知领域产生"直觉"。因此，教育者应该集中精力建立学生的知识储备。当学生有充足的知识储备时，所谓的"直觉"便自然产生了。

当然，这一切都有些道理。直觉，不管它是什么，似乎总是在熟悉的领域中表现出来。一般来说，在某一领域最博学的人总是拥有最灵敏和最可靠的直觉。我们已经确认直觉领域包含个体思维或认知领域。显然，那些掌握某主题信息越多的人便越可以广泛地从事直觉探索。但是，这绝不是对直觉的完整描述。首先，熟悉度肯定不足以产生直觉。许多对特定主题了如指掌的人似乎特别缺乏洞察力。其次，尽管熟悉度提升了复杂猜测的可能性，但熟悉度似乎并不是必要的。我们有时会遇到一些人，他们对主题表现出惊人的直觉领悟，但这并不是训练的结果。正如我们将看到的，直觉可能通过隐喻领域有效地运作。因此，在我们讨论熟悉度如何增强直觉活动的同时，我们也要探讨如何运用直觉来发展熟悉度。很明显，如果直觉如影随形，它便会引领甚至为经验提供坚实的基础。

还有一种与我们的观念相似的观点。正如莱纳斯·鲍林（Linus Pauling）所提出的，直觉最好被当作知识的应用，即"在你所知的基础上得出某种结论"。这似乎不是简单的逻辑步骤，而是一个复杂的逻辑步骤。[26] 这种描述符合上述持怀疑态度的评论，但是现在请考虑以下问题。一个学生问鲍林："你是如何想出好主意的？"鲍林回答说："你有很多想法，扔掉那些不好的想法。"也许这个学生应该问："你是如何获得灵感的？"外部世界的事件是如何进入封闭的逻辑推理系统的？是什么把经验对象和理性联系起来？是什么把一系列分析结果和问题解决策略联系起来？在经验验证之前什么可以区分想法的好与坏？

　　还有类似的问题，例如思考数学归纳问题。学生们，即使是那些非常喜欢这种方法的学生也会问："你一开始是如何得到这个公式的呢？"一个简单的答案是：通过实验。这个回答被"发现学习"的倡导者全盘接受。聪明的学生明白，现实远没有口头回答那么简单。他们反驳道："你是如何想到这种实验的？""别人是怎么想到这个问题的？""他或她是如何做的？"其中一些问题可以通过在教学过程中引入历史性文献来解决，而另一些问题则可以通过讨论数学动机来解决。但以下问题仍然是有趣的核心问题：实验和推理是如何结合起来，并产生完美结果的？是什么让有意义的经验成为可能？

　　在尝试回答这些问题时，强调意志将非常有用。从本质上说，我们的回答是：那些我们认为很重要的事情，正回应了我们对意义的追求。因此，我们欣然接受。亨利·庞加莱（Henri Poincaré）在他的数学创造论中强调了情感对直觉的影响：

　　　　在潜意识中存在着大量的盲目性组合模式，几乎所有组合都没有效用。但正因为如此，它们对审美感受也没有影响。意识永远不会知道它们：只有某些东西是和谐的，既有用又美丽。它们能触及我刚才所说的几何学家的特殊感觉。这种感觉一旦被唤起，就会引起我们的注意，并进入我们的意识。[27]

　　因此，我们再次看到，直觉功能涉及双重表象。这些表象进入意志，对人们理解事物起到了至关重要的作用。

　　我们主张从直觉的视角讨论问题，但是这不意味着我们已经解决了这些问题。相反，我们建议人们不要通过给某些东西贴上"直觉"的标签来阐述问题。因此，第一步是认真对待直觉，去探寻活动、情绪或事件的特征。然后，在此基础上贴标签。我们分析的初始步骤是试图回答一个问题："什么是直觉？"

小　结

　　本章一开始，我们阐述了康德对于直觉在认识中的作用的认识。我们接受了直觉的概念，认为它是一种能直接触及知识对象的思维能力。但是，随着叔本华和后来的现象学家的出现，我们认识到康德未能充分说明动机的作用以及对直觉意义的追求，从而进一步指出，理解与直觉本身是恰当地联系在一起的，直觉为意志和理性提供了表象。这样，伴随着直觉活动而产生的特征性影响便成为可能。

　　我们探索了直觉的领域和范围，确定了两个领域——感知和概念，并认为理解总是涉及激活直觉。直觉看到"什么在此"。这种观察包含从一个领域进入我们所说的意志领域。自我或存在的中心主要表现为其自身的动机、欲望、感觉等。我们认为，这种意志本身不是直觉的对象，但是意志的表征有可能成为直觉的对象。

　　我们简要地讨论了熟悉度在直觉中的作用。我们认为，虽然熟悉度似乎经常增强直觉活动，但直觉对提升熟悉度至关重要。在讨论课程和教学的直觉方法时，我们将更多地讨论这个主题。

　　我们现在已经准备好进行第二阶段的分析，即探索直觉模式及其强化。在这个阶段，我们将区分直觉模式和分析模式。

注　释

[1]　Hans Hahn, "The Crisis in Intuition ," in *The World of Mathematics*, ed. James R. Newman (New York: Simon & Schuster, 1956), p. 1976.

[2]　参见 Arthur Schopenhauer, *The World as Will and Representation*, trans. E. F. J. Payne (New York: Dover, 1969).

[3]　David W. Hamlyn, *The Theory of Knowledge* (Garden City, N. Y.: Doubleday,

1970), p. 275.

[4] Immanuel Kant, *Critique of Pure Reason*, trans. F. Max Müller (Garden City, N. Y.：Doubleday, 1966), "Transcendental Aesthetic," 3.

[5] Hamlyn, *Theory of Knowledge*, p. 276.

[6] Rudy Rucker, *Infinity and the Mind* (Boston：Birkhauser, 1982), p. 208.

[7] Charles S. Peirce, "The Essence of Mathematics," in Newman, *The World of Mathematics*, pp. 1776-1777.

[8] Ibid. , p. 1773.

[9] Philip Davis and Reuben Hersh, *The Mathematical Experience* (Boston：Birkhauser, 1981).

[10] 参见 Charles Parsons, "Foundations of Mathematics," *The Encyclopedia of Philosophy*, vol. 5, ed. Paul Edwards (New York：Macmillan, 1972), pp. 188-213.

[11] Hermann Weyl, "The Mathematical Way of Thinking," in Newman, *The World of Mathematics*, p. 1836.

[12] Ibid. , p. 1845.

[13] Richard von Mises, "Mathematical Postulates and Human Understanding," in Newman, *The World of Mathematics*, p. 1748.

[14] Hans Hahn, "Crisis in Intuition," in Newman, *The World of Mathematics*, p. 1976.

[15] George S. Brown, *The Laws of Form* (London：George Allen & Unwin, 1969).

[16] 相比之下，荣格只使用抽象直觉的表达。参见 Carl C. Jung, *Psychological Types*, trans. H. Godwin Baynes (London：Kegan Paul, Trench, Trübner; New York：Harcourt Brace, 1946), pp. 568-569.

[17] 参见 Edmund Husserl, *Ideas*, trans. W. R. Boyce Gibson (New York：Macmillan, 1962).

[18] Max Wertheimer, *Productive Thinking* (New York：Harper, 1945), pp. 183-184.

[19] 参见胡塞尔的观点。

[20] Jean-Paul Sartre, "The Emotions：Outline of a Theory," in *Essays in Existentialism*, ed. Wade Baskin (Secaucus, N. J.：Citadel Press, 1965), p. 246.

[21] Ulric Neisser, *Cognitive Psychology* (New York：Appleton-Century-Crofts, 1967), p. 3.

[22] Jacques Hadamard, *The Psychology of Invention in the Mathematical Field* (New York：Dover, 1954).

［23］ Schopenhauer, *The World as Will*, p. 112.

［24］ 参见 Nel Noddings, *Caring: A Feminine Approach to Ethics and Moral Education* (Berkeley: University of California Press, 1984).

［25］ Martin Buber, *I and Thou*, trans. Ronald Gregor Smith (New York: Scribner's, 1958), p. 8.

［26］ Linus Pauling, "A Chat with Linus Pauling," California Living, *San Francisco Examiner and Chronicle*, July 17, 1977, p. 13.

［27］ Henri Poincaré, "Mathematical Creation," in Newman, *The World of Mathematics*, p. 2048.

第四章

直觉模式

我可以为你们提供一个论点，但我没有义务让你们理解 68
这个论点。

——塞缪尔·约翰逊（Samuel Johnson）

［引自詹姆斯·鲍斯韦尔（James Boswell）《约翰逊传》］

我不想把你的话强加于人：你可以按照你的喜好，自由
地解释它们。但是，我希望你能让人们从这些话中理解一些
事情。

——乔治·贝克莱（George Berkeley）《人类知识原理》

如果我们对直觉的主要兴趣是认识论的，那么我们很可能会在最
初的分析之后，立即对直觉活动的结果进行检验。我们将非常重视对
这些结果进行的验证。如果我们的首要关注点是形而上学，我们将把
讨论建于直觉领域之上，并且更坚定地放弃讨论理念世界。或者，我
们也可能反对这种立场，并采取一种只能从形而上学的角度来论证的
立场，那么我们可能会对神秘领域进行解释。如果我们的核心兴趣是
现象学，我们就会对意识的结构进行研究。如果我们的主要兴趣是宗
教或精神的，我们就会关注如何通过概念来描述精神觉醒。然而，我
们最感兴趣的是教育以及直觉如何参与教育过程。

69 显然，我们不能把精神活动分成一幕一幕的戏剧情节。我们不能这样分割精神活动，比如把前六个行动标记成"直觉"，把后八个行动标记成"分析"，等等。正如我们所描述的那样，直觉和理性是相辅相成的，不可能严格地将二者分离开来。然而，我们可以识别由直觉主导的情节，并将这些情节与由分析或算法主导的情节进行对比。后者，至少是算法模式，其特征是一步步有序进行的。我们忙于执行某些选定的操作。当我们被卷入这些情节时，我们可以在保持连续性的情况下暂停一下，然后只是简单地从我们停止的地方开始，因为我们非常清楚地知道刚才是从哪里停止的。然而，直觉活动的中断是灾难性的。因为我们说不出我们从哪里停止，甚至也说不出为什么我们处于中断发生的水平/状态。我们需要付出巨大努力才能重新达到全神贯注的状态。这可能会影响我们的性格。

在本章中，我们将对直觉模式进行描述。它包括四个主要特征：感官的参与、承诺和接受能力、对理解力或同理心的追求，以及主观确定性和客观不确定性之间的生产性张力。当我们讨论每个方面时，我们应该仔细地将它与我们最初的分析联系起来，借助案例来支持和说明我们的描述，并且阐述一个特征与其他三个特征之间的关系。

直觉模式与感觉

直觉活动即直接接触知识对象或感觉对象。认知或概念不会干预或调节这种接触。然而当我们借助程序或概念来分析对象时，我们会把这些对象放到结构中去，或者将这些研究对象转化成其他对象、操作或原理。通过转化，我们将概念与最初的研究对象联系起来。当凭直觉接触对象时，我们不断地回到对象本身：我们看、听、摸；我们被感动，就像我们被"抓住"了一样。如果我们把一种结构强加于我们所看到的东西——某种"现实框架"或固化结构，比如语言，我们没有意识到它，也无法控制它，那么，事实上，我们甚至可能无法解释它。

通过一个例子可以清楚地对比直觉模式和分析（概念）模式。这是一个流行的测试创造力的实验。研究人员向被试展示了一块普通的砖，并要求他们在有限的时间内尽可能多地列出砖的用途。使用分析模式的被试可能首先会把一块砖与建筑物联系起来。他可能会问：我能用它造什么？他的清单建立在他对"建构"概念的理解上：用它来垫平桌腿，用它来支撑架子，用它和其他东西来建一座塔，用它支撑一把坏椅子，用它支撑一个破损的梳妆台。使用直觉模式的被试则拒绝了使用这种概念线索的诱惑。她可能会一眼看到：它是红色的。我可以把它挂在墙上，我正想要一点红色点缀；它的面是长方形的，是实心的，可以用它来演示一个长方体（实体）。她可能会摸它：它很硬——用它做机器人的枕头，它是颗粒状的——用来作研磨器。她可能会举起它：它很重——用作门挡或秤砣，还可以用作武器。她可能会撞击它：它会碎——它的颗粒可以溶解成红色的液体。她可能会想到一些与它有关的表达方式：砖红色、它是一块砖、坚硬如砖。她可能会听它的声音：它很安静——是宠物石的好伙伴。

现在很明显，使用直觉模式的人也在使用概念。他们必须这样才能交流。但是，他们一次又一次地回到这个物体上。他们通过接触对象来指导思维，但分析型思考者是被概念直接引导的，这些概念依附于对象。例如，对于一个假设，分析型思考者会从这个假设转向从这个假设中可以推导出什么。而直觉思考者可能会回到假设本身，去问：我正在做什么？我正在接受。这是一个假设。我需要接受它吗？我的选择是什么？

到目前为止，在这个讨论中，我们一直在同时使用"分析"和"概念"。当我们提到概念时，我们有意识地指那些经过理性抽象而构建的对象。当这些概念本身涉及一种共同的概念模式时，它们以演绎、分层、连续的方式被使用。它们服从于逻辑机制。在这种模式下处理的概念受到操作的影响。然而，概念可以是直觉的对象。我们可以考察理性的概念，与之碰撞，将它们与视觉、听觉或触觉的直觉方式结合起来。一般来说，我们把概念和语言联系在一起，但是概念不需要从语言学的角度加以表述，语言本身也可以是直觉对象。正如刘易斯·卡罗尔（Lewis Carroll）的《莫名其妙》（Jabberwocky）① 所说：

> 是滑菱鲆在缓慢滑动，
> 时而翻转时而平衡；
> 所有的扭捏作态展示了，
> 蠢人的早熟和懒人的平庸。[1]

我们如何理解《莫名其妙》？我们认为正是它的无厘头吸引了我们。《莫名其妙》在字面上是一首没有意义的诗。但是，说它没有意义也不对。我们的确理解了这首诗，阅读它完全不同于为测试记忆力而阅读一组无意义的音节。此外，对我们来说，有意义的不仅是诗中所提的前进、欢呼等，甚至上面引用的诗句也有某种意义。也许我们会运用一些固有的（或默认习得的）句法机制来分析它，但事实上，我们不需要分析它，也不需要分析其中的名词、动词、形容词等。正如马丁·加德纳（Martin Gardner）② 指出的：

> 艾丽丝自己，在诗歌末尾处指出了这首诗的魅力所在："……我的脑海里似乎充满了各种想法——只是我还不确定它们到底是什么。"[2]

---

① 《艾丽丝梦游仙境》的续集《艾丽丝镜中奇遇》里的一首镜中诗，通过虚幻荒诞的情节，描绘了童趣横生的世界。——译者注

② 150多年之前，在英国牛津有一位童心未泯的数学教师——卡罗尔，他不善言辞，对于教学似乎不太热衷，然而他非常喜欢小孩子。这年夏天，他与所在学院院长的女儿利德尔（Lidell）三姐妹——其中年龄最小的一个叫作艾丽丝——郊游，在游船上他讲了一个关于兔子的故事，这就是后来著名的童话《艾丽丝梦游仙境》的起源。在1960年，另外一个研究数学的人为《艾丽丝梦游仙境》加上了详尽的注释，这就是加德纳的《注释本艾丽丝》。——译者注

如果我们看到从《莫名其妙》中发展出的大量的评论、科幻故事、模仿和应用，我们可以肯定地说，它确实是有创意的。我们遇到的直觉性语言似乎是准确的。我们遇到它，我们可以感觉到相遇后的结果，从结果中我们理解了某些事情。值得再次强调的是我们之前分析的重要结果——直觉包括感官的接触、主观的回应以及参与意志追求意义的过程。

再看下面这段爱德华·E.肯明斯（Edward E. Cummings）的诗句。它甚至违反了语法：

> 如果有很多风把真相带给了夏天的谎言；
> 血红的树叶闪闪发光，
> 太阳让不朽的星星绕道？[3]

我们如何理解"如果有很多风"？是听觉的喜悦吗？是认知的沮丧吗？两种理解皆有吗？两者都是必要的：第一个提供了直觉活动的典型影响，告诉人们继续想——这儿有值得思考的内容！第二个为我们重新审视永恒的真理做好准备。从概念上理解这首诗几乎是没有希望的，当然，人们可以试着从概念上描述它的表达技巧。

很明显，当直觉转向外部世界的事物时，感官参与了直觉活动；同时，当直觉转向内部时，感官也参与了直觉活动。通过反思，我把我的内心感受转向特定的意识事件。我不是简单地陈述信仰并为之辩护。我看到且倾听随之而来的"我相信"，并将其视为信仰。我意识到自己在接受或拒绝它时的主观角色。通过审思，我会梳理可用的概念性方案来构建和解决问题。通过想象，我把内在感觉转向知识实体。我并不是简单地把"独角兽"定义为某种神秘的野兽，而是看到一只独角兽在我的花园里吃草。

这是什么样的视听感受？"内在感觉"的概念仅仅是一个隐喻吗？我们有理由相信它还涉及隐喻以外的东西。当我们处于直觉模式时，我们确实看不到或听不到超出当前直觉领域的东西。感觉似乎已经被占满了。我们完全呈现在直觉对象面前。当母亲忙于写作时，孩子可能会得到各种各样的许可："妈妈，我可以进城买胶卷吗?""是的。"母亲机械地回答。等孩子回来后，母亲也许会问："小伙子，你去哪儿了?"

罗素讲述了在怀特海（罗素的老师和合作者）身上发生的一件事。罗素顺道拜访怀特海，向他介绍了一位希望拜访他的客人。罗素和客人站在花园中，怀特海正在桌旁工作，很明显，怀特海没有意识到他们的存在。他的眼睛似乎看着他们，但事实上他没有看见他们。他不是一个粗鲁的人，当然也不会故意不理他的客人们。罗素很清楚怀特海既看不见也听不见他们，要想把他从目前的专注状态中解脱出来，就需要出现一种像打他一下的知觉事件。罗素和那位客人体贴地离开了。

我们在讨论内部感官参与时所说的大部分内容都是隐喻性的，但使用方便生动的语言亦不可掩盖一个明显的事实，即一种重要的生理事件正在发生。例如，当听到旋律时，莫扎特这样描述自己：

> 当我感觉良好、心情愉快，当我在驾车，当我在吃完美餐后散步，或者当我晚上睡不着觉的时候，我的脑海中便涌入了很多想法。它们从何而来? 如何而来? 我不知道。这与我无关。我在脑海中哼着我喜欢的音乐。至少有人告诉我，我是这样做的。当我有了主题，另一个旋律就来了，并与之前的旋律联结在一起——根据作品的整体需要合在一起：每个乐器旋律相配合。所有这些旋律片段最终生成了整个作品。此时如果没有东西分散我的注意力的话，灵感便点燃了我的灵魂。[4]

这个证据表明，听觉可以转向内在，"另一个旋律就来了"，它所呈现的，与之后作品的整体表达是一致的。我们也听说，没有什么可以转移聆听者的注意力。如果一个人被外界的听觉或视觉刺激分散了注意力，他可能会忘记他说过的或演奏过的东西。鲍林也证实了我们的观点。鲍林声称自己有很多想法，还把不好的都丢掉了。同样，莫扎特也发现想法会涌入他的脑海，他会保留那些令他高兴的东西。

我们会有这种奇妙的感觉。这种感觉像是接收到某种东西或被告知某些东西。这是直觉模式的重要特征之一。我们已经提到了布伯关于"我与汝"①的描述。在这种关系中，客体——无论是人类的还是非人类的——"是你，填满了天堂"[5]。至今还没有产生客观的结果：想要援助伤者的人尚未付诸行动，这件艺术品还没有"被引入"可见的世界，看起来非常清晰的证据还没有被公众审查。这些既是智力的（或认知的）表征，又是情感的表征。如果这个活动主要是智力活动，那么直觉就把它的表征交给理性。这个对象便会被思考。如果活动主要是道德上的，那么直觉的表征就几乎是纯粹的感觉。这种感觉来自自身的力量，不能触发动机中心。在这两种情况下，第二种表象显得不那么重要。一个感性的人可以进行理性的表达，一个理性的人也能进行感性的表达，但是我们倾向于把第一种理解为直觉知识，而把第二种理解为直觉感觉，这样可能更合适。我们将在下一章再次阐述二者的区别。

我们讨论了直觉模式中的外部感官参与和内部感官参与。我们提到了鲜活的伴随直觉活动的感觉。在这样的活动中，我们特别活跃且全神贯注，似乎感觉无法控制自己。莫扎特甚至说："我与它毫无关系。"是什么让人们产生了这种失控的感觉？

74

---

① 《我与汝》是当代著名宗教哲学家布伯（1878—1965）的代表作。此书 1923 年在德国莱比锡（Leipzig）出版，1937 年被译成英文，是布伯"对话哲学"（philosophy of dialogue）的成熟之作。在此书中布伯提醒人们应以互为主体的"我-汝"关系作为人类关系的基础。此观点对后来的神学、伦理学、哲学、教育学等领域均有深远影响。——译者注

感受性和承诺

当我们讨论感受性问题时，有一个悖论亟待解决。首先，当我们处于特定的感受性模式时，我们的主观性降低了。经验在主观方面的影响占支配地位，然而我们却感觉自己成了其他主体活动的客体。不过，这并没有贬低我们的主体性，因为我们被选为客体，就像我们把自己当作潜在客体一样。这种体验除了在音乐领域中存在以外，在其他领域中也存在。埃里克·T.贝尔（Eric T. Bell）描述了遇到伟大的数学家高斯时的心情：

> 高斯年轻时对数学着迷。他与朋友交谈时会突然沉默。他被无法控制的思绪淹没，愣愣地站在那里，忘记了周围的一切。后来他控制了自己的思想——或者说思想失去了对他的控制，他有意识地把所有的精力都用在解决困难上，直到成功。[6]

人们常常忽略直觉过程中被动接受自己情绪的性质和价值。那些从哲学上把直觉看作一种能力的人，普遍强调主体性活动。我们也没有否认这种活动，但活动必须停止，以便"这是什么"可以对直觉产生影响。如果我们认为意志行为促使我们接触客体，那么还有一个问题是：我该如何对它采取行动？一个可能的答案是在理智活动的关键阶段不要采取行动，至少不要以操控的方式采取行动。我可以观察、倾听、感受、体验，但我不会对它们采取行动，好像我已经决定了我所看到、听到或感觉到的东西。我让客体作用在我身上，吸引我，引发我稍纵即逝的想法。当我审视这些结构的时候，这些结构反过来又可以作用于客体。我的决定是由我做出的。它需要做好准备，但它也需要我放弃想要控制什么的意图。它涉及有意识地悬置主体性。

　　这种模式并不总是以智力为导向。有时它几乎纯粹是圆满而富有情感的。例如，我可以听一段《王者之心》（*Tristan and Isolde*）。我没有分析、批评或评价的意图。我整理房间：清除灰尘、杂物和噪声。我为自己准备：一杯雪利酒、轻松的读物、舒适的椅子、脱下鞋子。我让音乐充盈在我身边，我完全地接受它。我能够保持这种满足的状态。

　　同样地，一个虔诚的基督徒也可以通过良心和宽恕与上帝交流。当他与上帝交流时，他充满了期待。优雅充盈在这个令人自豪的时空里。"安静，我是上帝"这句话说明了直觉模式的最终接受能力。如果我们把直觉局限于物理（感知）实体领域，或认知领域，或精神实体领域，我们便不能把这种经验解释为直接接触上帝，或直接接触某种理想形式的神秘领域。我们必须把宗教看作一套知识结构。然而，我们必须记住，许多作家所使用的直觉概念，是我们不认可的。

　　事实上，人们经常会认识到宗教的接受性，以至于那些没有认识到它的人会感到有些缺憾。托马斯·哈代（Thomas Hardy）在《无法感受》（The Impercipient）中表达了一种渴望——如果秉持怀疑态度，对不可见之物的渴望：

　　　　　在这群聪慧的信徒中，我惨遭驱逐，
　　　　　同伴们所坚守的信仰，我视为幻想，
　　　　　他们那海市蜃楼、迷雾昭彰的极乐世界，
　　　　　无非是阴霾的命运定数。
　　　　　为何我的灵魂注定如此不幸，
　　　　　为何我永远无法目睹他人眼中的景色，
　　　　　为何我体会不到他人所说的快乐，
　　　　　这永远是个谜团。
　　　　　既然我无法体会他们的想法，

既然我未曾获得上帝的赐福，

我的缺陷可能引发他们的怜悯，

获得基督的施舍！

我就像个凝望者面对着那里的同伴，

他站立着伸出指头指给我看，并喊道——

"听！听！远方宏伟的海！"

我却想——

"啊！对我来说只是风吹松树的声响罢了！"

然而我只会安静地接受自己的缺陷，

但对那些赐福的事物，

我的快乐和欣喜不复存在。

唉，折翅的鸟儿焉能欣然扑向大地！

好吧，不安依旧困扰着我，就让我们安息吧。[7]

在这首诗中，我们看到了人们所缺失的责任感。任何人或任何与宗教人士的交谈都不会提到哈代。但是他说的一些内容，如智慧正减轻我们的痛苦：

但求有个复仇之神从天上喊我，

并且大笑着说："受苦受难的东西！

要明白你的哀戚正是我的娱乐，

你的爱之亏损正是我的恨之盈利！"

那时啊！我将默然忍受，坚持至死，

在不公正的神谴之下心如磐石，

同时又因我所流的全部眼泪，

均由比我更强者判定而稍感宽慰。

哈代在宗教的视野中找不到任何东西来帮助他理解生活，理解痛苦和快乐，然而他并不缺乏接受能力。在《身后》（Afterwards）中，我们感受到他与自然对话："五月像翅膀一样扇动着快乐的绿叶""夜晚的黑暗，朦胧而温暖""冬天看到的满天繁星"。在《致未出生的贫困儿童》（To an Unborn Pauper Child）中，我们感受到世间疾苦与他的对话："无法呼吸，隐藏内心：安静地停止。"他忠告未出生的贫困孩子们：与其忍受即将到来的痛苦，不如不要出生。但是，他知道孩子们会努力活下去，所以他祝孩子们"健康、有爱、有朋友、有你的一切"。哈代努力去理解，但他只承认我们在日常生活中所拥有的"神秘视域"。[8]

稍后我们将会看到，直觉模式的目标通常是理解，而不是某种有形的产品，但理解这个目标也可能无法实现。相反，我们可能下意识地接收信息并储存在大脑中，目的是在某天使用它们。罗伯特·弗罗斯特（Robert Frost）描述了接受模式的这种功能：

> 对我的目标来说，最有用的印象似乎是那些我没有意识到的东西，所以没有注意。结论会像巨人一样出现，就像我们向前投掷一个东西，铺设了与之前相对应的未来。那时候我们便实现了当初的目标。[9]

弗罗斯特描述他的诗歌创作，就像莫扎特描述他的音乐创作一样，使用了被动句：

> 诗歌塑造形象。它以快乐开始，以智慧结束。它有一个结果，虽在意料之外但却命中注定。它一开始的情绪基调，事实上是从情绪中找到的。[10]

他接着将这种"被动"的操作方式与学者获取知识的方式进行了对比。在这里，我们做一个对比——对比我们将要知道的东西与我们有目的地探索的东西。就像弗罗斯特对学者和艺术家所做的对比：

> 学者们沿着逻辑的线索一丝不苟地完成他们的研究；而
> 诗人傲慢地对待一切，就像书中所写的那样。他们故意不染
> 指任何东西，却让那些东西沾染在他们身上，就像他们走过
> 田野时毛刺粘在他们身上一样。[11]

然而，我们对比的不是学者和艺术家，而是概念模式与直觉模式。学者和艺术家都服从于直觉模式，但都必须以概念模式完成其本职工作。我们已经提到过，例如爱因斯坦和高斯。这里还可以举出许多其他例子。[12]

这种接受性是什么？它让我们屈服，而我们对此几乎无法控制。直觉对象似乎同时被给予又被拿走，被提供又被接受。如果我们用机器来类比，理性就像机器准备执行程序的综合系统。但程序必须被提前输入，数据也必须被输入电脑。聪明的人类（或为了某个具体精确的目的而精心准备的另一台机器）提供了可供计算机进行推理的对象。这种辨别和构建对象的能力就是我们所说的直觉。它代表了人类目前（也许是永远）超越机器的优势。如果追求机器的输入源，它必须回答（无论我们用什么术语）"这是给定的"。这就是康德的回答方式，叔本华对此进行了严厉的批评。虽然叔本华比康德更强调主体追求意义的过程，这当然是需要的，而且几乎肯定正确，但我们也希望保留客体在暗示意义过程中的作用。如果机器被输入错误的指令，它会反馈什么？它对这种材料没有记忆，也没有办法强加于感觉。然而，毫无疑问，程序员试图通过输入这些材料传达并实现某些目标。目前开发人工智能可以被看作尝试发掘计算机直觉。

在这里我们必须后退一步，我们承认尝试开发人工智能就是开发机器直觉，但我们只承认人类——目前的直觉拥有者——是有意义的追寻者。这并不意味着人类以外的生物也能提供意义。此外，从逻辑

上讲，我们似乎无法论证其他生物是否存在这种属性。但是，有一种说法似乎是合理的，那就是其他生物存在无限可能性，我们的意志可以帮助我们考察那些可能性。把这个概念扩展到认知或想象的实体似乎也很有成效，这有利于我们认真对待那些有创造力的人，他们能听音乐，被数学抓住，从石头中看到天使。对我们来说，重要的是认真对待"直接接触"的主张。从同化和顺应的角度看，我们的观点并没有得到充分证明。在同化和顺应中存在一个重要的程序，即我们将要非选择性地辨别"那里有什么"。在我们问"这是什么"之前，我们必须问"我该做什么"。随后我们会回答这个问题，但就目前而言，"它是什么"足以成为智力问题，回答这个问题的前提是我们必须确定我们至少目前是安全的。我们承认意志参与了意义建构的过程，意味着我们在对象中看到了与意志相类似的东西。因此，即使我们不断地从动机问题转向智力问题，随后再转回来，但事实上，动机（或行动）问题才是首要问题。从某种意义上说，这就是直觉要回答的问题。直觉把我们和事物联系在一起，通过这种方式与意志相配合便产生了第一层意义。

我们现在可以解释，至少部分地解释，为什么我们在直觉模式中既体验到了主观性的增强（强烈的影响），又体验到了主观性的减弱。我们的意志——如此以自我和行动为导向——有能力把自我客体化。在这种模式下，它可以直接受到外部或内部刺激的作用。人们时常担心依赖直觉模式的工作会让对象无法展现自我。正如我们将要看到的，那些从事创造性工作的人经常会找到方法来增强他们的直觉模式，其中一些方法可以用于教育。

众所周知，孵化和光照的隐喻代表了被动直觉阶段的一个极端情况。我们在准备阶段的一个问题上努力奋斗，尝试我们能想到的每个技巧，穷尽它所产生的所有情况，然后我们放弃尝试。值得注意的是，我们并没有打算永远放弃这一问题，我们只是"现在"放弃。在这一点上，直觉有可能对内部刺激的类型保持无意识（未察觉）的开放性。

当我们忙于日常工作或半睡半醒时，当我们的感官只是在监视而不是真正在工作时，我们的内在感官依然在倾听和观察。这是"孵化期"。如果光亮戏剧般地到来，伴随而来的是"我发现啦"的反应。[13]

请注意，当代的概念术语和体系都不足以描述直觉的智力模式。这种认识为我们的探索提供了额外的动力。如果我们试图使用表面上似乎合适的术语，只会导致差距和悖论。以皮亚杰的同化与顺应为例。皮亚杰告诉我们，所有的学习都是某种图式的同化，而每一种同化都需要顺应其原有结构。正如皮亚杰所描述的那样，这种"适应"在宏观概念层面上可能足以描述在学习成功的情况下必然会发生的事情。但是，它显然不足以描述一个人在学习过程中所进行的心理活动。显然，在一种被动直觉的状态下，我既没有强化结构，也没有改变现有结构。我让一切保持原样；我观察，我推迟做决定。我处于麦卡洛克（McCulloch）① 所描述的过多的潜在指令之中。[14] 我不知道把我的问题发送到哪里，以便进行下一阶段的控制。如果这个阶段是"同化"，那也只是微不足道的。我使用的结构（如果有的话）是执行监控和扫描功能的结构。我在观察结构、寻找结构，而不是将其强加于人。我们需要仔细研究这一阶段，我们迫切需要用恰当的术语来描述它。我们一直在使用"看""听""提交""掌握""移动""抓住"这样的词语。这也许是我们所能提供的最好的表达。这些都是值得尊敬的词语，我们必须为它们的使用辩护。

为了更进一步说明这一点，请考虑神经学上与同化和顺应有关联的术语：冗余增加和冗余减少。[15] 在第一种状态下，冗余增加——所有神经系统都被调节至相同的刺激；在第二种状态下，冗余减少——接受各种刺激。当我专注于某种情境并允许各种与该情境相关的潜在刺激自由地流动时，我处于何种状态？这个问题本身就是术语的大杂烩，不充分，也不准确。

---

① 爱尔兰/苏格兰人姓氏。——译者注

当然，行为主义学习理论的语言也是不够的。这个框架没有办法说明意志所做出的努力，通过意志我才能掌握刺激的类型。这个框架也无法描述那些想法。那些想法在刚接触对象但尚未形成刺激反应的时候便出现了。这个框架也没有办法描述决策的机制。通过这些机制我可以选择有潜质的假设和启发式方法。

我们对被动阶段进行了详细的讨论，因为我们认为这是一个被教育学所忽视的领域，也许是教育学无计可施之地。我们在其中看到了一些不可教的东西，然后转身离开，而没有考虑我们可以教什么来改善它。我们很自然地转向证明它本身是完整的，而不是创造一幅画来展示我们所见之物。我们指望通过解释来逃避启发人们的理解力的义务。

理　解　力

以智力为导向的直觉模式的特征是指向理解力或洞察力。这种指向与分析模式形成了对比，分析模式是目标结果导向的。我们在直觉模式中所使用的方法经过了选择，以期更深刻地了解我们所处的情况。甚至我们也在试探性地使用某种算法。如果算法正确，我们将得到正确的答案。如果结果让人不满意，我们将丢弃该算法，因为它是不合适的。如果结果是令人满意的，我们还会回到最初的情况，反思这种满意的来源。它为什么有用？它下一次还有用吗？它有什么限制吗？这就是对意义、理解、启发的追问。分析模式的成功在于某个答案，如一个证明、一个数字结果、一个有效的假设、一首"完成的诗"。在直觉模式下，成功是通过观察，在我们的头脑中创造一幅画以及理解来实现的。

追求理解构建了直觉模式的指向，但这个指向既是确定和明确的，又是不断变化的。我们知道前进方向，并不断调整方向，以保证我们

81

行走方向的正确，而这个正确的方向是我们无法提前绘制的。弗罗斯特评论说，"巨人把经验抛在我们前面"。这似乎就是在以一种直觉的方式描述我们正在做的事情：把指引我们的指向标抛在我们前面。回忆一下爱因斯坦的评论："有一种方向感，一种直接走向某个具体目标的感觉。"这种方向性非常类似于运动。心理学家弗雷德里克·巴特利特（Frederic Bartlett）用"没有回归点""时机""方向"等运动术语来描述思维。[16] 但是，同样的，运动领域不仅仅是一个隐喻，人们好像还要通过它来描述直觉。当人们的直觉在追求理解时被打断，或者思路脱轨的时候，人们会受到真正的精神创伤。如果经常发生这种情况，人们便会放弃追求理解。

很明显，教师可能介入维持或破坏方向性的活动，也许这就是所谓的时机，提醒我们在课程和教学中使用直觉方法可能会遇到一些问题。

假设有位数学老师向高中生演示如何理解某个数学名词问题。他可以很好地使用某些技巧，其中有些技巧从严肃的数学教育学角度可以被称为"直觉"。例如，我可以试着为这个问题安排一个场景，或找出各种数据的来源，或建立各变量之间的内在联系，或推测出正确答案的合适区间。这种试图建立"整体图景"的做法通常被称为直觉处理。当我们更深入地研究这个主题时，我们感兴趣的是在这种陈述中，直觉扮演了什么角色。很明显，学生的直觉不只是吸收老师所呈现的整体结构，而且必须重组教师所呈现的对象和网络，使之成为一种有助于构建自身认知结构和目的的新的内部表征。当直觉完全参与对象的创作和安排时，它会做出什么样的行为？它如何使用外部对象？哪种对象对它最有用？

数学老师还可以用画画来辅助解答。我一边讲解，一边画示意图；有时示意图不仅是说明性的，而且是一种令人信服的视觉证明。几乎所有从事数学教育学研究和数学探索的人都认为视觉显示是直观方法的组成部分。例如，莫里斯·克莱因（Morris Kline）① 将下列技术称为直觉："图片、启发式论证、归纳、类比推理和物理论证都诉诸直觉。"[17] 阿达马甚至尝试根据笔记中的草图数量来区分数学思想是"逻辑的"还是"直觉的"[18]，但他意识到，"视觉"不等同于"直觉"。

当我为学生提供图示或视觉证明时，我必须意识到他们需要以某种有意义的方式看待我所提供的东西。图示可能促进他们构建和设定物体的结构，也可能是记忆内存和信息处理的额外负担。我应该画什么样的图？怎么画？我在课堂上画出的一张张图示会比课本上的图片更有效吗？

除了图示之外，我还可以为学生提供具体的教具，供他们使用。这也是一种有意识地尝试用直觉处理材料的方式。举例来说，我可能会在上因式分解法的课程之前，先让学生们做一些古氏积木②的操作练习。我们遵从外尔所说的"具体思考"，把直觉称为"面向对象"的能力。因此，把实践经验视为直觉方法的组成部分似乎是合理的。但是，所有的实践课程都能促进直觉运行吗？这似乎不太可能。因为我们观察到学生们都在冒冒失失漫不经心地按照口头或书面指示摆弄教具。这些教具甚至是很有趣的古氏积木可能会给学生的理解增加另一方面的困惑。约翰·霍特（John Holt）在《孩子如何失败》（*How Children Fail*）③ 中指出，坚硬的积木块实际上可能会成为"彩色木头制成的符号"。[19]

似乎很清楚的是，尽管尝试提供整体图片、视觉显示和实践经验都被认定为"直觉方法"，但无论是哪一种方法，或是这三种方法相结

---

① 美国数学史家、数学教育家与应用数学家、数学哲学家、应用物理学家。——译者注

② 古氏积木（Cuisenaire rods）由一位比利时的小学老师乔治·古辛纳（George Cuisenaire，1891—1976)研发。他将彩色古氏积木应用在数学教学上，其学生在学数学时因有了积木的辅助，更容易了解老师所教授的东西，并能在此种教学法中得到乐趣。——译者注

③ 霍特（1923—1985），美国教育改革领导者、资深教育家、社会评论家、作家，也是业余的大提琴家，著有 10 本深具影响力的著作，已被译成 14 种语言。他的第一本著作《孩子如何失败》对当代教育体系发出警语，促成了 20 世纪 60 年代中期的教育改革运动。——译者注

合，都不能必然或普遍地促进直觉能力。

在考虑各种直觉方法时，如果我们追求的是理解，那我们似乎不能只观察或倾听整体性的陈述，既不能只看一个视觉显示，也不能直接处理对象。不管怎样，我们似乎必须在某种意义或渴望达到某种意义的指引下完成每项任务。显然，教师使用这些方法是为了向学生揭示或引导意义。如果我们仔细观察这种情况，就会发现有问题。如果我对学生构建图像的每个要素都提出特定的意义要求，如果我对每个操作给出详细的分步指导，我可能会分散学生的直觉努力，或使其负担过重，而让学生进入输入-输出的分析模式。学生接收输入信息并执行一个简单命令，而不是接收"这是什么"。在一连串的处理之后，他或她也许能够正确地回答一个最终问题。然而考虑到提问前的活动，学生往往无法给出那些显而易见的回答。在这种情况下所发生的似乎是，我们提供的一种直觉方法没有很强大的功能。因为通过教师的逐步指导，或通过学生（或许是无意识）的选择，产生了另一种可替代的模式。

有趣的是当我们考虑为什么要像现在这样精心制作直观的演示文稿时，这个问题变得更加严重。从根本上说，我们希望学生不只是"听"和遵循指令，我们更希望他们在思考。但是，这可能完全是一个错误的坚持。直觉也许只有在分析思维被暂停或处于从属地位的情况下才能展开对理解的追求（对于在有意义的关系中设置的对象）。也许正确的建议是"停止思考"和"就这样做，就这样感觉"，或怀着理解的意图和期望去看去做。例如，戴维斯和赫什[①]描述了获得四维直觉的兴奋和沮丧。他们的一篇文章描述了一部精彩的电影，旨在揭示一个思维实体的超立方体的各个方面：

---

① 可参考戴维斯，赫什，马奇索托. 数学经验 [M]. 大连：大连理工大学出版社，2013. ——译者注

84

当我看到班切夫和斯特劳斯①的电影时，他们的成就给我留下了深刻的印象，观看这部电影纯粹是视觉享受。但我有点失望，我对超立方体没有任何直觉感受。[20]

然而几天后，戴维斯和赫什便在计算机上操控起了超立方体。戴维斯告诉我们：我试着把超立方体转过来，移动它，拉近它，让它以另一种方式旋转。突然，我感觉到了超立方体跃入了触手可及的现实。当我学会如何操纵它时，我的指尖感受到了一种力量，它改变了我所看到的东西，并又变了回去。[21]

在最终获得四维直觉方面，我们当然不知道最初的观影是否发挥了不完全但至关重要的作用。这是有可能的。我们在这段描述中看到人们专注于动觉和视觉以及意向性，即有目的地追求意义和理解。控制台上的作者没有试图找到问题的答案。他正想着了解超立方体。如果他被准确地告知要一步一步地采取什么行动，他的直觉会躲开他吗？如果他一直在努力达到一种被定义为"答案"的特定状态，那么他可能在没有真正理解其目的的时候便找到答案吗？

显然，我们还将遇到其他问题。当我们专注于直觉能力时，我们很自然地使用感性语言：看、听、感觉。但是，当我们为了观察和感觉而移动物体时，智力的哪个部分在起作用呢？直觉还是理性？确定这一点可能是非常困难的。我们可以理解为什么一些研究人员在区分两种"官能"时会放弃讨论直觉。但是，这些现实的、暂时的困难不应迫使我们放弃直觉的概念。如果在特定的具体情况下，我在有意识的假设的指导下移动研究对象（如果我做 X，就会发生 Y），那么显然会涉及分析活动。可能我的动作是由分析图式的无意识操控所引导的，

---

① 在美国罗得岛布朗大学的数学家汤姆·班切夫（Tom Banchoff）的办公室里，达利的画作《受难》的复制品悬挂了许多年。后来，班切夫与同事查尔斯·斯特劳斯（Charles Strauss）生成了超立方体各种外观的图形。1975 年《华盛顿邮报》报道了班切夫和斯特劳斯用计算机生成数学图形的先驱性工作。——译者注

但许多研究者都坚持认为这种激活是直觉的。无论在有意识还是无意识的指导下，我可能仍然想要区分：看到和感觉到的时刻、期待的时刻、想要看到和感觉到的时刻、做某事的时刻，以及决定做什么的时刻。以"看和想看"或"感觉和想要感觉"为主导的一段时间或一段情节，即使不可避免地受到分析推理的短暂时间间隔的影响，也依然可以被认为是直觉的。

在本节结束之际，我们将考虑为满足意志对意义和理解的追求，直觉所承担的各种任务。① 直觉功能直接作用于结论大致有两个路径。一是我们可能会使用一些概念，如总的来说、现象的描述性表达或原则性陈述，我们必须这样去理解对象。我们从语言的角度找到表征事物的研究对象。二是我们在朦胧的环境中表征对象。我们"看到"这些物体，但因为我们不理解它们潜在的可能性，所以对于它们我们什么也说不上来，当然也无法预测我们对它们所做的任何处理之结果。

让我们从第一个问题开始。我面对原则或概念定义的陈述，例如，"每个集合与交换集合是同构的"。这句话大概不是某个老师突然告诉我的。我对此有所准备。我有一些概念，尽管它们可能有些模糊，但我还是知道"集合"、"同构"和"交换"的意思。面对这些一知半解的陈述，我该怎么办？我们认为这很重要。那些对智力和直觉关系感兴趣的人常常完全忽略了最初的动机因素。例如，格式塔主义者会立即跳到智力的问题上："这是什么？"他们没有意识到，他们的实验对象可能从来没有被问过这个问题，这可能是他们在智力测试中经常失败的一个原因。如果一个人对最初的内部问题的反应是依靠记忆的，它就可能是虚假的。人们在追寻意义的过程中可能从来没有真正面对最初的动机。当我开始探索的时候，不要催促我，不要让我感到自己很愚蠢。在直觉寻求理解的过程中，我需要接受意志的指引，因为意志追求个人价值和个人提升。作为教师，我们不能为了维护学生的自

① 经加利福尼亚大学出版社许可，接下来的几段文字主要择取自诺丁斯的《关心》一书。——译者注

我形象而强迫学生放弃追求理解。

我说的是什么意思？也许，你会得到一阵沉默的回应。然后我再回到这个鲜活的话题。我该怎么做才能找出内涵呢？我需要得到可供处理的对象。我构造了一个简单的集合。我在它旁边放一个元素数目相同的置换集合。我列出了与其对应的、匹配的恒等式和互逆公式。于是我问：有没有一种系统的方法可以从任意给定的集合中生成置换集合？这些对象的行为告诉我什么？我在这里看到了什么？

我们在这里描述的是一种所谓的直觉运行模式。我在工作，并且付出努力。我很积极踊跃地尝试，也乐于接受发生的一切。活动阶段取决于我的知识储备，其中部分是分析性的，接受阶段所提供的内容将会得到加工。我必须让事情集中于我身上。我不能被打断。我注视着，被引导着，聚精会神地听着。这个想法"充满了天堂"。

在我们的例子中，我试图让"每个集合与置换集合是同构的"这句话具有意义。我的直觉探索之目的是理解和创造意义。我不知道能否成功地构造出一个实际的证明。但对意义的追求本身就是一种创造性的努力，因此，我试图理解现存的证据与我自己生成的证据是相同的。

第二个问题是，知觉始于给定的对象。直觉必须是一种有助于认知的形式。我们现在面临的是探索背景和上下文结构。但是，重要的是要再次认识到，有一种激励性的环境为下一步做什么奠定了基础。"我该做什么？"这个问题又出现了。在开始有意义的探索之前必须先解决这个问题。我必须自由探索和选择，我必须做出承诺。

考虑一下当孩子们遇到诸如 "$\dfrac{2}{3}+\dfrac{5}{6}=$＿＿＿" 这样的问题时，他们可能会遇到什么困难。因为他们对 $\dfrac{p}{q}$ 形式的符号的唯一经验可能是作为"部分事物"的标示。如果是这样，他们可能会立即开始"画饼"，并为其中的一些部分上色。这通常是徒劳的，除非他们想到把三分之一转化为六分之一，而大多数孩子并没有这样做。当教师意识到学生必须为新概念对象找到熟悉的上下文时，他可能会介绍孩子们用 $\frac{1}{2}$，$\frac{1}{3}$，$\frac{1}{q}$ 来计数。然后，他们就可以在熟悉的环境中使用他们的新对象——数轴，从而以新旧两种方式来画刻度。考虑沿着图 4.1 中的数字刻度匹配对象的值。

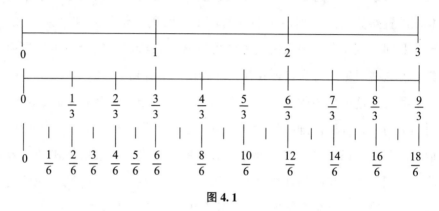

图 4.1

87 　当我们无法鼓励人们在熟悉的场景中创建和操作对象时，我们就失去了用直觉观察事物的机会。当我们面前——无论是感知上还是想象上——有我们可以操纵和观察的对象时，我们就能体验到某种东西存在的感觉和某种东西正在发生的感觉。我们想说："等等。等等，我明白了！"早在准备公示结果之前，人们就有一种内在确认，认为事情正在朝着正确的方向发展。

主观确定性和客观不确定性

　一个成功的接受阶段，其终点是做出行动决定。这个决定伴随着一种肯定的感觉和一个关于公共表达形式的问题。它通过这种公示表达了内在的确定感。主观确定性和客观不确定性共同维持着方向和努力。直觉为意志和认知提供了真实的数据，因为它的表象是被给定的，是智力和人际关系的起点。最初给定的直觉当然是暂时的（它们可能是错误的或不合适的），但它们具有确定性。当直觉被证明是错误的时候，我们经常对自己说："但我是如此确信……。"因此，当意志为"给定"而欢欣，为"知道"（更确切地说是"看见"）而高兴时，理智上必须保持适当的怀疑。这是一种心智状态，直觉阶段正是从这种状态开始的。如果直觉模式成功地结束，那么对结果或初始产物的怀疑就会消失，只剩下关于执行的问题。当然，回答这些问题可能会触发直觉活动的新阶段。

我们刚才提到的直觉阶段，是以一种直觉为开始和结束的。它是由动机维持的。意志接受了直觉表象，说明其对意义的追求、对个人启迪的追求将得到满足。但是，在第一个确定的直觉呈现之前可能会有一个阶段。在这个阶段中，直觉就像在一个黑暗的房间里或在很远的地方进行观察。在这个阶段，我们会感到不安。我们没有耐心，不确定会完成什么，担心会遇到干扰，会急躁，会怀疑自己的能力。我们可能会找各种理由停止工作：有一株枯萎的植物要浇水，要出去遛狗，邮件要到期了，学生论文应该放在工作清单的第一位，晚餐要吃什么，有什么娱乐，心灵状态怎么样。我们想要避免这种看起来可能会，也可能不会影响观察的状态。当我们讨论如何增强直觉模式时，我们必须格外注意这一阶段，这一精神受到折磨的阶段。因为在这一阶段中，没有主观确定性支撑着我们。

也许我们所说的"天才"就是那些很容易就进入直觉阶段的人，即他们保持了最初的直觉。一些有创造力的艺术家，例如莫扎特，如此自由地获得了自己的直觉，以至于他们在创作作品时忘记了自己的角色。另一些人，正如我们将看到的，在第一个阶段遭受了痛苦，他们经常制定模型来帮助自己建立直觉模式。还有一些人似乎是在以一种放松的方式行事，"不管怎样都要坚持下去"。他们相信，现在享受的一切最终会以明亮的景象闪现在脑海中。这些都是快乐的艺术家，他们既没有被一个又一个需要立即执行的愿景所消耗，也没有被那种会被缪斯女神抛弃的恐惧所困扰。

我们可以看到，在直觉活动的过程中存在三个危机或危险点。很明显，第一个危机在建立直觉模式的初始阶段就出现了，并一直存在。第二个危机产生于第一种清晰的直觉形成之际。这种最初的直觉可能是错误的，它所给出的显而易见的内容也可能是错误。受过训练的学者和艺术家都知道，他们正进入一个狂热期，他们在理智上的不确定感是维持努力所需要的。但是，年轻的学生可能只是简单接受最初的直觉，并为它给他们带来的满足感而高兴。因此，教师们自然担心那些直觉上聪明的学生会变得懒惰或马虎。确实如此。这些学生想知道为什么他们应该费心地去证明或研究他们已经知道的东西。在指导学生分析概念时，教师需要有极大的敏感性，必须向学生提供必要的技能，使这一过程不会过分繁重。学生不应该因为无休止地重复上述过程以获得无数种结果而感到无聊。教师必须鼓励他们看到成果中可能存在的优雅和简洁，而且他们必须明白，有股力量存在于他们富有成效的知识交流之中。

第三个危机，部分来自直觉活动本身，还有一部分在于他人如何接受直觉之结果。一些作品被认为是尚未完成的，因为作者无法提供严格的依据证明作品中的一些直觉成果。例如，高斯的笔记中充满了从未发表过的优美而准确的直觉成果。高斯只发表了那些他有严格证据的结论。如果他能分享所有的直觉成果，其他人或许会设计出相应的证明，并在数学上取得进步。对于学生来说，危机在于教师可能会贬低他们的直觉结果。如果这种贬低经常发生，或者刻薄到极点，学生可能会贬低自己的见解，从而避免为获得这些见解而要承担的繁重工作。他们可能会采取奇怪的策略，通过这些策略，他们可以合法地（甚至非法地）给出答案，以满足教师的要求，并放弃追求真正的理解。

由此，我们看到需要努力才能进入直觉模式，必须用被质疑的客观不确定性来抵消最初产生直觉时的主观确定性，并且必须以教学的敏感性和尊重性来对待整个活动。

小 结

在本章中，我们描述了直觉模式。这种模式的特征是外部感官和内部感官同时参与，是主体对接受性的放松，是追求理解或洞察力的过程，是主观确定性和客观不确定性之间持续的张力所在。在第二章所构建的概念框架基础上，我们试图解释：感官如何集中于内在所见所听？意志如何引导直觉来促进其接受性？意志和理性如何在对抗主观确定性和客观不确定性之间的张力之中相互联系？我们还讨论了如何将工具性的目标放在一边，以便理解、享受和迎接直觉。最后，我们再次强调我们决定把直觉的概念框定在知觉和认知的领域。

90

注 释

[1] 参见 Martin Gardner, *The Annotated Alice* (New York：World Publishing, 1972), p. 191.

[2] Ibid., p. 192.

[3] Eward E. Cummings, "what if a much of a which of a wind," *Collected Poems* (New York：Harcourt Brace, 1923).

[4] 引自 Jacques Hadamard, *The Psychology of Invention in the Mathematical Field* (New York：Dover, 1954), p. 16.

[5] Martin Buber, *I and Thou*, trans. Ronald Gregor Smith (New York：Scribner's, 1958), p. 8.

[6] Eric T. Bell, *Men of Mathematics* (New York：Simon & Schuster, 1965), p. 254.

[7] Thomas Hardy, "The Impercipient," *Collected Poems* (New York：Macmillan, 1925). 经出版商许可重印。

[8] Thomas Hardy, "Hap," ibid.

[9] Robert Frost, *Complete Poems* (New York：Henry Holt, 1949), p. viii.

[10] Ibid. , p. vi.

[11] Ibid. , p. vii.

[12] 参见 Hadamard, *The Psychology of Invention*; Bell, *Men of Mathematics*; Stanley Rosner and Lawrence E. Abt, eds. , *The Creative Experience* (New York: Grossman, 1970).

[13] 参见 Henri Poincaré, "Mathematical Creation," in *The World of Mathematics*, ed. James R. Newman (New York: Simon & Schuster, 1956), pp. 2041-2050.

[14] Warren S. McCulloch, *Embodiments of Mind* (Cambridge, Mass. : MIT Press, 1965).

[15] 卡尔·普里布拉姆（Karl Pribram）在书中描述了这种相关性，见 "Toward a Neuropsychological Theory of Person," in *Mood*, *States and Mind*, Brain and Behavior, vol. 1, ed. K. H. Pribram (Harmondsworth, Middlesex, England: Penguin, 1969), pp. 462-475.

[16] Frederic Bartlett, *Thinking* (New York: Basic Books, 1958).

[17] Morris Kline, *Why Johnny Can't Add: The Failure of the New Math* (New York: Vintage, 1974), p. 191.

[18] Hadamard, *The Psychology of Invention*, p. 112. 但请注意他试图解释这种区别, pp. 113-115.

[19] John Holt, *How Children Fail* (New York: Dell, 1964), p. 99.

[20] Philip Davis and Reuben Hersh, *The Mathematical Experience* (Boston: Birkhauser, 1981), p. 403.

[21] Ibid. , p. 404.

第五章

强化直觉模式

我们对健康的理解不是逻辑的、论证的，而是直觉的； 因为理解的目的不是证明和寻找理由，而是去了解和相信。

——托马斯·卡莱尔（Thomas Carlyle）《特性》

在本章中，我们将考虑如何增强直觉模式。我们感兴趣的是如何增强自己的直觉模式。同时，作为教师，我们感兴趣的是如何帮助他人增强他们的直觉模式。现在我们不讨论"直觉"主题或陈述方式的具体安排，这些问题将在下一章中进行阐述。

承认直觉和直觉模式

我们认为直觉活动的首要而关键的事情是：承认直觉能力和直觉模式的真实性。作为教师，我们可以与学生分享有关直觉活动的信息、我们自己的直觉经验以及有关直觉思维的传记，这些直觉产生了令人钦佩的成效。这种讨论应该成为学习和教授心理学的组成部分。奇怪的是，我们一方面自称深切关注这些问题，另一方面却很少让学生参与相关的学习、思考和理解。我们敦促人们学习、倾听和运用自己的思考，但我们没有意识到在全面参与过程中会遇到的障碍。事实上，我们经常讨论的"如何学习"或"为什么讨厌某些科目"已经"偏离了轨道"。

92　　之前我们已经提到，高斯、莫扎特、米罗、弗罗斯特、爱因斯坦等人的作品本身就很吸引人，可能会促进学生探索自己的接受能力。他们在什么条件下可以最高效地完成他们的工作：早上还是晚上？吃饱了还是饿着？有没有背景音乐？运动前还是运动后？让学生知道富有创造力的思想家们尝试过各种奇怪的"增强剂"，而这些"增强剂"不一定适用于普通人群，这或许有所帮助。詹姆斯·R.纽曼（James R. Newman）在评论阿达马关于数学发明的心理学研究时指出：

> 阿达马……思考科学发明是否可以通过站立或坐着或连续洗两次澡来改进。赫姆霍兹（Helmholtz）和庞加莱（Poincaré）坐在桌旁工作，阿达马的做法是在房间里踱步[埃米尔·安吉尔（Emile Angier）说："腿是思想的轮子。"]，化学家蒂普（Teeple）就是那个洗两次澡的人。唉！哲学家的习惯很少对他们的门徒有益。年轻的哲学家不会从康德的守时中得到什么好处，生物学家不会从达尔文的消化不良中得到什么好处，剧作家也不会从萧伯纳的素食中得到什么好处。[1]

但是学生可以通过这种讨论和随后的实验，找到增强直觉模式的方法。至少他会意识到每个人都在寻找有助于创造力、生产力和宁静的东西。如果我们及早进行这些讨论，思考严肃的、幽默的、精神性的、智力上的问题，那么我们就可以帮助学生做好准备，以明智地了解文化中存在的深奥的心理学内容，并承认寻求意义的合法性和普遍性，促使人们反思追求意义的方式。

　　我们还应该与学生讨论，通过改变思维方式是否可以增强直觉模式。诚实地参与这样的对话，并把机会摆在面前，可以为最终公开讨论我们可能害怕和不信任的那些"协助"铺平道路。如果我们把讨论推迟到某件事之后——例如使用违禁物品已经引起关注之后，我们就失去了进行理性对话的参照框架。因为，没有先前确定的问题，也没有可接受的调查模式。相反，我们不与学生讨论，而是对他们进行道德说教。人类一直在寻找方法来催生某些有价值的意识状态。例如，旧约规定先知禁食，某些宗教团体的成员故意受辱或接受鞭打。值得注意的是，有些人还在做这些事。有些人冥想是为了增强意识，有些人冥想是为了逃避某种形式的意识，还有一些人冥想是为了集中注意力。几个世纪以来，人们通过草药和各种饮食的神奇力量来寻求健康、活力和心灵的宁静。我们在学校里用了很多时间来区分激进分子、了解美国第二次独立战争、辨别词语等，却很少花时间追求个人意义。这似乎有些奇怪。

　　在前一章中，我们提到了准备、孵化和启发的现象。对学生来说，了解他们在学科上的挣扎可能会为后续学习带来好处。今天如此困难和难以捉摸的东西，明天可能就会一清二楚。在这方面，我们也经常与自己对抗，强调按时掌握以及持续深化概念理解。我们很少被鼓励回过头来，用新的眼光看待旧的材料，尝试解决新的问题或过去难倒我们的问题。当学生们听到庞加莱的故事以及他在有轨电车上令人惊叹的顿悟时[2]，他们常常会意识到，他们也有过这样的经历——当然不是关于富克斯函数，但同样是真实、生动、难忘的经历。对这些现象的认识为思考作业、评价、教学模式和我们尝试建立的理解方式奠定了基础。特别是，我们可以明确建议学生努力解决特定问题，尝试各种可能有用的技术，在失败后进行反思。然后暂时抛开这个问题：在街区逛一逛，吃点零食，听点音乐，看会儿漫画。之后再回到这个问题上，或者在睡着的时候让它在自己的脑海里闪过。把纸和铅笔放在床边，以备灵感闪现时进行记录。

关于准备、孵化和启发，我们可以对比得到充分证明的现象和那些令人怀疑的技术。那些技术经常被吹捧为在睡眠中学习，或者通过潜意识进行学习，或者在梦中取得重大发现。这些方法在现实和小说中都使用过，例如奥尔德斯·赫胥黎（Aldous Huxley）在《美丽新世界》（*Brave New World*）中就讨论了这些方法的有效性，并试验过在哪些方面应该怎么做。这些都能增强人们的自我理解和文化修养。还有什么比让学生对自己的学习过程进行反思更能激发他们学习动机的呢？

开端：前直觉模式

前直觉模式的特点通常是优柔寡断和逃避。不仅学校里的学生对课程有着转瞬即逝的兴趣和恐惧，我们大多数人从事创造性活动时也是如此。我今天有多少借口不写作？推迟一个小时甚至十分钟呗？从某个角度看，这种恐惧是完全可以理解的。当我完全沉浸在直觉模式中时，我失去了自我的主体性。我把控制权交给无生命的他者。这些想法很快就会出现在我面前，引诱我，让我在它们的世界里游走。我完全沉浸在这个世界里——听不见、看不见、感觉不到。确实，几个小时后，我可能会因为没有意识到寒冷而麻木，并且对之前传达给我但我没有注意到的信息感到非常惊讶。

当一个人不由自主地被控制时，直觉模式就会发生。它发生在没有痛苦的情况下。但有一种错误的观点，认为创造经常以不痛苦的方式发生。事实上，许多有创造力的思想家必须"培养"缪斯女神，以帮助他们度过最初的痛苦阶段。在这里，我们将考虑三种入门的方法：有意识地热身练习、明智地使用惯例和全神贯注。

有意识地热身练习包括多种形式。去过教堂的人都熟悉宗教音乐、特殊服装和仪式用品、集体静默和共同诵读的效果。所有这些练习都倾向于让参与者为宗教直觉模式做好准备，即接触宗教思想或经历/体验实体接触。禅师们将向他们的学生介绍心印（koan）① 作为一种特殊的热身活动。铃木大拙②说：

> 在现代，心印被视为"启动器"。它为禅宗体验提供了初始的动力。起初或多或少是机械的，但"心印"这个活动获得了禅宗意识成熟所需要的音调。[3]

类似地，体育锻炼可以减少身体的紧张和压力，并可能让关系世界变得更加开放。

显然，学校强调课堂和小组活动，这种环境对学生的直觉参与来说是糟糕的。如果一个人要进入深度直觉模式下近乎恍惚的状态，就必须抑制干扰因素。他必须能全神贯注地思考知识对象而不受打扰。虽然学校不能为深度直觉模式提供支持环境，但学校可以为艺术家、数学家和其他人的工作提供在直觉上的指导和交流机会，还可能提供实验以帮助学生找到增强直觉模式的方法。我们稍后会看到，教师可以帮助学生激发直觉。他们可以在规划课程和提供指导时考虑到直觉的能力。

环境对直觉模式至关重要。数学家高斯即使在与朋友交谈时也会被数学所吸引。但大多数人必须"取悦缪斯"才能留住其陪伴。孤独是必要的。（我们可能会说高斯即使在群体中也是孤独的。）沉默，或增强与自我的交流是必要的。一旦模式建立起来，它可能不会受到潜在侵入性刺激的影响，但它首先必须建立起来。我们需要和我们的学生谈谈这初始阶段的特点——反复无常和无知，以及既定模式的现实。学生们对直觉模式的经验太少，以至于许多人怀疑它的存在，有些人在第一次听到直觉集中注意力的描述时还会不自觉地大笑。但是，正

①　佛教用语，意为以心传心。——译者注
②　铃木大拙（1870—1966），日本佛教学者、著名禅宗研究者与思想家，世界禅学权威。——译者注

如我们已经注意到的，他们应该听听怀特海的花园故事。在这个故事中，他深深沉迷于数学世界中，以至于他没有看到或听到有来访者来过。

一个人必须找到一个工作的地方，而且这个地方必须是宜人的。赛珍珠需要在桌上放些鲜花，并能欣赏到宁静的乡村风光。弗罗斯特在佛蒙特州和新汉普郡的山上获得了成功，后来有一位诗人住在那所新汉普郡的老房子里，却没有感受到那种环境的支持，反而是在纽约写出了她最好的作品。同样，萨特喜欢人造环境，显然没有从"自然"中获得灵感。有些因素是完全无法抑制的。亚历山大·鲍罗丁（Alexander Borodin）显然可以在混乱的环境中进行音乐或化学工作。甚至当他的公寓里挤满了来访者时，他的妻子用他新写的音乐曲谱来包装鱼时，他仍能把鱼和来访者从音乐中分离出来，专注于音乐。

据说笛卡儿清晨在床上躺到很晚，构思了他最经典的思想。他是否使用了某种形式的脑力锻炼？有人会这样做：做几个伸展运动，喝杯咖啡，故意放慢节奏，让思绪在头脑中游逛——所有这些都有助于建立一种情绪。据报道，帕布罗·卡萨尔斯（Pablo Casals）每天都会在钢琴上弹奏几首巴赫的赋格曲。有的人在海滩上散步，有的人在山上跑步，有的人在花园里散步，有的人读赞美诗。所做的事情必须能减少噪声和混乱，使心灵平静，并让人产生一种时间无关紧要的感觉——时间是相对的和可控的。

对于现代生活而言，这一切是否过于富有异国情调和过于奢侈，以至于只有真正摆脱功利需求的精英人士才会沉迷其中？并非如此。相反，现代礼仪组织、秘密团体等都对此有着深层和普遍的渴望。人们很少承认在教育中可以适当鼓励感官愉悦，以至于人们必须在非正常的环境中寻求它，而这种乐趣往往只会成为单纯的感官享受。事实上，感官愉悦常常是深刻而富有成效的思考的前奏。

学校能否提供体验活动以确立理智的社会交往？"早操"（一种阅读《圣经》、祈祷的仪式）曾经起到过这样的作用。我们不建议恢复这些活动，因为它们显然违反了宗教自由的原则。我们也不建议进行替代活动，但可以考虑其他选择。考虑替代方案本身可能有助于个人发明和练习自己的热身运动，并促使教师探索设定基调和开展活动的方法。

到目前为止，我们建议将直觉和直觉模式作为课堂上理性讨论的话题，我们认为应该鼓励教师和学生分享有关直觉活动的信息和经验，应该经常使用传记类材料，应该公开讨论历史文献中寻求意义的部分。所有这些似乎都是合理的，并不令人担忧。但我们的最后一个问题是关于学校里例行的热身活动的。这里需要引起警觉。尽管我们既没有建议教师和学生深入地交流个人或情感经验，也没有建议教师进行各种形式的情感治疗，但是显然任何形式的直觉活动都涉及情感。根据我们的定义，情感是直觉的核心。因此，在自由的和理性的信息交流中，信仰可能会受到审视，情感可能会被激发。在我们看来，这是完全可取的。这种讨论在安全和自由的教室中进行，标志着师生正在参与讨论人类深切而普遍关心的问题。课堂谈话将不再是智力和精神问题的猜谜游戏，而更接近于一场完整的人类对话。

但这有明显的风险。如果教师要自由地就争议性问题进行对话，就必须与家长建立牢固的信任关系。教师必须能够保护学生的隐私，鼓励适度的讨论和批评，促进对对话者的尊重。我们非常重视在课堂环境中进行讨论，让每个人都自由地探索他的精神和灵性本质。如果有人尝试做热身运动，那么这些活动应该是自愿进行的，而且应该被作为一种技巧，而不是一种标志——表明参与者是某个团体的成员，需要服从这些仪式背后的信仰。

仪式作为一种技术的使用和检验让许多人感到不舒服。他们可能会问，我们要承诺什么吗？或许有一天许多社区会认为他们的成员对上帝有一个普遍的承诺。但这一天已不复存在。在美国，大多数社区表达了对国家的承诺，如今就连这一承诺也受到了质疑。许多根本没有颠覆政权倾向的人开始质疑建立和维护民族国家是否明智。他们认

97

为有必要对所有人的生命做出承诺，而这种承诺显然与民族国家的传统要求相冲突。公众几乎普遍缺乏对明确陈述的信仰和目标的承诺。这无疑是公共教育衰落的根源之一。随着竞争的加剧，人们认识到了这一点：我们在学校里呈现的东西已经变得越来越空洞乏味，而且往往特别偏离主题，完全回避了具有重大人类意义的问题。许多人认为，解决这一普遍弊病的唯一办法是推广私立学校。因为私立学校可以坦率和全面开放地致力于阐明价值观问题。

有没有一种方法可以振兴公立学校教育，可以在一个包容显著差异的公共领域的公共空间中重振智慧和精神？一种可能的方案是陈述和促进人们自由、理性和负责任的对话，同时对每个人做出坚定的承诺，确认他是一个有思想、有感情的成长中的人。难道我们还没有这样的共识吗？很明显，我们没有。从学校的结构到我们教的科目，从我们讨论的问题到评价学生的方式，一切都清楚地表明我们没有这样的共识。我们将在适当和具体的情况下更充分地讨论这些问题。我们在这一节的主要目的是让读者认识到，任何旨在唤醒"内心之眼"的建议方案，如果要避免琐碎，就必须解决困难和有争议的问题。否则，可以乐观地预测某些结果肯定会出现在数学书的某一页，它会专门介绍某个"伟大的直觉思考者"。也许社会科学讲义中还会有"直觉思维"这一单元。这不是我们想要的。觉醒的"内心之眼"游移于所有感兴趣的事物之上：棘手的概念问题、充满希望的方法和技术、感官愉悦的领域和对象、爱和信仰、喜悦、恐惧、痛苦和快乐。一旦醒来，它就不愿再回到沉睡状态。

本节一开始讨论了启动直觉模式的方法。按照我们的逻辑，我们考察了所有教育工作者面临的问题。这些教育者建议从情感的角度改变学校教育。直觉必然涉及情感，因此我们将对情感问题进行深入研究。

现在来谈谈惯例。惯例不同于热身练习和仪式。我们关心的是，结构和常规可能是有助于创造自由的方式。学生们通常认为有创造力的思考者是自由自在的人，他们过着非常有趣和无组织的生活。这似乎不是真的。相反，对日常生活的精心安排似乎有助于发现并引导人们向知识的目标前进。诗人海因里希·海涅（Heinrich Heine）这样评价康德：

> 他过着机械、有序和抽象的单身汉生活，……起床、喝咖啡、写作、阅读大学讲义、吃饭、散步，所有这些活动都有固定的时间。邻居们都知道 3 点半，伊曼努尔·康德会穿着灰色外套，手里拿着拐杖走出家门，来到菩提树大道。[4]

高斯在他去世之前的 27 年里只离开过一次哥廷根。他在那里的生活环境和社交都很简单。[5] 巴赫过着斯巴达式的生活，他用"我努力工作"来总结自己的一生。[6] 直觉和创造力与缺乏组织和结构密切相关，这种观点似乎有点矛盾：直觉思维的自由运行可以通过日常生活中的组织和结构得到支持与加强。

因此，我们建议对学校的日常活动进行检查似乎是明智的。舒适、稳定、有惯例的学校生活可能是学生学业表现的促进因素。它不仅能提升学生在逻辑类工作中的表现，还有可能对其他模式发挥促进作用。这些模式似乎需要巨大的能量来接受新奇、变化和分歧。这个想法很简单：减少变化，减少选择的机会，减少日常生活中的不可预测性，减少非理智的事情，为实现直观体验节省能量。现在，这个建议并不意味着某些科目，如数学，应该满足结构和常规的需要，也不意味着其他学科，如艺术，应该被用来开拓具有选择权和创造力的世界，更不意味着一天应该被分成两半——常规的早上和创造性的下午。相反，更确切地说，惯例是指应当仔细注意程序/事项的有序运作，并且应当仔细注意所有主题事项的特征。这些特征最好是通过一种程序化的方式来处理，而这一方式应能够被迅速生成并确定下来。

为了达到某些目的，恢复死记硬背的学习方式可能是合理的。对其适用性的有效测试可能是：任何一种技能或一组信息，只要确定会在学校学习或生活中反复使用，它就会被多次"自动强化"。因此，就这些材料进行常规化训练是有意义的。技能或信息将不断被使用，因而不会被遗忘。但是，我们难道不应该让孩子们"理解"乘法，而不是记住所谓的"乘法表"吗？这两个选项并不相互排斥。事实上，知道乘法原理的孩子比不知道乘法原理的孩子更有可能对乘法的基础结构感兴趣。在很多情况下，我们都是本末倒置。因此，一些年轻人不太可能会开展深度学习，最多只是进行功能性理解。

我们还应该回忆一下熟悉度和直觉活动之间的显著相关性。直觉的本质是高度集中和紧张。在野外徒步旅行时，它能广泛地接收自然美景和声音，但它仍然是紧张的，而且会受到极大的干扰。想象一下，你正在一片可爱的草地上收集图像，突然被咆哮的推土机"入侵"。显然，分心对直觉活动来说注定是厄运。但是，这种干扰并不一定像推土机那样吵闹，它可以完全出现在内心场景中。如果一个人必须不断地关注具体问题，如 7×8 的答案，时间、速度和距离的公式，如何把英里换算成英尺、厘米换算成英寸，那么他如何才能集中精力解决一个数学问题呢？

我们的目的不是要把主题都常规化，也不是要求人们只采用一种做事方式。我们并不建议让孩子们只做横式加法，也不是说竖式加法就是错的。有时教师确实会这样做，他们说这是为了教孩子们"听从指示"。我们的建议是，为了解放学生，要让他们更有效地参与到课程中来。我们不建议教师因学生写错（或完全遗漏）名字、遗漏日期或用了奇怪的标题而予以处罚。惯例应该服务于思维，而不能成为思维的目的。显然，同样的原则应该用于指导课堂程序的常规化。例如，迟到不需要受处罚。事实上，人们通常会准时。这是一种简单而恰当的期望——因为一旦他们准时，事情就会顺利得多。

在常规化问题上，教师应该对学生完全开放和诚实。例如，在提出重要的几何定理之前，教师可能会告诉学生运用某些技能来证明这个定理是有用的。在学习勾股定理之前，教师可能会让学生先练习简化根式，记忆 1—25 的平方数，以及练习如何提取平方根。学习这些基本技能可能会得到好处，但最大的好处仍然是学生能够自由且有能力地学习该定理。

我们在本节讨论的最后一个主题是"做和看"。直觉模式的一个显著特征是与知识对象持续的直接接触。这种直接接触正是许多学生在学习与解决问题时所缺少的。此外，我们深入分析的课程和教学体系扩大了学生和知识对象之间的差距。教师可能只是内隐式地教给学生答案、确定的算法和学习方法。数学专业的学生很可能会因为一个问题超出给定的范畴而受到困扰。他会问："它在这儿有什么用？"他被教导要通过明确界定的概念来处理数学问题，因此害怕面对一个没有任何概念的问题。

> 萨特曾说，每个学生都必须对抗模糊的、黏腻的、朦胧的事物。他的学识本身就包含着对抗惰性、反抗空洞的沉思。[7]

教师可以通过鼓励甚至是轻微的强迫来帮助学生实践直觉接触。例如下面的案例。亚当斯女士是一名数学老师，她正在新教室里走来走去，为那些按自己的进度学习的学生提供帮助。她的学生求助说："我不会做这些应用题。""哦，那太糟糕了。"亚当斯女士同情地说并离开了。"嘿，等等！"男孩喊道："我需要帮助。""嗯，你还没问我问题呢！"亚当斯女士解释说。这句话的意思是："你必须问我一个具体的问题。那我就能帮你了。"男孩想："我不能只问'你是怎么做这些题的？'。"于是他问："我怎么做这些题？"亚当斯女士微笑地回应："不，问题必须针对特定问题中的具体要点。"亚当斯女士走后，学生们抱怨老师没用。快下课了，老师回来问："卡尔，你好吗？""哦，那些愚蠢的问题？我把它们解决了，毕竟没那么糟糕。"

101

　　这个案例是真实的故事。这个事实并没有增强直觉接触的逻辑，但可能增强了它潜在的影响。那个男孩，卡尔，非常聪明。他只是不想一开始就直接接触给定的问题。他想被告知该做什么，以什么顺序去做。亚当斯女士明智地强迫他进行了必要的直接接触。重要的是让卡尔认识到，在某些特殊情况下，老师可能不得不回答具体的问题，或者在强制进行初次接触时发挥更多的引导作用。这种教学没有脚本，因此我们甚至不愿描述此类事件。

　　　　亚当斯女士和另一个要求帮助的年轻人一起工作，解决
"$2x-x^2=8$" 这个问题。

　　　　亚当斯女士：有什么问题吗？

　　　　南希：我不会做。

　　　　亚当斯女士：嗯，我看看。

　　　　南希：这有什么用呢？我还是不会。

　　　　亚当斯女士：当然，你可以谈谈这件事。

　　　　南希：（动摇）……这是一个方程。

　　　　亚当斯女士：很好。这是一个开始。你之前见过这样的问题吗？

　　　　南希：我看到过一些像这样的 S^2。它们叫什么，系数还是指数？

　　　　亚当斯女士：指数。对的。这个方程和你们见过的其他方程有什么不同？

　　　　南希：哦，我不知道。等一下。哦，我知道了！没事。我已经知道了……

　　　　亚当斯女士：想要更多的帮助吗？

　　　　南希：不，不好意思。它很简单。这简直是可笑！

　　在我们的案例中，卡尔和南希都是被老师从萨特的"迷雾"中拉

出来的，老师邀请他们去"看清"。

我们所描述的这种对话在模式和目的上都不同于探究训练。[8] 当我们坚持要求学生提出具体问题时，我们并不是在努力提高学生的提问技巧。我们试图强迫他们有意识地与对象接触。此外，我们对他们的评论和问题的答复没有经过预设。一旦学生有了一个思路，我们就会非常乐意用一个特别有用的回答来回应这些具体的问题。我们的探索也没有以公认的教学意义为目标，也就是说，我们的目的不是让学生发现普适性的规律。[9] 我们帮助学生观察自己的意识状态，并将自己置于对象的存在之中。我们说："看看它。它和你见过的其他事物有什么相似之处？它有什么不同？你在想什么？让我听听你的想法。你能做些什么让它看起来更熟悉？聆听它。触摸它。你相信吗？描述你的信念。它有软弱之处吗？你需要更多的信息吗？"

我们邀请学生研究对象，审查他们自己的意识状态和认知工具。当他们声称缺乏认知时（例如，我需要那个公式，……那是什么？），我们便会提供简洁、完全而必要的信息。教师的想法是通过保持学生的思维方向来补充学生的思考：提供信息，进行较小的算法修正，当事情处于停滞状态时将探索转向内部。教师不能确立思考方向，不能通过概念来指导思想，不能把思想从错误的方法中剥离出来。教师支持学生寻求理解。我们不是在寻找一般性的发现，不是在寻找特定的研究模式，也不是在寻求程序性的机械应用，更不是在寻找任何油嘴滑舌的回应。我们的目标是：找到了！这就是它！现在我知道了！

在前一章中，我们描述了一位数学家通过操纵超立方体获得四维直觉的经验。我们认识到直觉能力在不断增强。我们完全不否认直觉能力先于经验，并使经验成为可能，但是涉及"做和看"的经验锻炼了直觉能力，并扩展了它与洞察力所涵盖的对象的范围。在建模中我们可以发现一种重要的操作和看图模式。在描述构建模型对于决策分析的作用时，大卫·克雷普斯（David Kreps）列出了构建模型的步骤：

当你做出决定时，第一件要做的事情就是试着弄清楚你有哪些战略选择以及每种选择可能产生的后果。通常，简单地列举你的选择会让你发现本来你还没有想到的非常有吸引力的选择。

下一步是研究不确定性的来源，你不知道的事情，并量化各种可能性。有很多技术涉及概率测算以及关于各种可能性的定量陈述。

第三步是试着想一下你会如何看待各种后果。单独判断是不够的——你应该根据你对每个结果的感觉及其与其他结果的关系，粗略地对它们进行评级。换句话说，"A 比 B 更可取，因为……"，这一步包括对所涉风险的感觉进行量化。

第四步是一个机械过程——把你在前三个步骤中做出的判断综合起来，从而得到"答案"。

然后是第五步，也是最难的一步——重新审视你做过的所有判断，看看为什么你得到了"答案"。问问自己，哪些重要的因素被你忽略了或隐藏了。换句话说，试着把你写在纸上的东西和现实结合起来。

然后，他指出：

我们能够为决策建立的模型从来都不符合现实，因为现实总是复杂得多，涉及的因素太多，无法在模型中建立。

因此，尽管有时候会犯某些类型的错误，但是模型的主要功能是尝试利用你的直觉，以便你能够做出更好的直觉判断。[10]

104　　克雷普斯描述的是一种试探性地使用分析工具的方法。通过所构建的模型之优缺点来更清晰地看到现实。我们稍后将讨论其他技术。

在这一点上，有必要再次强调，本节所建议的入门技术——那些引发直觉的手段——本身并不是目的，真正重要的目的是增强直觉活动。

鼓 励 接 受

当我们去看戏或看电影时，当我们与赫尔克里·波洛（Hercule Poirot）或马普尔小姐（Miss Marple）一起侦破谋杀案时，甚至当我们打开电视机看晚间新闻时，我们通常也不知道自己到底想学什么。当然，当故事结束时，我们也并没有为自己的表现做好准备。的确，学习似乎不是以这种接触为目的的，但我们确实从中学到了东西。我们经常发现自己完全投入到正在呈现的事物中，被它所吸引。很明显，我们在这段时间内会接收信息，但这种接收不一定是被动的或无意识的。虽然我们指责普通的电视观众是"被动的观众"，甚至是"没有头脑的电视观众"，但我们很少把这种绰号用在观看《哈姆雷特》（Hamlet）或听马勒（Mahler）交响乐的观众身上。这里的重点是，我们不应该混淆主动接受和盲目被动接受。

然而，从某种意义上说，深度接受模式是被动的，有一种放松或放弃主观性的感觉。但是，这种被动是让对方作为主体的被动，是接受者愿意接受的被动。接受者的头脑仍然（或可能）非常活跃，只是暂停了工具性的努力。在这种模式中，我们不会把秩序强加到情境之中，而是让存在的秩序呈现在我们面前。当然，这并不是说，目的和目标对我们进入接受状态没有作用。显然，它们是有用的。我们可能会坐下来学习数学或文学，因为我们想要取得一些成就——成绩、学位、工作，但如果我们足够幸运并且愿意，目的性就会逐渐减弱，我们会被目标本身所吸引。即使我们最初不情愿完成我们的任务，但当我们回顾时，我们可能会惊奇地发现它具有积极的影响。哲学家胡塞尔评论说，当他回忆这么多年的现象学研究时，伴随他的工作而来的是喜悦。[11]

105 很明显，接受性参与在学习中扮演着重要角色，尤其是在理解过程中，但我们不清楚外部世界在我们的参与中扮演了什么角色。如果我们把接受性等同于被动性，那就没有问题了。我们只要假设这个世界在我们身上留下了自己的印记就行了。事实上，我们不接受这种观点，因此我们需要询问：世界（对象、教师、同伴）扮演着什么角色？代理人扮演着什么角色？我们已经说过，代理人开始寻求意义，而被关注的对象进入现象实现了它的本质和可能性。代理人不创建现象对象，而是通过目的和知识对其进行转换。米歇尔·贝内特（Michael Bennett）写道：

> 假定每一个"事物"都有它的本性，并且有自然法则支配着它与其他事物的关系；显然，只有当代理人对这些事物的属性有一定的了解时，"转换"才会发生。[12]

为了与我们对直觉的描述保持一致，我们更倾向于把贝内特所说的"了解"解释为一种尝试，一种信念、愿望和感觉。虽然关注对象都需要一些"理解"，但理解更恰当地被视为直觉接触对象后的产物，理解不是直觉的前提，而是直觉的产物。人们需要足够的理解或更好的知识来促进直觉参与，即使这些知识最终被证明是错误的，但这种初始知识可能是有用的。不过，因为准确的信息是有用的，而且可能有助于寻求理解，所以建议对常用的技能和对策进行常规化处理。

长期以来，教育工作者已经认识到有必要接触研究对象。例如，怀特海担心如果学生没有真正投入学习，他们只能获得"惰性知识"。[13] 他把真正的学习过程分为三个阶段，分别是"浪漫阶段"、"精确阶段"和"概括阶段"。浪漫阶段是学习者被材料所吸引，并以一种非特定的或无目标的方式陷入其中。与"开放教育"运动相关的教育工作者也在这个阶段表现出了他们的内在信念。即在这个阶段，他们允许学生自由接触或"胡闹"一段时间。怀特海的三个阶段展现了一些重要的发展目标和有目的的学习顺序，但"浪漫"这个标签并没有告诉我们这种状态是如何引起的，也没有警告我们浪漫可能伴随不情愿、无责任感，甚至厌恶。因此，我们认为有必要讨论人类进入浪漫阶段的各种途径。其中一些技巧，尤其是"做与感觉"的技巧，与浪漫本身的阶段重叠；当然，我们也承认，在直觉模式和浪漫阶段之间并没有明显的界限。

到目前为止，我们已经考虑了接受性的成果、主体和客体在感受性相遇中各自的作用以及主体所需要的动力。我们和怀特海一起提出，一个浪漫的、与知识对象相互纠缠的时期是建构理解的一个必要阶段。但我们也认为，一段时间的普通劳动和技巧磨炼对浪漫阶段可能是有益的。

现在我们要考虑另一种鼓励接受性的方法。我们已经讨论了许多直觉模式的完美体验。在此过程中，我们为建立完美的教学程序提供了依据。如果参与本身很圆满，那么我们构建的体验就是圆满的。它不为了特定的目标进行工具性的构建，而是一种可以享受的东西。现在我们要考虑这些产品在学校环境中可能是什么样子的以及应遵循哪些规则（如果有的话）。

假设我决定在高中英语课上读弗罗斯特的《库斯女巫》（The Witch of Coös）。我可能有各种各样的理由：也许我喜欢大声朗读一些怪异的段落；也许我特别喜欢儿子对骨骼的描述——骨骼像一堆盘子，从地窖飞到厨房；[14] 也许我读到巫术类的文章时，这首诗突然就出现在脑海中。不管我有什么特别的理由，我总有一个平凡的理由：我希望我的学生们会喜欢并渴望更多地了解这首诗。尽管我对这一目标是认真的，但我并不坚持它，甚至不敢对这一努力做正式评价——因为这样做会破坏一些至关重要的东西。特别明显的是，这种评价会破坏这个经验的圆满性——好像在说："我想让你享受这一切，但我将测试你的记忆力和理解力。"

任何反对正式评估的观点都与现行的疯狂的教育措施背道而驰，但我们认为反对正式评估是有道理的。占主导地位的、完善的直觉模式仍然是直觉模式。我们不希望通过体验结束后的分数评估来分散学生对诗歌、音乐、艺术作品或表演的注意力。当我们促进学生进行解释、定义、分析时，我们不可避免地破坏了完美的感觉。我们并不是说每一首诗、每一幅画、每一首协奏曲都应该被呈现为一种圆满的体验，而是说，每一主题领域都应提供这类直觉经验，它以没有任何后续的正式评估活动为前提。在结束时，我们可能会进行一种非正式的评估，有时我们会在晚上与朋友的谈话中做出这种评估，或许会说："那太棒了。"没有人（除了一个彻彻底底的鲁莽之人）要求确切地知道什么是"伟大"，伟大的评判标准是什么，或者这种经历应该得到多少奖励。反之，我们只要感到"太棒了"就可以了。我们分享过，我们享受过。

其他作家，如艾略特·W. 艾斯纳（Elliot W. Eisner）讨论了评估某些有价值的教育经验的困难。[15] 艾斯纳用"表达目标"来描述相遇，而不是陈述结果。他认为，恰当的描述可能会导致某些预期结果，也可能会导致其他完全出乎意料但有价值的结果。虽然我们在某种程度上同意艾斯纳的观点，但我们不想用"客观"这个词来描述富有表现力的相遇。这种语义上的变化意味着在相遇之中便完成了一些事情，减少对经验之外的结果的诉求。如果我迫切需要一个目标，我可以说，我的目标是与我的学生分享我非常喜欢的东西，希望他们也会喜欢。经验是否会产生可衡量的结果？当然可以。学生可以学习各种各样的东西：为什么一定是有效的？我用什么标准来判断这首诗的价值？某些词是什么意思？诗人是如何生活的？……。我们可以一直说下去。我们不知道谈话一开始会把我们引向何处。但不能因为结果是可测量的，我们便应该测量它们。在真正的直觉接触中，每个接触者的体验都是独一无二的。他可能会在分享经验时丰富他人的经验。但即使是分享的经验，对每个参与者来说也是独一无二的。所以，如果一个学生说好像学到了一些关于诗的韵律，此时我们是否应该试着找出他到底学了多少？其他人是否也学到了同样的材料？这显然是荒谬的，浪费了学生进一步探索的时间。

反对正式评估的另一层原因，除了在于我们坚持对知识（或欣赏）对象进行直觉关注之外，还在于我们认识到接受能力是直觉模式的核心。也许这次相遇没有获得预期的结果。无论这里存在什么，我们都要面对、接受、再面对。相遇本身就有价值。我们的目标是通过让情绪具有接受性来增强接受能力。如果不强迫它转向主动或分析，但它自然地发生了这种转向，我们也认可。当分析阶段结束后，我们要求回到接受情绪阶段：倾听、观察、触摸、被抓住、被追赶、被感动。

在教育领域中，有一种真正的不确定性原则在起作用，促进直觉成长。我们可能喜欢观察和测量通过直觉增长所获得的东西，但一旦想测量它，它就立马消失了。

在探索提高接受能力的方法时，我们要考虑的另一个问题是直觉思维的时机或方向。我们已经提到了建立直觉联系，根据需要提供信息以及保持思想方向的重要性。时间是至关重要的。因为直觉思维没有明确的目标导向，所以需要时间来确定它的方向。因为直觉思维不是连续的，所以它不能承受中断。如果有人在做数学题——比如，用公式解二次方程或在表格上填空，在被打断之后，他很容易找到停下来的地方。但是，在直觉性很强的工作中并非如此。此外，中断可能会引起一种创伤感，就像舞蹈或击球时打断大步或挥杆时所造成的身体创伤一样。这种创伤可能并不表现为瘀伤或扭伤，而是表现为迷失方向、难以专注于新的对话、奇怪的反应以及家人所抱怨的"你没在听我说话"。

我们前面提到过，心理学家巴特利特用运动术语来描述思维，当直觉思维占主导地位时，这些术语似乎特别适用。他从时机、固定阶段、无路可退和方向的角度描述了思考方式。[16] 当教师在指导或监督学习后要求学生立即集中注意力时，或当他们要求处于直觉思维的学生做出反应时，应考虑清楚自己的所作所为是否合适。打断一个陷入沉思的人就像对一个挥棒的击球手或高尔夫球手大喊："当心小孩!"然而，奇怪的是我们在教育中很少使用这种寓意丰富的运动隐喻，也很少研究思维与方向性之间的关系。

我们的学生很少全神贯注地从事研究活动的原因之一就是我们剥夺了他们这样做的机会。我们对"直接指导"富有热情。我们认为一切最好都是直接教的，明确的目标陈述将有助于他们掌握内容，任何不明确的"目标"肯定会遗漏某些内容。我们需要明智地看待教学场景，以合理的预期所产生的目标来指导教学。这些目标在实现方式和达成方式上各有不同。这完全取决于学生的自由追求。

教师的主要工作是建立思维，并帮助学生保持思维的方向。一旦学生选择了一种方法，即使教师知道它将产生不令人满意的解决方案或产品，也应该允许学生遵循这种方法。重要的是学生的选择，他或他的参与不应被贬低，也不应让他们偏离由此产生的思维。如果教师对其进行有意义的评价，就必须承担计划和执行的后果。教师会给学生提供帮助，而不是直接指导，这不会对学生造成伤害。这样，教师就不会说："那行不通。试试这个。"相反，教师会不断思考，会不断问："这是怎么回事？我们怎么解决这个问题？你觉得结果怎么样？"教师用这些问题来保持学生的思考力和活力。

因此，在我们的教学计划中考虑时间和方向性有两个重要的原因。首先，我们想要推动学生——轻轻地、坚定地、支持性地推动学生与知识对象进行直觉接触；其次，我们想要帮助学生在接触中保持一种接受状态。如果外部的、教师的声音总是压制学生内在的声音，如果外在的刺激不断地取代学生"内在之眼"所观察到的"建立在想象中的计划"，我们的学生可能确实会变得被动，假模假样地等待着被告知该做什么，该听什么，该看什么。

寻 求 理 解

在一种真正的直觉模式中，意识被紧紧地固定在感兴趣的对象上。如果是知识对象，那么我们的目的便是清楚地看到它，理解它，了解它的可能性以及它与其他知识对象的关系。追求理解是直觉模式的特征。它需要教学使其正当化。我们必须让学生尽可能地去倾听、尝试、享受知识的成果，而不必总是追求那些被评估为令人满意的表现结果。有时这意味着我们应该分配任务，如阅读、观察、访谈，这是完全开放式的。我们可能会建议："问问你自己的想法。"

在这一点上，我们的建议又与当前的思想潮流背道而驰。我们没有说"在这一章结束时，你应该能够做以下事情"，而是建议拥有一个更自由的开始。在下一章中，我们将讨论主题的直觉安排和直觉教学演示。在这之前，我们想设置一个场景，为更引人注目的和更令人满意的探索进行辩护。想想查尔斯·狄更斯（Charles Dickens）是如何展开一首圣诞颂歌的："首先，马利死了。那是毫无疑问的。"或者想想中国之谜的开篇："最终，天网恢恢疏而不漏。"[17] 这是怎么开始的？"我，一个恶魔，于是证明没有其他恶魔了。"[18] 将这些生动的开端与生物学课本的开篇（比大多数都好）进行对比："什么是科学？它是一组事实吗？它是一套理论吗？科学就像侦探小说。科学意味着行动，是令人兴奋的行动。"[19] 我们被告知，科学是耐人寻味的，就"像一个侦探故事"，但如果没有令人信服的剧情，我们可能很难相信它。随后作者便告诉我们在这一章应该学习什么。事实上，我们的建议是，这种写法应该被推迟，推迟到出现自由、开放和易于接受的阅读之后。"阅读并享受，去问问你自己的想法。"

即使建议学生自由阅读，教师也能够预测一些事情。教师可能会警示："注意理论偏见。""看看你能不能解释得更好？""你写得多一点还是少一点?""能否给出更少或更多的例子?""或多或少地联系上下文?"这些想法希望的是让学生参与到这个材料中,就像他或她自然地参与其他材料一样。而从一开始就明确地表明要学什么是一种非常枯燥乏味的开始上课的方式,尽管为了使课程程序化,这可能是一种有益的方法。感兴趣的学生可以接受这种练习和修饰,但不感兴趣的学生最多只能做出暂时的反应。在所谓的能力测试中,我们发现这些回答如此令人满意,但这并不值得我们赞扬。因为这不能保证任何持续性的学习行为,或者任何持续性的学习渴望。

如果追求理解是直觉思维背后的驱动力,那么我们需要对使用和揭示理解的活动给予更多的合法性。例如,在数学学习中,我们经常认为死记硬背公式的唯一替代方法就是用逻辑推导这些公式。这显然是错误的,并引导我们与大多数学生走向不同的思路。在每一门学科中,都有一些基本的东西,如果理解了它们,将有助于我们在这一学科中获得迅速发展。在数学中,东西一旦建立起来,就永远不会被违反;没有什么是偶然的,也没有什么是反复无常的。因此,我们可以使用我们已经知道的知识来"摆弄"并提出处理新实体的方法,或者重现被遗忘的算法。例如,假设我忘记了如何处理$\sqrt{2}+\sqrt{3}$。我暂时想知道我是否可以写:$\sqrt{2}+\sqrt{3}=\sqrt{5}$。好,现在,让我想想一些我知道的事。我知道$\sqrt{4}=2$ 和$\sqrt{9}=3$。如果是对的,那么$\sqrt{4}+\sqrt{9}=\sqrt{13}$,然后$\sqrt{13}=5$,因为我知道$\sqrt{4}+\sqrt{9}=5$。这显然是不正确的,所以我放弃用这种不合逻辑的方式。这种论证并不构成如何进行计算的证明,但它可以肯定地证明所提出的方法是错误的。

有许多数学程序和公式可以从部分记忆中重构,并在已知实体上"试验"。记得一个"像这样的东西的公式可以引发一系列的联系,从而产生准确的公式"。例如,我可能会重新推导 sin ($A+B$) 的公式。如果我记得 sin ($A+B$) = A 和 B 的正弦与余弦的集合,我可以在已知值(如 sin30°、sin60°、sin90°和 cos30°、cos60°、cos90°)的背景下进行组合，并最终重构四个涉及 sin 或 cos 的公式。这种操作方式吸引了人的眼球。我们查找头脑中可用的图式，并在这些图式上构造实验。

这再次强调了我们先前所说的熟悉度。我的脑子里必须有一些想法可以进行加工。我必须对研究的对象有一定的熟悉度。虽然我不需要有完整的信息或完全的理解就可以令人满意地解决我所面临的问题，但是我必须要有一种意志去尝试、冒险、观察、判断，并坚持阅读材料，直到它对我说话。这样一段插曲的最终结果是一种更广泛、更深入的熟悉。这往往会加强人们对理解的进一步探索。

保 持 紧 张

直觉活动伴随着强烈的情感；事实上，正是智力活动的情感强度构成了直觉的参与。但直觉模式的主观确定性必须与客观不确定性中令人信服的怀疑和持续需求相平衡。高斯说："我有我的结果，但我还不知道如何论证它。"[20]

我们要对直觉产物给予足够的尊重，因此我们必须坚持把它们有效地转化为公开的形式。当然，对于那些臻于完善的直觉来说，这不是必需的，但其结果必须经过令人信服的传达。这就需要有效的翻译。数学的结果必须被证明，诗意的直觉必须被表达，运动的直觉必须被表现出来。如果数学论证是不完整的或有缺陷的，如果诗歌的直觉是漫不经心的或陈腐的，如果运动的直觉是笨拙地执行的，那么我们给直觉者的分数就很低。因为他没有为直觉之艺术做出贡献。

这么多有创造力的人说他们讨厌学校，学习成绩很差。这并非偶然。这不仅是因为我们贬低了直觉、直觉的集中度和直觉的产物，还因为我们贬低了它转变为公共产品的价值。当我们口口声声说要进行有创造性的表达时，我们倾向于刻意地忽视表达的机制。拼写、标点和语法都被忽略了，取而代之的是思想。但是，好的想法需要细致的表达。用一套愚蠢的句子教力学，然后在表达真正的思想时忽略力学，这不是一个好的做法。相反，我们应该持续关注那些值得关注的事物，对它们进行修饰和修改，直到它们对旁观者与创造者都同样有意义为止。这意味着，为了理解和传达意义，与单纯地获得结果相比，我们可能要放慢速度。

它还表明，我们可以考虑分阶段做事。一开始就让直觉自由发挥。如果要写什么就去写，如果要读什么东西就去读。让一切都来吧，让一切被显示出来。在某物产生之后，我们可以对其进行阐述、修改、分析、完善，以使之成为最终的成品，以便直觉可以对问题提供最终的洞察力，并完成对理解的探索。

为什么我们会陷入典型的非生产性模式呢？在这种模式中，我们学习某个单元，一下子学完并评估它，然后丢弃它，就好像它只是需要被抛弃的一样？事实上，对一些学生来说，学习某一个特定主题时的失败或许是一种解脱，因为它意味着不用学习讨厌的主题。当然，当令人讨厌的任务失败时，失败本身可能会仪式化，而被另一项同样令人讨厌的任务所取代。这个问题的部分答案在于我们的评价模式。大多数人对学生的分类和评分更感兴趣，就像对许多鸡蛋或苹果进行分类和评分，而不是培养他们的特殊才能和美德。那些能够快速熟练地做出反应的人得到了"A"的评价，而那些反应较慢或兴趣较低的人被相应地打了低分。令人尴尬的是，这个程序几乎没有尊重学生的个人才能和项目。另一方面，许多拒绝传统评分规则的人很少或根本没有接受评估，这也是另一种形式的不尊重。

为了帮助学生保持主观确定性和客观不确定性之间的生产性张力，我们必须帮助他们保持与知识或欣赏对象的接触；为了让他们相信客观不确定性的存在，我们必须对他们想要完成的事情感兴趣。诚然，对某一特定研究领域有浓厚兴趣的人，即使没有对作品的完美表现出兴趣，也可能坚持对该作品进行完善，但这样的人是罕见的审美英雄。

我们大多数人都需要消息灵通人士的关心和建设性批评。我们完成的作品可能带有不止一个思想家的印记。在学校里，我们会回避这样的结果。我们坚持认为每个学生都必须做自己的工作。我们在成熟的学术工作中表现得如此不同，这是多么奇怪啊。在托马斯·S. 艾略特（Thomas S. Eliot）的《荒原》（The Wasteland）中，庞德（Ezra Pound）是否应该被禁止从事如此富有成效的工作？

小　结

在这一章中，我们讨论了增强直觉模式的方法。重要的是要记住，任何试图增强直觉的认真尝试，都会带来情感教育中常见的风险。尽管我们一直强调直觉在智力上的运用，风险仍然存在，只有天真或不诚实的人才会否认这一点。对意义的追求包括对话、分享、寻找挑战和勇敢提问的机会。在所有这些探索中，我们都有机会与学生探讨有关人类目的、意义、智力和情感的最深刻的问题。如果能在学校里以这种开放的方式探讨相关问题，结果可能是至关重要的：年轻人获得了免疫力，能够抵抗许多人在离开学校时会出现的心理和情感问题。

我们已经讨论了热身练习的使用以及让所有学生进行热身练习的危险性。我们的建议是讨论这些方法，并鼓励所有学生找到优化他们自己的直觉能力的实践方案。我们也讨论了惯例问题。在这里，我们发现了一个普遍性的因素：所有学生都需要具备基本技能，以便他们的"视觉思维"能够专注于知识的对象，而不是被完成任务所需的具体技能干扰。在该节中，我们特别强调传记的使用和对直觉活动在现实生活中发生情况的准确描述。

我们还研究了"做和看"的作用。在这里，我们强调了动机的重要性——"我该做什么"，以及智力问题——"它是什么"。当然，这种强调与我们的主张相一致，即直觉活动是由意志驱动的。

接下来我们讨论了接受能力的本质：保持安静，需要时间来建立思想焦点；保持方向性；使用消费品；意志在服从"存在"中的作用。我们将直觉接受模式的强烈主观性和活跃性与它特有的主观失落感进行了对比。我们注意到，作为主体的我们愿意成为客体，即作为主体的客体。

我们考虑了理解的要求。在不讨论安排和呈现主题的实际方法的情况下，我们建议使用非生产性任务、完善的作品和数学中的链接等来重现记忆中的公式和算法，从而为此类讨论奠定基础。有人指出，对知识对象的熟悉既是这些活动的先决条件，也是这些活动的结果。

最后，我们讨论了如何帮助学生保持主观确定性和客观不确定性之间的张力。在这方面，我们的讨论为课程的安排和呈现以及对学生进步的评估提供了更具体的建议。我们将继续讨论这些内容。

注　释

[1] 纽曼的评论，见 "The Elusiveness of Invention," in *The World of Mathematics*, ed. James R. Newman（New York：Simon & Schuster, 1956），p. 2039.

[2] Henri Poincaré, "Mathematical Creation," in Newman, *The World of Mathematics*, pp. 2041-2050.

[3] Daisetz T. Suzuki, *An Introduction to Zen Buddhism*（New York：Grove Press, 1964），p. 105.

[4] 引自康德著作的序言，见 *Critique of Pure Reason*, trans. F. Max Müller（Garden City, N.Y.：Doubleday, 1966）.

[5] 参见 Eric T. Bell, *Men of Mathematics*（New York：Simon & Schuster, 1965），pp. 218-269.

[6] Milton Cross and David Ewen, eds., *Milton Cross' Encyclopedia of the Great Composers and Their Music*, vol. 1（Garden City, N.Y.：Doubleday, 1953），p. 15.

[7] 引自 Jean-Paul Sartre, *Existential Encounters for Teachers*, ed. Maxine Greene（New

York：Random House，1967），pp. 85-86.

［8］　关于探究训练，参见 Richard Suchman，"A Model for the Analysis of Inquiry，" in *Analyses of Concept Learning*，ed. H. J. Klausmeier and Chester W. Harris（New York：Academic Press，1966）.

［9］　参见 Lee S. Shulman and Evan R. Keisler，eds，*Learning By Discovery*（Chicago：Rand McNally，1966）.

［10］　引自 David Kreps，*Campus Report*，Stanford University，27 October 1982，p. 3.

［11］　Edmund Husserl，*Ideas*，trans. W. R. Boyce Gibson（New York：Macmillan，1962）.

［12］　Michael Bennett，"Creativity and Knowledge — An Alternative View，" *Theoria to Theory*，1979，12，p. 334.

［13］　参见 Alfred Whitehead，*The Aims of Education*（New York：Free Press，1967）.

［14］　Robert Frost，"The Witch of Coös，" in *Complete Poems*（New York：Henry Holt，1949），pp. 247-252.

［15］　Elliot W. Eisner，"Instructional and Experessive Educational Objectives：Their Formulation and Use in Curriculum，" in *Instructional Objectives*，AERA Monograph Series in Curriculum Evaluation，no. 3（Chicago：Rand McNally，1969），pp. 1-31.

［16］　Frederick C. Bartlett，*Thinking*（New York：Basic Books，1958）.

［17］　*Celebrated Case of Judge Dee（Dee Goong An）*，trans. Robert van Gulick（New York：Dover，1976），p. 5.

［18］　Isaac B. Singer，"The Last Demon，" in *The Collected Stories*（New York：Farrar，Straus and Giroux，1982），pp. 179-187.

［19］　*Biological Science：Molecules to Man*（Boston：Houghton Mifflin，1973），p. 2.

［20］　引自 Morris Kline，*Why Johnny Can't Add：The Failure of the New Math*（New York：Vintage，1974），p. 58.

第六章

课程与教学：
对主题的直觉安排与呈现

116

心今天知道的，头脑明天才会明白。

——詹姆斯·斯蒂芬斯（James Stephens）《金坛子》

目前为止，我们试图描述和表征直觉模式，并探索可能增强它的方法。通过这种尝试，我们找到了直觉活动中"不可教"的核心。尽管学生有意识地付出了所有的努力，教师或辅导员也付出了相应的努力，做了所有"正确"的事情，但是学生可能还是看不到、抓不到或无法掌握。这一点我们不能改变或否认。尽管如此，我们已经看到，还可以做很多事情来增强直觉活动。

现在我们要把注意力转移到课程和教学上，问问"直觉的安排"或"直觉的表征"是什么意思。为了便于说明，我们将课程定义为预先安排好的教学材料，如教科书、练习册等。

首先，我们对这个问题进行一个非常笼统的回答：主题的直觉安排或表征是一种考虑到直觉功能、直觉能力的安排或表征。它不以给学生指定明确的目标为目的，这些目标不知从何而来，但完全控制了学生的智力活动。相反，它提供了环境、背景、难以清晰辨认的多条路径，以及大量的可以从背景中生动凸显的对象。我们是否建议采用直觉安排来提供"先行组织者"？我们的建议没有那么简单，也没有那么明确。这种安排必须考虑方向，但一开始不能像箭头指向靶心那般明确。它的开篇像一部小说或一首诗，激起我们的兴趣，使我们除了继续读、听或看以外别无所求。它开始让学生熟悉某个领域，就像我们在《还乡》（*The Return of the Native*）中熟悉了哈代的威塞克斯。它像无须逐点描述某个地方的指南一样，让学生们逐渐熟悉了以直觉方式描述某个领域。当这个领域的某些特征成为目标时，他们也许会找一本阅读指南［例如，当他们读哈代的书时，他们可以研究赫尔曼·李（Hermann Lea）在哈代的"威塞克斯小说"中描写的公路和小路］。在详细研究这之前，他们必须首先对这个领域有热切的兴趣。直觉必须与形象、怀疑、亲近感和紧张感联系在一起。

其次，这种安排和陈述旨在做出全面理解。它们整合任务并提供直接的帮助，以确保学生顺利地完成任务。然而该任务的目的是增进理解。直觉安排并不直接导致好的学业成就，而是为了促成更深刻的理解。好的学业成就是通过努力获得更广博深刻的见解。

我们必须非常认真地对待"理解"一词。理解涉及个体的智力和直觉的充分互补，切勿将其与逻辑的"解释"混为一谈。此外，我们应该非常谨慎地处理解释和理解之间的关系，除非我们出于专门实验的目的，假定二者的关系，然而这通常无法被证明。20 世纪 60 年代的课程研究者做出了几个这样的假设，其中最著名的是：一门学科的基本思想和结构为人们提供了最有效的教学安排。布鲁纳和其他许多学者还认为：

学者在其学科的最前沿所做的事情与孩子第一次接触该学科时所做的事情之间具有连续性。[1]

这两种假设共同作用时往往掩盖了显而易见的事实，即儿童和成

118 人、新手和老手的"理解"是不同的。尤其对孩子来说，理解是有作用的。孩子告诉你："看，它是这样工作的。"对孩子来说，理解需要一个有效的示范。这就是当我们要求他们解释时，他们给出的回应。因此，大多数在小学阶段被纳入"基础数学"的解释性的冗长言语，虽然是为了理解而提出的，但毫无用处。在某些情况下甚至会分散孩子的注意力。不断强调概念的解释，这会导致学生逐渐偏离他们应该关注的对象。它满足主题的逻辑，但不符合孩子的逻辑。

我们声称，对主题的直觉安排自始至终都是为了理解。但是个体的理解是如何通过预先安排的主题材料来实现的呢？到目前为止，我们的整个讨论都把直觉描述为一种启发性的能力。直觉的产物依赖两个条件：其一，能够从背景中浮现出的直觉对象；其二，直觉能力。因此，在这一点上，我们所能说的是，一种直觉安排的建构，要考虑到这种能力以及它的努力方向——理解。我们不能保证理解必然会带来产出。此外，关于材料排列和理解之间的关系，布鲁纳式假说并没有得到清晰性或既定性的证明。因此，我们相信，按照我们对直觉模式特点的描述来安排材料，将更有可能通向理解。

在直觉安排中有些熟悉的和众所周知的元素。它可以大量运用比喻。这里的核心思想是，将学生的注意力集中在熟悉领域中的特定概念操作和角色上，然后将其引领到新的对象领域。在新领域中，以往的关键操作和角色得以保留，因为它们和新领域中的操作步骤与角色足够相似但又有所不同。最好的比喻是同构的，即具有一一对应的关系，当我们从一个领域转移到另一个领域时，角色和操作步骤被完全保留。但是，除了数学，我们很少能达到这种理想状态。我们通过与已知的某一领域相互联系，使学生熟悉新的领域；然后，我们必须开始将新领域中的某些对象拉到前面，并展示它们与已知领域中的对应对象有何不同。我们就会找出在旧领域中没有对应元素的新元素，假

119 如这些新元素存在的话，我们就可以在新领域中进行证明或演示。所有这一切都发生在一个有点神秘却又熟悉的环境中，就像一个离家20

年后的人返乡。

直觉安排中的具体的例子可以丰富概念定义和描述。同时直觉安排也可能要求学生给出具体的案例。从我们的角度来看，无论是从概括到具体案例，还是从具体案例到概括，都没有太大影响。如果要达到理解就必须采取这两种方式。一个人必须运用判断力和一定的审美来决定何时偏向一个事物而非另一个。例如，除非我们先教学生如何通过计算平方来解二次方程，否则不可能发现二次方程公式。如果我们这么做了，那么这个公式会带来很大的便利，但这仅仅是个很小的发现。我们不必对这种概括大惊小怪，直接运用它就可以了。因此，我们是直接揭示，随后证明它，还是通过完成平方、强调解决方案来导出它，都没有什么区别。真正的重点仍然是完成平方的方法，它的使用比这个公式的产生更为重要。但是，如果我们要对学生讲授帕斯卡的三角形定理，我们可以直接告诉他们三角形是如何建立起来的一般性结论。这个三角形清楚地表达了我们关于直觉模式的第二个问题——在背景不明确而展示对象清晰的条件下，找到一个适当的描述结构。作为致力于迎合直觉能力的课程制定者，我们没有必要坚持从抽象到具体案例的取向。事实上，我们如果坚持，就很可能犯错。

在直觉安排中，引起感觉是很重要的。但是，同样，我们不能对它们的作用制定硬性标准。举个例子，在阅读佛蒙特州的诗歌之前，展示多塞特郡的荒原照片，为阅读《还乡》做准备，或制作《佛蒙特生活》（*Vermont Life*）的复制品，可能非常有用。这种准备很可能会在学生阅读的时候，帮助他们产生"我看到过这个"或"我以前来过这里"的感觉。但是，用图片作为数学学习的导入材料，基本上毫无用处。一个人必须要有相应的概念，以便知道在图片中寻找什么。在我们的第一个例子中，事件和人物似乎天然地出现在一个背景中。在数学中，背景本身经常被定义和阐述，以便与思维的对象相符合。问题如果是不同的，那么图片的使用也是不同的。也许，对于学数学的学生来说，最有用的是展示证明方式的图片。需要强调的是，学生能够

120

为自己制作图片。在学生制作有用的图片过程中，我们出于各种目的给学生提供的帮助都是具有价值的。数学课程的制定者可能会考虑为一个特定的问题呈现各种各样的图片，并要求学生判断每张图片的用处。

同样的过程也可以用于标签和符号。符号不仅仅是概念上的工具。它们成为直觉的对象，应当考虑它们与直觉的相容性。如果上下文被很好地定义，一个概念上模糊的符号对直觉来说可能完全是清楚的。如果是这样，丰富的符号也会变得累赘——尽管是在概念上，例如，对学生来说，几乎不可能因为使用 $\angle A = 60°$ 就判断一个角。与之相反，在 20 世纪 60 年代的课本中反复出现的" $\angle A$ 的测量结果是 $60°$ "则显得烦琐，而且不容易触发学生的直觉。

同样，没有理由认为，教学中使用的精确语言有助于学生的理解。相反，这种语言似乎是理解的产物，而不是理解的先导。直觉必须与语言斗争（除非它本身就是直觉的对象，就像语言在押韵、韵律诗、旋律中的对象一样），找到对象来代替它，然后以超越对象本身的本质洞见来重建它。然而，在 60 年代的课程中，有一个假设占据了主要地位，即教学中的精致语言与理解在某种程度上有重要联系。例如，马克斯·本伯曼（Max Beberman）[①] 提出了以下证据来支持这一假设：

在十进制中取质数 13。在八进制中，这是数字 15。它也是八进制中的质数吗？

在回答这个问题时，任何犹豫都表明，回答者的理解并非完全正确。当然，如果问题是用表示识别数字和数字之间区别的语言提出的，那么"问题"就会消失：

找出一个数，它在十进制中被称为"13"，且在八进制中

[①] 1951 年，在本伯曼的领导下，美国伊利诺伊大学成立了"伊利诺伊大学数学委员会"（UICSM）。他们对中学数学课程提出疑问，开展了自己的实验，获得了多方面的支持，产生了重要影响。——译者注

被称为"15"。它是质数吗？[2]

在这个题目中，很多有经验的数学老师都会反驳本伯曼——看起来解题的困难好像消失了，事实上并没有。学生仍然回答，不是。理由呢？因为 15＝3×5。对大多数学生来说，"数"和"数字"之间的区别太不明显了。坚持语言上的区别是没有帮助的。学生需要的是更广泛地使用各种数字真正去运算"数"的经验。他们必须认识到，在各种表达领域中（例如，二进制、八进制、十进制等），质数是不变的。毕竟，如果没有这种必要的观察，精确的语言要怎么消除这个问题呢？人们可以很容易地假设：符号系统变化了，质数就消失了。

直觉安排避免了方向的巨大变化。作为一种由教师主导和推动的课程，它可能包含一些分散注意力的材料，但如果教师不顾学生是否理解和掌握下位程序，只是要求学生跟随材料的指引，那么教师的演示就有可能是直观的。然而，直觉安排的关键在于学生具有处理下位程序的能力，如果学生不能管理这些程序，那么这种安排可能就会违反直觉。对一个技术熟练的人来说某件事可能是常规动作，但对一个不熟练的人来说，这件事则会极其困难和复杂。例如，在一些现代微积分教材中，切线的几何概念学习会对导数有一个"直观的介绍"。现在，在适当处理后这种方法可以被称为是直觉安排的——它将我们引向一个熟悉的领域，在其中可以使用图片、为具体结构提供机会。在这种特殊的安排中，学生要学习"综合除法"的新用途，学习变式，以及学习一个他必须坚信的事实，即只要简单地删除高阶项就可以得到一个良好的线性近似。如果我们把少数实验中学生的"理所当然"的反应纳入直觉中，那么最后这个例子在直觉上就是可以接受的，但前两个例子实际上是对直觉努力的破坏。直觉已经好几次被严重地破坏了，因为智力必须努力记住或弄清楚：（1）如何执行综合除法；（2）为什么在这里开始使用它；（3）变式是指什么；以及（4）如何执行变式。在这个过程中，学生们不得不反复地问自己，他们在做什么，他们最初打算做什么，他们当前的任务与最初的目标有什么关系。尽管如此艰难，学生在学习材料的过程中依然可能会进入并保持一种直觉模式。显然，如果他们这样做，是因为他们已经将理解作为目标。而这种安排本身并不符合他们的直觉。为了使这种安排更加直观，我们应该增加预习时的讨论环节，或增加可以消除上述困难的练习。与其他人一样，我们赞同行为主义教育家的建议，但需要指出的是，我们这样做的原因与他们不同。我们期望并致力于在某一研究领域内提升对特定对象的熟悉度。这种对象熟悉度将使我们能够构建和完成这一领域的框架结构。

在我们讨论直觉安排时，我们将探讨它的五个阶段：安排主题是为了激发意志，为了接受性，为了获得对象的熟悉度，为了创建嵌入对象的结构表征，为了理解的发展。在每个阶段的讨论中，我们将给出几个主题领域中的详细例子，但是大多数的例子将取自我们自己的专业领域：数学和社会研究。这样的详细案例是必要的。它们可以支持我们的论点，即直觉的安排是独特的和可解释的。

激 发 意 志

我们在整个讨论中一直强调意志和直觉的关系。意志本身是不可分析的，因为它是一切分析背后的推动力；同样，作为过程的直觉也是不可分析的，因为它是对物质的直接理解和组织，以回应意志对意义的追求。当然，我们可以观察和思考意志的任何一种特殊表现形式，但这很难构成对意志本身的分析，因为我们仍然有一个问题，即我们一开始为什么决定研究这种特殊表现形式。当然，我们也可以观察直觉的产物，然后问它们如何被验证，如何被有顺序地复制，如何被工具性地使用，但是我们无法回答我们如何得到直觉，只能描述我们对现象的体验。当我们讨论直觉模式及其增强时，我们试图描述这种现象体验以及是什么让直觉更有可能发生。

直觉模式特有的首要特征是它的接受性，但是当我们回过头去看接受性背后隐藏着什么时，我们发现了"承诺"；也就是说，我们发现了一种意志行为，它将我们引向我们称之为"直觉"的心智模式。我们致力于倾听、观察和感受。因此，虽然直觉模式的特点往往是缺乏稳定性和具体目标，但它显然服务于直觉者的目的。直觉者将自己置于如此强烈的主观状态之中，以至于主观性、"我是唯一"的感觉完全丧失。甚至当直觉者非自愿地被俘获时——就像高斯和莫扎特一样，他也有屈服于直觉的时候。

显然，任何课程的安排或呈现都必须考虑到直觉，以确保学生的积极参与。学生必须参与"目的的建构"。在《经验与教育》"目的的意义"一章的开篇，杜威说：

> 柏拉图曾经把奴隶定义为，执行另一个人的目的的人，正如刚才所说的，个人也是奴隶，他被自己的盲目欲望所奴役。我认为，在进步主义教育哲学中，没有必要强调学习者参与。重要的是，指导学习进程活动的目的的形成过程。这与传统教育一样存在缺陷，即在传统教育中，也未能考虑确保学生积极参与学习所涉及的目的的建构。[3]

布伯还提示我们："干预"——直接干涉学生自己的目的——与真正的教育努力背道而驰。他这样说：

> 然而，大师仍然是教师的榜样。因为如果我们今天的教育工作者必须有意识地采取行动，他必须做的却是"好像不是刻意为之"。那抬起的手指，那疑惑的目光，是他真诚的行为。通过教师，学生能够获得关于这个真实世界的知识。当他以干涉的姿态向学生展示这些知识时，他就辜负了学习者。

他让学生必须把关注点集中在他身上而不是其他事物上。干涉将他的关心分为顺从部分和反叛部分。但是，他的品格对学生潜移默化的影响具有一种整合的力量。[4]

一旦学生被分成顺从和反叛两部分，直觉就无法发挥作用。在这种分裂被治愈之前，释放直觉力量是不可能实现的。很明显，当学生的注意力集中在自己身上时，他就不能完全吸收材料：我为什么做这个？我为什么要做？我怎么才能摆脱这个？因此，课程制定者和教师的首要任务就是激发意志，以兑现最初的承诺。

但课程制定者在这方面能做些什么呢？我们可以给教师提出一些有用的建议，但是这些建议都依赖于教师"接收"学生信号的能力：与他们交谈，发现他们的兴趣，与他们探讨意义。课程制定者面临着一个截然不同的任务，他们必须接触未知的意志和看不见的人。

从我们的观点来看，现行的课程设置是错误的。它犯了两个非常大的错误。首先，它确立了特定的学习目标，然后问："我们如何才能让人们学习这些？"其次，它过分强调一般的、认知的和理性的目标，而忽视了具体的、情感的和非理性的目标。

让我们从第一个问题开始。课程或教材的作者确实需要分析任务。比如说：在编写二年级的代数课本时，肯定要决定哪些技能是这个主题的一部分以及这些技能应该以何种形式呈现出来。但这并不意味着，该主题应当以这种方式呈现。根据所要介绍的主题的不同，呈现的内容可能会完全不同，如从尝试性的没有结构化的问题到对数学难题的客观描述，再到直接介绍应该学习的特定技能。即使最后一点已经被适当地指出了，但是在陈述特定技能之前，向学生说明必须获得这些技能的理由仍然是有用的。

假设我们要用一组问题开启一个关于数的理论单元，假设我们要指导学生们"去尝试解决吸引你们的几个问题"，在自由探索阶段之后，我们可以交换解决这些问题的想法和方法。这里有一个问题：

> 有一位女士，她有一篮子鸡蛋。她发现，如果她一次从篮子里取出两个、三个、四个、五个或六个鸡蛋，那么，总是会剩下一个鸡蛋。然而，如果她每次取出七个鸡蛋，就没有多余的鸡蛋了。如果篮子最多能装 500 个鸡蛋，请问，该女士有多少个鸡蛋？[5]

现在，请问你是否可以不做其他尝试而直接解决这个问题。许多人做不到。但在没有学生的情况下，课程制定者不能确定任何材料——不管它是多么精心地为相关性而选择的——是否会引起特定学生的兴趣。但是课程制定者可以为教师和学生提供选择。"看一下这些，哪些能激起你的兴趣？"这对激发意志来说是适当的。事实上，当代心理学的大量研究倾向于表明：偏好不是完全理性的[6]，人们在选择之前可以（也确实）没有进行大量的认知思考。我们不是在建议课程制定者诱导人们做出不明智的选择，而是在建议应该积极提倡那些能够刺激参与的选择。很明显，我们有必要进行指导以帮助教师学会教授这些选择。因为当有个孩子偶尔说"我不想回答课本中的任何问题"时，在场的都是教师。

选择的形式不仅要因人而异，而且还要因主题而异。在数学学习中，学生必须学习那些在本质上是连续的技能。经过培训的教师可以告诉学生这些练习的目的。此外，演练通常应该安排在学习重要概念之前，而不是作为结尾。例如，在介绍毕达哥拉斯定理之前，课本应该提示学生和教师：当你运用随后出现的重要结论时，这些技能非常有用。

因此，教材编写者诚实地分享了他们的信念，即掌握技能的惯性将解放人们的直觉，使他们能够理解毕达哥拉斯定理的含义以及学会应用它。为此目的而提出的练习应该包括简化平方根、求平方根、记忆 1—25 的整数的平方以及合并平方根。除了为基本技能的程序化而

125

提供练习题以外，教材还应该提供一个概览（一种格式塔的图）——关于数学主题的发展。稍后讨论框架结构的发展时，我们再探讨这个主题。

虽然直觉方法通常可以采用格式塔方法，强调平衡、整体性和直观，但有时必须采用一些不同的形式。例如，在社会研究和语言艺术中，直觉可能采取布鲁纳所说的"勇敢尝试"的形式，即基于手头材料与个人经验的相关性，再加上一种"正确"的美感，而从中获得一套信念。在这种运用中，审美不仅传达了康德关于感官表达的概念（借用古希腊的），而且传达了平衡、品味、美等更加丰富的内涵。勇敢尝试必须在没有教师或同学的强迫下实现，但是，很明显，鼓励、认可和积极评价提高了它的成就。它必须在直觉的主观过程中产生并得到证实。

除了上述重要性，"勇敢"还意味着我们希望传达给学生的关于直觉的重要信息。直觉不仅是在公开领域冒险，还涉及内在的风险：如此确定的感觉可能会被证明是错误的。直觉印象一旦形成，就必须得到尊重。不能把它看作为了课堂讨论而临时采取的武断立场。它是深切的感受。这并不意味着我们应鼓励学生，或者紧紧地捍卫内在的直觉，或者傲慢地与新思想抗争，或者压抑他人的观点。相反，直觉必须被尊为一种知识和洞见的起源，是关于美学、历史或社会问题的知识和洞见；同时直觉也允许另外的可能性，即另一种解决方案（也许不是源自直觉）可能被证明是同样有效或更加准确的。采取直觉立场需要勇气。

很明显，促进勇敢尝试不是指在单元一开始就说"在本单元结束时，你将学会表现'勇敢尝试'"。尝试就像理解和欣赏毕达哥拉斯定理一样，需要前期准备、更加宏大的视野以及最重要的强烈的参与感。一个人既要理解手头的概念，又要对它们有所感觉。对于当今习惯视频教学的儿童来说，理解和感受社会科学的一些概念的关键在于使用视频资源。这并不是什么革新，因为一代又一代的教师都在用图片和

126

海报来辅助教学。但若为了培养直觉去回应那些社会科学中的问题的能力，视觉材料必须以特定的方式使用。首先，图片必须尽可能地与学生已有的经验联系起来，图片为得出结论提供相应的背景。其次，在无法利用学生实际经验的地方，材料的设计必须能够引起情感反应。这种情感反应与图片情境中的实际体验应当互相一致。

　　我将用一个例子来说明我们的想法。假设一名初中教师想要教授美国内战的内容。一个典型的方法可能是直接呈现教科书，介绍引起战争的原因，然后讨论重大战役：安提坦战役、葛底斯堡战役、瞭望山战役等等。即使是一位才华横溢的教师付出了相当大的努力，许多学生也只能从这样的叙述中获得对事件支离破碎的印象——几场战役和几位将军的名字，或许还有一些关于痛苦和破坏的模糊概念。如果我们想让他们感受战争的特征，如骄傲、悲伤、恐惧、固执、信念、背叛、错误、痛苦、荣耀和肮脏等，那我们需要做更多。此外，我们倡导以诱导情感反应为目的的直觉策略，因为与它密切相关的学习结果是，这样一来，人们对事实、原则和概念的学习效果更持久。

127

　　那么，我们的教学可以从关于美国内战的一系列电影、照片和绘画开始。在学生们看过《红色英勇勋章》（*The Red Badge of Courage*）这样的电影和马修·布雷迪（Matthew Brady）拍摄的展示阵亡士兵、军营和战斗场景的照片后，他们可能会被问到以下问题：在这种情况下，你会有什么感觉？演讲者挺直的后背和举起的拳头向你传达了什么？你从林肯沉重的眼神里看到了什么？为什么军队需要鼓手和旗手？为什么一个人会不惜以身犯险，抓住一面飘落的旗帜将它一直高高举起呢？刺刀下的人有什么感觉？拿着刺刀的人有什么感觉？

　　上述方法相比于其他视觉图像法的优势在于：它有意识地强调建立一个相关经验的背景，这个背景可以孕育直觉的反应。照片、电影等不仅可作为书面事实课程的铺垫性和说明性的补充，还应该作为"源点"，即唤醒内在之眼的"源点"：它是真实发生的。在这种情况下，我的感受和行动会是怎样的？这里描述的直觉安排的目的与前面描述的有很大不同。这不仅仅是为了看到和理解数学的元素与背景的作用，更是为了掌握材料，这些材料最初的特质是充满情感。通过体会，我们来理解它。人们实际感受到的事物是什么？是如何感受到它的？这两个问题会决定人们如何行动。社会科学中的直觉安排需要考虑社会科学的内容不可避免地涉及人类的价值观。这些价值观不仅仅是关于实际偏好的客观陈述。

如果想按照我们提倡的方式开发社会科学的课程，那么需要做几点改革。第一，现有教材，要么让位给全套教材（就像 60 年代资金充裕时的课程那样），要么必须加入专门的课程指南作为补充材料。后一种方法在经济困难时期可能更实用。但是，教材编写者应该认真对待这一点。额外补充的材料不应仅仅陈列在传统的各章节的末尾，作为备选单中的一项。为教师编写的补充材料应在一开始就提示教师提前准备那些可供选择和能刺激视觉的材料。除此以外，还应该列出来源以及对如何使用材料的积极建议。另一种可能性是，提供多卷的教科书，而不是通常的塞满事实的单卷本。每一卷都应该提供可选择的、视觉的材料，包括诗歌的节选、参考或直接引用一些乐章、日记和信件的节选，以及许多书信——为了未来的自己和社会去反馈、观察、感受和计划。

第二，教材的内容及其形式必须改变。在美国，教材已经被反复多次地批评了，例如存在这样的偏差：一个在南方学习美国内战的学生，如果转到北方的学校里，他在教材中几乎辨认不出该战争。与之相似，美国人眼中的美国独立战争，英国人眼中的"脱离殖民地"的战争，二者是完全不同的。

好的教科书会注意到这一点，并在很多问题上试图呈现"双方立场"，但它们的呈现方式是如此的枯燥和置身事外，以至于学生没有意识到，那些互相对立的人都有强烈的信念和令人敬畏的牺牲精神。我们需要的不是平淡无奇的"客观性"，而是对双方形象的生动描绘——包括音乐、标语和结果。学生们应该知道，在"二战"期间，美国人真的唱过这样一首歌："我们必须给这个肮脏的小日本一巴掌！"在呈现美国独立战争的材料时，教材编写者应该考虑，包含（或指出）肯尼思·罗伯茨（Kenneth Roberts）[①] 的《奥利弗·威斯威尔》（*Oliver Wiswell*）一书的部分内容，以便让学生们亲身感受到：如果他们生活在 1776 年，他们可能会是托利党人。目前一位教材编写者在高中时就有过这样的经历。她至今难忘，因为那令她大开眼界。她意识到人的信念与人在具体的、既定的现实生活情境中的可能的行动，也许大相径庭。任何客观的描述所引发的感情，听到相对立的、充满激情的主观描述后产生的感情，二者肯定不同。

第三，教材编写者应该慎重考虑为学生提供多种选择。我们没有理由要求所有学生都阅读完全相同的书籍，看完全一致的图片，讨论一模一样的具体问题。当然，学生应当学习大体上相类似的材料。讨论、迎接挑战、辩论对于学习和评价都是有效的。然而，提供多种选择并不意味着支持全面个体化的学习。相反，我们建议开展小组学习。在书面指导材料的帮助下，小组的学生可以讨论教科书编写者和教师提供的材料，例如传记的、绘画的、小说的和诗歌的描述。在这期间，教师可能会与这个小组坐一会儿，然后又与另一小组讨论。理想情况下，共同体的其他成员也可以加入，就像加入阅读小组一样。我们如何确定某些人是否受欢迎？当然可以进行一些筛选——我们应该确保对此感兴趣的人是通情达理的、合法的、头脑明智的。但除此之外，也许最好的筛选是把小组讨论的结果拿到大组中去讨论。我们建议不能以政治、社会立场或宗教信仰为由排除某些人。学生在有秩序、有保护和理性的环境中，遇到"不受欢迎的"信仰系统是比较合适的，没有比这更合适的场合了。与法西斯主义者、教条主义者和自由主义

① 罗伯茨（1885—1957），美国作家，1908 年毕业于康奈尔大学。其作品有《阿伦德尔》（1930 年）、《活泼的女士》（1931 年）、《武装暴民》（1933 年）、《警戒船长》（1934 年）、《西北航道》（1937）、《奥利弗·威斯威尔》（1940）、《莉迪亚·贝利》（1946）和《富恩岛》（1956）。——译者注

者面对面地对峙，是对他们最好的反驳，或者至少，学生可以在这种遭遇的基础上做出判断。

第四，也是最后一点，教科书应该帮助教师对历史进行隐喻性和实际性的转换，将其融入当前的活动领域。正在努力摆脱苏联或美国控制的那些国家所面临的问题，那些"脱离殖民地"的国家的问题，二者有所不同吗？哪些方式不同？这些方式是否彼此不同？让学生去探讨人类现在和历史上存在争议的问题是可能的。的确，如果真的唤醒了内在之眼，我们将会同时用热情和理性来看待那些时代。

在本节的开头，我们声称当代的课程编制犯了两个很大的错误。第一个是预先武断地规定了学习目标，以及存在为了实现目标的平铺直叙的和统一的教学。第二个是忽视具体性、情感性和非理性的维度，过分强调一般性、认知性和理性。在没有提示读者的情况下，我们已经部分地讨论了这些错误，还提出了改进建议。然而，我们需要更多地关注一般性和具体性的问题。

西方知识界有一个历史悠久的传统，即重视一般轻视个别，重视抽象轻视具体。有时这种偏好甚至超越了理智，吞噬了情感。吉纳维芙·劳埃德（Genevieve Lloyd）① 指出斯宾诺莎的著作中就有这种倾向。

> 尽管他的形而上学拒绝各种个人主义，但斯宾诺莎的伦理学具有浓厚的个人主义色彩。但是，个体性的达成是以脱离特定性、具体性、即时性为代价的，以便使人们更多地注意一般性、普遍性、永恒性和普世性。[7]

130　　然后她引用了斯宾诺莎的话：

---

① 劳埃德是当代女性主义者和哲学家。——译者注

一种源于理性的情感是必要的。情感是事物共通的属性，……我们一直认为它是存在的（因为情感当下的存在，表征了一切），我们总是以同样的方式感知到它。因此，这种类型的情感总是保持不变。[8]

现在，我们的认知可能遇到了困惑，"情感"的出现好像是可以预测的，并且"以同样的方式"出现。我们在这里看到了可重复性，还有长期以来对真正情感的不信任——这种不信任不是源于认可理性的"普遍属性"，而是源于实际生活的具体偶然性。我们应当知道，社会研究与文学研究的传统方法存在上述差异。当我们进行文学研究时，通常希望直接应对情感的状态。

对于大多数人来说，在语言艺术的研究中，社会研究的方法备受推崇，直觉的方法很少见。从本质上讲，文学在创作和赏鉴中都借鉴了直觉的洞察力。如前所述，通过熟悉作品的物质的（或心理的）环境，可以提高对诗歌或小说的欣赏程度。故事中微妙的、经常容易被忽视的某些方面，在阅读之前，可以以视觉的方式呈现出来。例如，《红字》（ *The Scarlet Letter*)① 中清教徒的禁欲主义。接触这一时期的服装和建筑有助于了解禁欲主义的时代背景。与社会研究一样，文学中的直观呈现的最终目标是使学生能够评价作者阐述的可靠性或者"公正性"，并塑造"勇敢尝试"，以研究和批评其他文学作品。

在语言艺术中，发展学生的直觉能力还有另一种功能。在写作时，直觉能力有助于培养写作的创造性。我们鼓励学生接受并认可自己的审美直觉，从而带着某种激情诚恳地完成创作，鼓励学生的写作反映其个人价值观和情感。无论创作戏剧、短篇小说还是诗歌，当学生在意识中存有其他文学作品的形象时，他们在设计新作品时就会更加敏锐。

---

① 《红字》是美国浪漫主义作家纳撒尼尔·霍桑（Nathaniel Hawthorne）创作的长篇小说，发表于 1850 年。《红字》讲述了发生在北美殖民地时期的恋爱悲剧。——译者注

131　有效的主题直觉安排和呈现最终取决于教师。离开教师持续、积极而坚定的参与，任何预先设定的促进直觉思维模式或其他直觉体验的课程都很难实现其目的。指导者必须相信直觉洞察力的价值，并且还应该亲自体验直觉的过程。在课堂上采用统一的、预先设定的直觉方法是不可行的；相反，得力的教师将努力提供材料，以便那些准备做出直觉解释的学生可以得偿所愿。最重要的是宽容和鼓励的态度。正如布鲁纳所指出的那样，即使冒着在公众面前犯错误的风险，教师也必须愿意向公众展现他的直觉。学生应该从一开始就意识到直觉会产生知识和洞察力，而不是不可改变的真理。可以用著名艺术家和科学家的直觉经验作为案例进行讨论，并且应该强调甚至承认这样的事实，即著名的直觉者曾经犯过错误并从中获得益处。实际上，有时人们认为，错误的发生是直觉实际运作的证据。单纯计算中的错误不会像直觉的产物那样顽强地存在。侯道仁[①]指出，伟大的印度数学家斯里尼瓦瑟·拉马努金（Srinivasa Ramanujan）[②]所犯的错误似乎在劝人们相信拉马努金的神秘的直觉能力：

> 他的许多"直觉的猜想"都是错误的。现在有一种奇怪的矛盾效应。你原本认为有些事情是毫无益处的，但这却让容易受骗的人多了份怀疑。然而，事与愿违。这件事反而撩拨到了那些怀疑论者思想中的脆弱之处，这件事告诉他们，人类本性中有令人费解的非理性的一面。例如，拉马努金的直觉出现过错误。许多受过教育的人更倾向于相信拉马努金的直觉能力是一种证据，证明人有对真理的神秘洞察力。此

[①]　侯道仁 1979 年出版的著作《智慧》获得了普利策小说奖。——译者注

[②]　拉马努金（1887—1920），印度数学家，生于坦焦尔区的埃罗德，卒于马德拉斯附近的切特普特。他的工作对后来的数学家影响很大。拉马努金没有受过系统严格的数学训练，但有很强的洞察力，他常能预见并发现一些数学结果或恒等式，其中有不少在日后得到了证实。所以他的证明往往是模糊不清的。拉马努金的数学发现之谜，现在还没有完全揭开。1918 年，他当选为伦敦皇家学会会员。——译者注

外，他犯过错误这一事实，如果一定要意味着什么，那就是对这种信念的加强而非削弱。[9]

这段引文有两点需要注意。首先，侯道仁本人并不否认拉马努金的直觉能力，他只是怀疑地将其称为"神秘"。直觉可能被误解了——就像悟性也会被误解一样。但是，就像悟性一样，它以坚定的信念去实现其结果。其次，直觉信念的本质是如此强大，因而它的缺点就是使人轻信。我们一直小心地强调这两点：直觉应该得到尊重，但不能被认为是绝对可靠的；直觉，不应用神秘来界定，而应用强烈的个人对意义的追求来解释——这在某种程度上可以解释拉马努金的数学洞见和他的粉丝对他的崇拜与赞赏。

我们一直在讨论有必要关注具体性和特殊性。我们还稍微花费了些时间讨论了直觉发展对学生的益处，以及教师在促进直觉发展方面的作用。这不能算废话。在促进直觉发展的过程中，教师会十分关注特殊性——特殊的学生、文学中可能引发直觉活动的具体事件。出于这个原因，有些人可能会认为，直觉演示有时会出现精英主义倾向，因为直觉演示面向那些最大胆、最富有想象力（和善于表达）的学生。

如果教师不鼓励所有学生的直觉参与，或者某些学生的"勇敢尝试"被贬低或忽视，这种担心就会成为现实。如果想要直觉获得成功，所有参与者都应允许教师这样做，即在面对学生和处理主题时，可以大方地"偏爱"直觉。当然，应该对不同的学生进行差别对待，因为他们是有差别而独特的人。

追求"勇敢尝试"的一个有效方法是，让学生接触各种各样的尤其是能令人回味无穷的作品，退后一步，等待情感回应的出现。我们经常在文学作品中遇到一段话，或许是整个作品，其传达出一种"正确感"，远远超出了普通的清晰和准确的作品效果。对我们中的一些人来说，赛珍珠（Pearl Buck）① 的《大地》（*The Good Earth*）就是这样一部作品；对另外一些人而言，海明威②的这段话特别地、令人信服地"正确"：

> 梅拉静静地趴着，他的头靠在他的胳膊上，他的脸埋在沙子里。他从流血中感到温度和黏腻。每次他都能感觉到牛角即将戳来。有时公牛只是用头撞他。有时，牛角一下把他穿透，就像牛角直接插进了沙子里。有人抓住了公牛的尾巴。他们在咒骂他，并将斗篷翻过来盖住他的脸。然后公牛走了。有人把梅拉扶起来，架着他跑向栅栏，穿过大门，穿过大看台下的过道，来到医务室。他们将梅拉放在一张小床上，其中一人出去找医生。其他人围着梅拉站在那里。医生正在畜栏里缝合几匹斗牛士的马。他不得不停下来，去洗手，然后跑过来。在头顶的看台上，继续发出巨大的呐喊声。梅拉觉得一切都变得越来越大，然后越来越小。然后周围的事物变得越来越巨大，越来越巨大，而后越来越小。然后身边的一切都开始越来越快，就像电影里的快镜头一般。最后，他死了。[10]

133　　当我们阅读这段文字时，重要的事情出现了。海明威在这里描述了我们没有直接经历过的事情：暴力死亡。许多人从来没有经历过，也没有经历过与之有一丁点儿类似的事情。然而，不知何故，我们觉得死亡体验就应该是这样的。在段落的后几句中，有些东西把我们与这个没有经历过的事件联系起来，它给我们一个暗示：是的，这些是

---

① 赛珍珠（1892—1973），美国（旅华）作家，曾凭借其小说《大地》于 1932 年获得普利策小说奖，后在 1938 年获得诺贝尔文学奖。——译者注
② 海明威（1899—1961），美国作家、记者，被认为是 20 世纪最著名的小说家之一。他在"一战"期间被授予银制勇敢勋章；他凭借《老人与海》一书获得 1953 年普利策奖、1954 年诺贝尔文学奖。晚年在爱达荷州凯彻姆的家中自杀身亡。——译者注

我能感觉到的，可能会感觉到的，就应该是这么回事。一般而言，人们不能指望暴力死亡的描写能唤起自己的情感，这些情感依赖清晰、具体的描写。在促进直觉的主题安排中，这些情感至关重要。直觉不能推理，直觉不会耐心地按照一系列逻辑命题的推理而行事。直觉直接看事物，直觉将它看到的事物传递给情感和意志，情感和意志引导直觉。

为接受性而编排

到目前为止，我们已经非常注意"激发意志"，因为直觉只在意志的要求下运作。然而，一旦我们成功论证了这一观点，课程制定者和教师的任务就是鼓励和保证它的接受性。我们已经讨论了在这方面提供完善的体验的重要性。激动、喜悦和不知所措的情绪让我们不断倾听、回应和尝试。课程制定者可以在他们的编排中加入戏剧性的情节。然而，教师必须注意观察，（学生是）喜悦还是毫无反应。显而易见，教师必须保持适当的不平衡的表现，直到帮助学生达到了课程结构的要求。我们的课程结构是精挑细选的、特定主题的结构。

重要的是，再次强调接受性和"接受学习"之间的区别。在"接受学习"中，学生只需简单地"接收"教师给出的教学内容。有一个问题是这种现象是否会发生。因为即使处于被安排状态的消极听众也必须积极处理他所听到的内容，以便记住它。但是"接受学习"确实精准地指出了教师和学生的模式或角色的安排：教师讲，学生坐在那里，好像在参与和倾听。在这种情况下，接受可能实现了，也可能没有。我们可以在倾听某人的演讲时进行积极主动的思维活动，我们也可以迷失在诱人的白日梦里或"天马行空、胡思乱想"。因此，对于我们这些对思维内在运作感兴趣的人来说，"接受学习"并不是一个非常有用的概念。我们既不认可也不批评它。我们需要知道的是在这一过

134

程中，个体内在活动的情况。

善于观察的教师，能够清晰地意识到正在发生的事情。因为他能够读懂学生的反馈，注意他们的面部表情和反应，并相应地调整讲课的语调和节奏，所以在课程教学中保证了接受性。敏感而善于理解学生的教师，能够利用色彩、语气、节奏、调控、激情、和谐统一感来"抓住"学生。但是，这种"抓住"是一种温和的给予——一种让学生接受、佩服的提议，而不是一种威胁、劝诫、最终压倒一切的正面攻击。教师对学生做这些不是"为了自己的利益"，其最终目的是使学生能获得批评和爱的自主权。我们强烈反对学生做出违背内心的选择。我们是不是经常听到一些人宣称，他们很感谢父母和老师曾经强迫他们做某事？他们似乎在说，由于痛苦的教训，他们成了更好的人。但是我们这些带有批判性的人可能会思考，他们失去了什么。如果他们不接受预设的他人眼中的自己，而是被鼓励选择忠于他们自己，他们现在将会是更棒的人呀！因此，接受性对双方都至关重要。如果教师和家长想要保持并提高接受性，首先他们自己必须变得乐于接受。实际上，接受性是人类关怀的关键特征；一个关心他人的人，首先要接受他人。[11] 因此，教师直觉的一个重要功能就是凭直觉来了解学生的目标、思想和意图。

除了教师运用自身的直觉能力促进学生的直觉能力发展之外，我们还有一些强化接受性的技术方法。一个是结构性课程，其中凝结了课程制定者和教师的共同努力，通过课程在学生的思维中建立一个纲要性的结构。这种课程旨在提供一个初始的框架，学生将在其中添加特定的元素，直到最终该框架被各种细节填满。当即将呈现的材料不仅重要而且新颖和复杂时，结构性课程尤其有价值。它有三个部分。在第一阶段，教师指导学生"倾听和享受"。他们不能记笔记，也不必有意识地记住任何特别的东西。教师说："今天是我的表演日。你们只需要放松、倾听。"然后教师进行完整的演示。在数学教学中，中值定理是应用这种方法的理想主题。在第一阶段（通常是一个完整的课

135

时），教师激发动机、解释几何意义、展示完整的详细证明以及各种有用的补充评论。演示文稿的内容丰富、精挑细选、详尽，其目的是呈现一个框架结构。

在第二阶段（当然，教师一开始就告诉学生将有三个阶段），教师可以说："现在，我们需要写一个点斜方程式来表示这条切割线。我们要写什么？"此阶段尝试将详细信息添加到框架结构中。如果教师发现即使学生得到提示也无法完成该操作，那么就中止新授课程，停下来，让学生进行有针对性的训练。这样就可以避免下位的操作扰乱他们理解定理。

假设成功实现了第二阶段的目标，教师让学生进行他们自我主导的证明，从而进入第三阶段。现在，学生们完成了主要的步骤，教师（与学生合作）执行具体计算。第三阶段结束时，学生应该牢牢掌握了中值定理的结构。

我们可以花这么多时间在一个定理上吗？如果这是一个重要且困难的定理，我们就必须如此。同样，在所有科目中，重要的主题都可以用完全"接受"的方式导入，我们不必那么着急。这很重要，很有趣，值得我们花费时间和精力。当我们"只是倾听"时，我们所学到的很多东西会令人惊叹。

提升接受性的另一种具体的技术是联结（concatenation）。我们之前提到，当数学公式从记忆中遗失，我们可以通过联结或拼凑而非完整严格的过程再想起它们来。这个过程以什么方式变得可接受？与我们的第一种技术相比，这种技术涉及接收外在的东西（来自教师）。这种技术还涉及学生内在的东西，即学生的认知结构中已经存在的东西。

假设我们的问题是前一章提到的那个问题。我们需要三角函数中的"加法公式"，但我们忘记了其精确形式。$\sin(A+B)$ 的公式是什么？有几种方法可以解决这个问题，这里有一个对许多学生来说都非常有效的方法。"关于这个公式你能记起什么？"教师问。或者学生尝试提问："关于这个公式，我还记得什么？"假设，该学生记得四个公

136 式——$\sin(A+B)$、$\sin(A-B)$、$\cos(A+B)$、$\cos(A-B)$ 中的一个，教材以图表的形式显示这些公式，如图 6.1 所示。

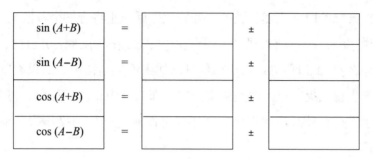

图 6.1

现在图 6.1 的方框里面可以填什么？我们选择哪些符号？图 6.1 有一个可视化的呈现，但其中大部分都是空白的。假设我们知道方框是由 sin 和 cos 组合填写的，因此，我们可能在一个方框中填写 $\sin A \sin A$，在另一个方框中填写 $\sin A \cos A$，在另一个方框中填写 $\cos B \sin B$，以此类推。假设，根据规律来填写图表，我们猜测第一个方框中是 $\sin A \cos B$，另一个方框中是 $\cos A \sin B$。（为了缩短此处的说明，我们特意抓住了正确的组合，实际上，在规律的指引下，我们通常会选择这种正确的组合。）然后，我们看第一次的猜测结果，如图 6.2 所示。

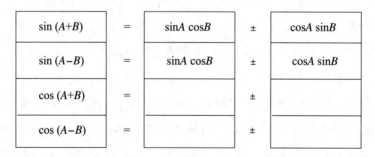

图 6.2

现在，如何解决符号的问题？也许我的视觉记忆贡献了一个顺序：
+，-，-，+。如果没有，我就只能猜测；即使它确实是对的，我也要检查这一猜测。我怎样才能做到这一点？一个明智的做法是尝试已知的案例。假设，我知道 $\sin 90° = 1$，$\sin 30° = \dfrac{1}{2}$，$\sin 60° = \dfrac{\sqrt{3}}{2}$，那么我也知道 $\cos 30° = \dfrac{\sqrt{3}}{2}$，$\cos 60° = \dfrac{1}{2}$。

然后，$\sin 90° = \sin(30° + 60°) = 1$，和

$$1 = (\sin 30° \times \cos 60°) + (\cos 30° \times \sin 60°)$$
$$= \left(\dfrac{1}{2} \times \dfrac{1}{2}\right) + \left(\dfrac{\sqrt{3}}{2} \times \dfrac{\sqrt{3}}{2}\right)$$
$$= \dfrac{1}{4} + \dfrac{3}{4}$$

精彩！所以正确的符号是"+"。第二个肯定是"-"，我很容易地验证了。我们可以用这样的方式填写方框，直到我们得到一套完整的公式。很明显，对于该领域的熟悉程度在使用这种技术时是绝对必要的。但它将死记硬背的记忆任务降到最低限度。这要求我们用直觉能力去看和去听脑海里的存储物，而且，就像直觉轻而易举地扫视外部世界一样，直觉扫视脑海。

我们对直觉的事物间的关系关注得太少，而且我们频繁地允许学生（和我们自己）放弃那些难题。如果我们接受那些已存在于思维中的东西，我们就可以解决那些问题。

获得熟悉度

尽管直觉有时会在一些新的领域大放异彩，但是它通常还是在原来的领域中取得突破性的成果。在上一节中，我们看到了对三角函数的熟悉程度可以帮助我们重构一组公式，但这些公式的确切陈述却使我们难以理解和记忆。我们开始问自己：我能记得什么？提到这些公式时，我看到了什么？一点一点地检索视觉系统和信息碎片，试验和

查看，最终我们通过联结推算出了公式。

总的来说，理性要求我们把理解放在方法和操作之后，但是，与强调理性相反，我们强调直觉，强调最初的理解。致力于现代数学教学的课程制定者把理解作为首要的目标。他们想要孩子们理解数学、理解数学的基本结构。他们相信，那些理解了课程基本结构的孩子即使做的练习很少，（因为完全理解）也能够胜任他们所需要的所有计算。虽然目标和信念都很美好，但从此处的观点来看，课程制定者的信念是不适当的。

理解不能完全取代死记硬背和操作训练，因为理解依赖于此。理解是一种直觉行为。直觉看向某物，我们同时通过分析或计算的方式完成了对它的解释。直觉把一个整体而有意义的画面和确切的信息整合起来提供给意识。直觉对意识说："这就是你一直在寻找的东西。"意识回答："啊！当然。"这意味着，在思维中必定存在目标和对它的操作，必定有事情正在发生。这一系列的原则、定理和证明向我们表明，解释不等同于理解。

虽然，前面几段的观点，可能被误认为与一些人所提倡的"回归基础"相一致，但是并非如此，至少在明确的字面意义上并不一致。基础技能必然为理解的目的而服务，它们本身一定不能成为目的。这对课程制定者和教师来说意味着如下两件事。第一，意志必须参与。学生必须参与学习目标的建设。毕竟理解是对意志探求意义的回应。第二，必须将技能、定义和简单概念集中起来作为核心思想的先行组织者——不要连续地把它们塞进同一个学习阶段，否则对学生而言这一过程就会显得有些"盲目"。重要结论必须充当一系列材料的组织者。首先，一个详细的、全面的演示导出框架结构；然后，探究和实践为具体运算提供便利；接下来，尝试重建结构以促进深度熟悉；最后，合作性的再创作为一系列应用奠定了基础。无论何时，只要具有可行性，我们就将其变成可能，即学生必须做的事情就让学生来主导：在学习的第一阶段倾听和享受，在第二阶段练习操作，在第三阶段反观自我并提取用于重建的资料。我们不能期待只要让学生做有详尽指导的练习，学生就能自主发现最终结论。为了有所发现，学生必须有探索某事的过程，无论任务或其结果是否具有意义，他们必须对方法和结果的联结过程负起一定的责任。

现在，讨论特定的方法和技术是合适的。归纳法是一个重要的、提高熟悉度的方法。当然，在发现性课程中使用归纳法，其目的是让学生"发现"概括性的结论。学生基本上不知道为什么要做教材中要求的那些事情，只知道一件事：完成任务能得到奖励，然而完成归纳任务得到奖励是很难的。这不是我们所说的"归纳"。有意义的归纳总是出现在小皮尔斯所说的"诱拐"之后：这是一个提出假设的神秘过程，我们可以用归纳法检验该假设。如果案例不符合假设的要求，"归纳"将没有任何意义，因为后续的案例应该具有与之前案例相同的状况。只有当我们认定新案例属于假定的事实集合时，新案例才有意义。实际上学生没有必要展现"被诱导"，因为它可能发生在"纯粹的发现"中，还因为在强调直觉的课程编制和教学中，纯粹形式的发现才有一定的地位。但是学生必须认识到这个假设。当他们采取归纳法的时候，他们必须明白自己正在检验什么结论。

我们认为归纳法作为试误和观察的方法，其本身就是直觉性的。归纳法通过提升直觉者对给定领域的熟悉度来强化直觉能力。通过接连不断的尝试，我们可以发现事物是如何运作的。让·迪厄多内（Jean Dieudonné）[①] 评论说：

> 我记得，跟随波利亚（Polya）求学的时候，他与哈代（Hardy）是朋友。波利亚常常对我说，有些学生想要证明依赖于具有 n 维参数的定理，此时哈代会向他们推荐这样的做法：首先，证明 $n=1$ 时的定理，然后证明 $n=2$ 和 $n=3$ 的；

---

① 迪厄多内（1906—1992），法国数学家、教育家。他在数学领域成就卓著。——译者注

在此时，他们可能会开始了解真正发生的事情，而且有可能获得一般情况下的证明。这种方法并不总能成功，但有些情况下它很有价值。[12]（原文为法文，我们将其翻译为英文）

他也肯定了我们关于熟悉度的观点：

首先［我本应做出］一般性的且完全平淡无味的陈述。也就是说，数学学科的直觉是逐步获得的，并且最重要的是，在熟悉主题的基础之上熟悉度所发挥的功能。[13]（原文为法文，我们将其翻译为英文）

虽然他这样说，但是我们不会因此强化该观点。我们当然知道，熟悉度不足以提供直观的洞察力，它甚至不是必要条件。如果需要通俗易懂地向人表达直觉，那么对该领域的语言和符号的熟悉度才是十分必要的。当然，这一事实再次强调为了学生可以熟悉新的符号系统，我们更需要精心地组织和耐心地练习，而不仅仅需要一般性的对话。在这方面，数学教学往往很吝啬，就如同财富一直聚集在富人手中一样。就其本质而言，所有数学定义都是可以替换的：依据一条严格且便利的路线，用最初的条件和公理取而代之。任何不相关的名词或符号都无法合适地融入这一链条。但是，从链条的开始到结束，链条的制造者未必能够做到精密地和全无错误地连接它。人类思想家使用象征范畴和具体对象来了解它。它被依据感知理性构建起来，且越来越精确和严谨。学习者尤其需要通过象征所获得的熟悉度。

不仅在数学领域中，在所有学科中都需要展示视觉图像、具体对象和象征领域。我们强调了社会科学课程中的需要，我们建议应该慷慨地、明智地使用视觉材料。文学研究中也存在这种需求，而且最好的文学作品善于提供自己的视觉图像。这些图像由词汇、具体对象和隐喻共同构成。因此，文学作品可以有效地用于所有其他学科，可以提高熟悉度，并且文学可以激发学生的积极参与。例如《艾丽丝梦游仙境》①、《平面国》（*Flatland*）②、《数学幻想曲》（*Fantasia Mathematica*）都在数学课堂上占有一席之地。[14]

课程中对文学的考虑表明获得某领域的熟悉度的问题还存在另一维度。我们总是一次又一次地阅读最爱的文学作品。每次读到它，我们不会说"已经读过"或"已经了解了"，就如同我们不会说我已经"去过学校"或"受过教育了"。我们会定期回顾它以获得新的见解和无尽的喜悦。在读完《到灯塔去》（*To the Lighthouse*）③ 之后的几个月，布里斯科的"拉姆齐夫人，拉姆齐夫人！"的哭喊声依然萦绕耳旁。[15] 在现实生活中，当我们渴望一个完美和安全的地方时，会想起这本书从而引领我们回到作品本身、再次阅读。这就如同在学校生活中我们曾经经历了一切，但是突然有一个时刻，我们想将其全都抛到脑后并摆脱一切。一种认真对待直觉的课程必须有相当大的重复性（或者表面看起来像是多余的），因为内在之眼——如同外在之眼——更喜欢熟悉的情境。时间推移、持续提升的感知力，使得熟悉的场景变得丰富多彩。

即使是在数学中，事物也无可避免地一环扣一环，在我们的教学中，很难加入恰当的重复性。例如，在三年级或四年级，我们教授常

141

---

① 查尔斯·L.道奇森（Charles L. Dodgson, 1832—1898），笔名刘易斯·卡罗尔（Lewis Carroll），英国作家、数学家、逻辑学家、摄影家，以儿童文学作品《艾丽丝梦游仙境》（1865）与其续集《艾丽丝镜中奇遇》（1871）而闻名于世。《艾丽丝梦游仙境》描绘了一个金发碧眼的小女孩艾丽丝因无心上课，看到一只揣着怀表的兔子先生而不小心进入奇幻梦乡，结识一群好朋友等一系列故事。——译者注

② 该书是数学的科普介绍，作者从19世纪的视角对社会上的男人、女士、小孩、士兵等进行了分类。它可以启发人思考在二维、三维、四维甚至多维世界生活是什么感受。——译者注

③ 《到灯塔去》的作者是弗吉尼亚·伍尔夫（1882—1941），英国作家、评论家、出版人和短篇小说家。她被认为是20世纪最重要的现代主义文学人物之一。这本书是一部准自传体意识流小说。小说以到灯塔去为贯穿全书的中心线索，写了拉姆齐一家人和几位客人在"一战"前后的生活片段。拉姆齐先生的幼子詹姆斯想去灯塔，但却由于天气不好而未能如愿。后大战爆发，拉姆齐一家历经沧桑。战后，拉姆齐先生携带一双儿女乘舟出海，终于到达灯塔。而坐在岸边画画的布里斯科也正好在拉姆齐一家到达灯塔的时候，在瞬间的感悟中，向画纸中央落下一笔，终于画出了多年萦绕心头的幻象，从而超越自己，成为一名真正的艺术家。——译者注

见的乘法。每个人都学会了如何计算下面的竖式：

$$\begin{array}{r} 43 \\ \times 52 \\ \hline \end{array}$$

后来，我们又教了"分配律"，但是我们很少回顾四年级学过的内容，然后再对学生说："现在，让我们尝试不同的算法。不要一开始就说'2乘以3等于6'，让我们从左上角开始，'4乘以2等于8'或'4乘以5等于20'。我们在哪里写'8'或'20'？"接下来，我们邀请学生来展示他们自己创建的过程，如下所示：

$$\begin{array}{r} 43 \\ \times 52 \\ \hline 2000 \\ 80 \\ 150 \\ 6 \\ \hline 2236 \end{array}$$

因此，获得熟悉度包括回顾与展望两个方面。一方面，我们必须使陌生的领域变成熟悉的，这样才能找到适合自己的方式；另一方面，我们必须经常用新的视角和兴趣来回顾那些熟悉的事物，这样我们会更有兴趣和洞察力去看待它们。这就是既熟悉又陌生。

创 建 表 征

直觉是接受和创建表征的心智能力。我们已经看到，"接受"总是包含着核心要素——创造。该核心要素的作用非常大，如同意志在寻求意义中发挥的作用一样。类似地，"创建"从来不是人类创造者的简单行为，因为在创建过程中，其本质也发挥着重要作用。在本节中，我们将集中探讨表征的创建，因为这项活动是问题解决的开始。

在数学的问题解决领域——解决传统且棘手的问题，即"言语问题"，数学教育者曾认为，第一步也是最关键的一步是"理解"。我们认为，问题解决者必须解码言语信息，然后将其编码为数学语言。理解，这个神秘的过程就是我们把语言文字构成的一组句子转化为一组数学信息。现在，我们中的大多数人都认可上述步骤，它被广泛应用于数学问题解决中。[16]

问题解决不是直接的转换过程，而是问题解决者建构问题表征的过程。当初始问题可以由问题解决者进行类型划分时，"划分类型"就是表征的主要元素。表征过程是在语言和数学符号之间建立桥梁。因此，如果我读了一个问题并立即看出它属于"时间、速率和距离"问题，我可以直接写：$d=rt$。这种问题的解决方式被限定了。"理解"几乎囊括了我正在做的事情。学校的应用题就是为这种"分类"活动设计的，所以它无法涵盖问题解决的全部范畴。

假设在某领域我们是新手，即使我们是别的领域的专家，当面临全新的和令人困惑的问题时，我们也不能简单地仅做"翻译"。我们必须思考，我们正在面对的是何种对象，我们探寻的是哪种类型的答案，想达成何种目的，对象之间是如何相互关联的。从某种意义上说，我们在头脑中创造了一个认知空间域，它表征了现实中的对象领域；我们界定了它的边界，将对象放在认知空间域中并建立起彼此的关联。在认知空间域中，我们在认知层面进行实验并观察实验的结果。有时我们很难将某一事物纳入认知空间域中。因为我们不理解该对象词语在我们的言语空间中如何表达，所以我们不知道使用什么类型的对象作为其表征，也不知道如何定位它与其他对象的关系。就这方面而言，特别是新手型问题解决者会感到障碍繁多，他们陷入了相对次要的语义困境。

举个例子，如果要执行的步骤非常清楚，专家型问题解决者就会忽略一些未知名词的含义。新手型问题解决者则会暂停，然后询问："什么是'小部件'？"专家型问题解决者很容易略过"小部件""小工具""小玩意儿""小发明/事物"等词语。但是，在某种程度上而言，专家型问题解决者之所以随意处理这些词语，原因就在于他们陷入了人为的问题解决过程中。我们知道"问题"必将导致纯粹的数学讨论，而且我们不需要关心经验的现实性。然而在现实世界的问题解决中，将一个真实对象替换为另一个真实对象可能是至关重要的事情。因此，在他们弄清楚水果的价格之前，那些想要知道什么是"木瓜"的儿童不能被认为表现笨拙。他们只是简单地回应对现实世界的理解，而没用更直接、更合适（和省时）的数学智慧。

无论是在技术意义上还是在我们的更广泛的直觉意义上，创建表征都是一个非公开的过程，所以我们在教授它时遇到了一些困难。我们经常为学生创建公共的表征，为此我们精心选择了图像，然而他们对此的阐释时常令我们感到不可思议。但是从笔者的观点来看，这种不愉快的结果完全可以预测。除了某物的创造者，该物之外别无他物，它就是其本身的表征。另外的观察者必须创建他自己对"表象"背后事物的理解。因此，如果我们创建的图像对学生观察者的直觉能力有用，它可以促进他或她自己创建一个表征；如果没有帮助，在创建有效的表征时，那些图片就只能增加困难。就算是具体的对象，也可以被理解和处理。然而，如果这些对象的用途不是自我导向的，它们也可能增加创建问题空间的复杂性。如果按照说明书去使用，它们可以像任何书面符号一样抽象。

显然，重视直觉的教师和课程制定者不会认为呈现一个结构给学生就可以保证学生会懂得它。他们也不会过分地削减信息，把所有信息都变成碎片，以致这个观念的结构完全消失了。相反，他们会呈现不同的观点。这些观点有可能创造出新的图像。如果学生要参与表征的建构，他们必须学会制订计划、组建团队、讨论问题。这些是我们不能替代的。

当然你可能会问，当我们呈现前文推荐的那种结构性课程时，我们要为学生做什么？这是一个重要且核心的问题。我们没有在课程中直接呈现结构。我们所做的是通过提高学生的接受性帮助他们自已去发现框架结构。这种最初的呈现，其接受性是可补充的，这使得"那是什么"有机会出现。在获得"那是什么"的丰富细节后，学生必须努力将这些元素添加到框架结构的适当部分。此时，我们仍然不能认为"学生已经获得了该结构"。在课程的最后阶段，学生将面临一个挑战，即当细节隐没在背景中时，如何清晰地呈现出结构。

如果我们采用精准陈述的学习目标，将其作为某一单元的开篇，那么我们就否认了学生的自主性，同时还剥夺了他们必要的、创造个人知识结构的机会。我们并不反对帮助学生，我们的大多数建议都是针对这一点的——促进参与和增强直觉，但我们反对为他们呈现这种组织框架。在学生没有真正理解材料的情况下，我们要求他们做出回应，这就是忽视直觉。结果学生没有对学习材料形成情感联系，很快他们就会忘记这些材料。到目前为止，我们强烈反对两种流行的课程安排模式：其一，呈现形式上的结构（从特定对象和事件中抽离出来的核心思想）；其二，机械地预先规定所学的内容。

与上述两种模式所设想的学习相比，我们提倡的学习要容易些，同时也更困难。说更容易是指，当人们完全投入目标知识时，人类的学习变得更容易。学习会更难是指，教师或课程制定者所提供的所有资料无法保证学生的必然参与，在创建有用的表征方面，也无法保证必定能发挥促进作用。那么，我们可以做些什么呢？

佐丹·P. 迪因斯（Zoltan P. Dienes）等人的许多具体化观点都给出了合理的方法。[17] 在这个计划中，课程制定者们认真地思考他们究竟有多少种途径掌握或"表现出"给定的概念或技能。可以按照预想的方式处理一系列的具体对象吗？有具体的故事吗？这些故事可以激发欲望、包含建议尝试去做的事情吗？是否有说明具有生动细节的图片？是否有不止一种方法来证明定理、演绎公式、计算答案？现在，从最后一个问题中我们看到，多个案例并不一定需要使用"可操纵的方式"。然而，该方法确实需要在学生面前呈现一系列可能性。通过这种方式开展教学，我们至少要在三个方面考虑直觉问题。第一，我们关注学生的评价意识，包括观察、判断、表达偏好；第二，通过我们提出的几种可能性，增加学生在创建他们自身表征过程中使用一些对象和方法的可能性；第三，通过提供多种方法，我们鼓励实验，提供检验实验的方法。此外，丰富的整体呈现可以提升学生对研究领域的熟悉程度。

另一个具体建议涉及图像、原理图、地图等的使用。在教科书的呈现形式上，我们的习惯是遵循通常的出版格式，使案例与文本材料相互独立，即使在案例、图、地图和一览表等专门内容方面也遵循该习惯。对出版商而言，这是有序且有效的程序。但对学习者而言，它可能不是最佳的安排。当说明性的和表格性的材料与文字明显地割裂时，我们很容易跳过它们，对自己说："稍后我会回来看看这个。"因此，如果这些材料不仅起着"装饰门面"的作用，还对教学具有重要的作用，那么它们就应该被纳入正文，而且其呈现方式应当是一种令阅读者不可略过的方式。表格的行和列应可以单独地查阅，也可以在句子内查阅；同样地，作为文本的一部分，图片和图片的局部不应在文本的中心位置呈现；并且较大的地图可能会被呈现在页面右下侧三分之二的位置。这样的建议可能会给出版商带来噩梦，然而，课程研究人员应该研究一下这种排版方式对实验材料的影响。当然，基本思想是将视觉材料嵌入语言材料中，使其与文字共同发挥作用，以有助于表征形式的创建。

我们也会针对教学安排给出一个具体的建议。尽管直觉使个人与知识对象直接接触，但我们的注意力往往是通过他人指向对象或观点。在他人的支持下，我们可以看到或做到自己以往看不到或做不到的事情。苏联心理学家维果茨基表示，心理操作是在社会关系中产生的——孩子们首先在彼此交往中做事，然后将这些"心理图式中的行为内化"。[18] 如果我们的兴趣主要在于逻辑思维的发展，我们会在这个论点上花一些时间，但是即使强调直觉而不是理性，我们也可以在维果茨基的模型中发现一些有价值的内容。其他人的存在，他们的贡献和挑战往往会扩展到现有的领域并开拓新的领域。个人的直觉则会去到更大的领域漫游。此外，对一个人的立场的挑战会迫使人们再次关注问题空间及其对象。如果挑战来自同龄人，尤其如此。如果挑战来自一个善于接纳和敏感的教师，结果可能是相同的，但往往来自教师的挑战会导致学生简单地放弃建构自己的问题空间，转而听从教师的建议。因此，教师应组建同伴互动小组。这应该是非常有用的教学安排。[19]

　　如前文所述，在某一熟悉的学习领域中，我们面临两个主要的问题：其一，我们必须了解一些我们必须处理的特定对象；其二，我们必须了解某一领域本身——它如何工作、如何命名对象，它位于何处，等等。意识到存在这两大问题，教师和课程制定者应尽可能地将这两个问题减少到一个。我们应该在熟悉的结构中引入新对象，或者使用熟悉的对象构建新结构。令人惊讶的是我们经常做不到这些。举例来说，考虑一下我们如何教分数加法。[20] 无论我们如何处理寻找公分母、创建等价分数和计算总和的一般规则，我们都应该慷慨地提供已知数学对象的大量练习。孩子们早已熟悉以整数为对象的数字，他们也知道如何做加法、减法、乘法和除法。因此，首先，显示如何重命名这些熟悉的对象是有意义的。例如，

$$2 = \frac{4}{2}, \ \frac{8}{4}; \ \frac{75}{15} = \frac{10}{2}, \ \frac{20}{4}, \ \frac{25}{5}$$

　　其次，我们展示了如何将分数加法的新规则应用于这些基本熟悉的对象。我们知道：

$$(1) \qquad 5+2=7$$

假设我们要做加法：

$$(2) \qquad \frac{20}{4} + \frac{14}{7}$$

应用新规则，我们可以得到：

$$（3）\qquad \frac{（7×20）+（4×14）}{28}=\frac{140+56}{28}=\frac{196}{28}=7$$

因为我们一开始就知道答案是"7"，所以如果我们选择了正确的规则，同时意味着我们获得了一种自己所确信的方法，它可以抵御那些诱惑我们的错误技巧。

我们使用上述演示将熟悉的结构嵌入新的扩展结构，并且借助熟悉的已知对象来帮助我们掌握有关新对象的知识。这里提出的一个重要的新观点是，我们对具体对象的选择基于其具有这样的特征：其一，在研究领域中具有重要的结构；其二，在研究领域中曾经是抽象的。我们并不总是必须回到有形物体的普通世界才能激活直觉。我们并不反对应用在现实世界中学到的东西。相反，我们反对将直觉局限于普通的感知对象。直觉的安排必须利用直觉领域可以扩展的事实——曾经抽象的对象变得熟悉，而且可以用作具体对象。按照这种方式，我们以越来越复杂的程度组织主题，始终牢固地建立与已知对象和操作的结构联结。在此基础之上，我们可以继续嵌套结构。

在文学教学中，我们不必总是将讨论指向实际已知的人和情境，我们可以逐步提到所熟悉的虚构人物和情境。在外语教学中，我们不需要总是从英语转到新语言（反之亦然），但我们可以从已知的新语言的简单表达开始，以它们为基础。（实际上，转换语法对于建立语言直觉仍然非常有用。）在所有这些方面，使用我们作为专家所感知的结构，让学生熟悉它；我们没有介绍结构，但我们帮助学生更容易、更自然地构建它。

发 展 理 解

理解是教育者们喜欢的另一个词。虽然我们认为，没有人会反对将理解视为教学目标，但这一术语对于理论工作者和实践工作者来说是很大的难点。理论工作者通常将理解与学科知识结构联系起来。这样看来，如果他可以将算法中的步骤、拓展的符号系统和一位数乘法规则相关联，他就"理解"了乘法，例如可以尝试两位数的乘法。学生应该能够使用数学结构的观点阐明他们的运算的普遍性原理。听过之后，我们很少会质疑它。然而，显然有许多有效的理解不需要这种结构知识。

例如，我非常会开车但我不会修车。安全舒适地驾驶并不需要我知道如何修车。另一个人知道如何驾驶和修车，但从理论的角度看，他不知道汽车工作的原理，或不知道其结构中的物理原理。汽车出现故障是由连接错误、管道堵塞，还是机械部件磨损造成的，他不需要知道以上这些。类似的，人们不需要在理解了编程语言后才去使用计算机解决问题；事实上，如果一个人对计算机化的方法所能解决的问题有所了解，并且对代表自己使用这些方法的资源有所了解，那么他甚至不需要了解如何使用计算机来处理事情。就像解释和测量一样，如果我们使用的方法不同，理解的深度和准确度就会不同。

我们这些教育者追随着古希腊人，一直以恃才傲物著称，坚持把理论理解作为值得追求的理解形式，结果使学生渐渐对原本心爱的学科感到厌倦，而对掌握更严谨的逻辑性方法而感到自豪。从我们的角度来看，有两点非常重要：其一，区分理解的层次；其二，耐心地工作。也就是说，为了获得全面的理解，在每个选定的层次上提升熟悉度进而耐心工作是非常重要的。

我们已经讨论了理解和直觉的联系，但我们现在需要对两者的关系进行更细致的分析。我们坚持认为直觉是在寻求理解的过程中运作的。在这个观点上，我们肯定不是唯一的支持者。例如，迈克尔·波兰尼（Michael Polanyi）曾谈到解决问题时获得的直觉：

> 因此，当它回应我们的探寻而出现时，我们相信它是存在的。发现，或假设发现，对我们而言总是在确信它是真实

的。激发它的是启发式的愿望。这个愿望使它提前获得认可。[21]

因此，理解不是教学或表达的一种直接结果。它不能被"内置"于任何主题的安排。理解与学习者的动态中心紧密相连，它必须得到广泛关注。法国数学家庞加莱讨论了数学理解的问题。在一篇著名的文章中，他提出了引起我们许多人兴趣的问题：

> 怎么会有人不懂数学？如果数学只引用逻辑规则，例如所有正常思想都接受的规则，如果它的证据是基于所有人的共同的原则，并且只要不发疯，就没有人可以否定它，那么数学是如何变得令很多人难以忍受的呢？[22]

他的观点引导我们去证实那些我们已经宣称的——我们学习和理解的东西在很大程度上取决于我们所追求的，取决于所呈现和遇到的事物所附加的意义。当他继续探索时，他将数学活动和数学理解的核心定位于我们所谓的意志——兴趣、选择和意义的中心：

> 事实上，什么是数学创造？它不包括用已知的数学主体进行新的组合。任何人都可以做到这一点，但这样组合的数量将是无限的，其中大多数绝对不会令人感兴趣。准确地说，数学创造不是做大量无用的组合，而是制造一些少数且有用的组合。发明是辨别力、选择。[23]

这一点在课程设计和教学上再怎么强调也不过分。为了满足需求，在各种可能的理解水平上，提供选择都是必不可少的。通过抉择、精心挑选、应用，学生在追求意义的过程中逐渐激发直觉的功能。因此，理解的第一层结构是学生自己的目标、目的和愿望的结构。学生应该像数学家一样，对探求的问题保持相对持久的兴奋，即使是间歇性的。庞加莱很强调这一点，他说：

> 我将说最后一个观点：在自我反思的时候，我提到过当夜晚我不顾一切地工作时，我极度兴奋。这种案例很常见，不像我曾经提到的那样，由于生理刺激而引起异常的脑活动。（他喝了太多咖啡而无法入睡。）在这种情况下，人们似乎在自己的潜意识中进行思考。[24]

现在，我们一直在努力坚持这一观点，直觉活动是存在高度意识的，而不是"无意识的"，只是它没有意识到自己的运作。在这一点上，我们完全同意庞加莱的观念。但我们已经提到，它最初主要是对知识或感觉对象的强烈意识。庞加莱在这么长的时间里所讨论的是直觉在"孵化时期"的运作。在这段时间里，意识一直指向其他事物，但是突然之间，长期一直寻求但暂时放下的事物跃入脑海里，我们依然相信它的正确性。为了解释这种显然是无意识直觉活动的真实现象，回到伊壁鸠鲁的"预期"概念是有用的。

无论思考时采用的是哪种层面的理解概念，我们意识到理解概念似乎包括两个核心要点。首先，我们期待一个结果；我们可以完全清楚地看到或听到它，但我们无法完整地解释它。实际上，最初的清晰度可能陷入各种各样的模糊、错误和困难之中。但最初的期待或直觉就像一支黑暗洞穴中的火炬，会照亮我们前行的路。埃弗拉姆·菲茨拜因（Efraim Fischbein）在预期阶段界定了"直觉思维"：

> 首先，让我们区分一下预期直觉和确定性直觉。
> 心理学家在解决问题的相关研究中已经研究和描述了预期直觉。……他们提到的事实是，在努力解决问题的时候，人们突然有一种这样的感觉，即在能够提供精准、完整合适

150

的解决方案之前，人们已经获得了解决方案。[25]

我们已经熟悉了上述这种直觉活动。作为教育工作者，我们的任务是帮助学生保持一种张力，即感受到的主观确定性与必须承认的客观不确定性之间的张力。庞加莱描述的孵化期通常伴随着长期的和令人沮丧的尝试，孵化期的概念可以用来验证我们的预期直觉的内容。实际上，我们必须将这个时期视为一个直觉被搁置的时期，等待一些自动的、内部的审视机制把一些能够激发兴趣的东西放在直觉面前。审视本身不能被视为（至少在我们已经建立的框架中）直觉的，但它是催化剂，可以促进锁定问题的直觉运行：这就是我要寻找的答案。当暂时找到这个答案时，直觉再次进行观察，这时我们发现自己处于直觉的第二层次。

第二层次的直觉得到的关注较少，菲茨拜因将其描述为"确定性直觉"。在本书中，我们呼吁大家注意直觉在认知结构领域发挥作用时的条件以便达成直觉理解。菲茨拜因首先把传统意义上的确定性直觉描述为知识的基础，并呼吁在这一领域进行心理学研究：

> 事实上，有些表征、概念、解释、陈述作为具有内在意义的事实，直接被人们接受，而其他的则没有，这一点还没有经过心理学研究证明。[26]

151　　在数学教育者中，菲茨拜因并不是唯一一个想要在这种意义上定义和建立确定性直觉的人。莫里斯·克莱恩（Morris Kline）和罗伯特·戴维斯（Robert Davis）也建议在其基础上建立"受过教育的直觉"[27]的概念。这里需要注意两点。首先，如果我们对直觉的描述是准确的，那么一些思想家的直觉对其他人而言不会那么明显地具有直观性。其次，肯定有些时候，我们希望学生挑战我们的直觉，或挑战他们自己的直觉。事实上，我们文化中一些最伟大的进步往往来自具有挑战性的想法，在直觉上这些想法似乎超越了极限。同时，一些数学方法的设计意图就是消除直觉的清晰度，使数学基础能够被严格检验和被有条不紊地重建。罗素甚至说（半开玩笑地）："事实上，象征主义是有用的，因为它使事情变得困难，……我们希望知道的是，从未知中可以推断出什么。"[28]

重要的是，我们有时希望把熟悉的事物变得陌生以便从一个新的角度来研究它，以新视角审视它。对教育工作者来说，重要的信息是我们应该谨慎地建立新的课程和教学方法，以此回应现存的不健全的方法。当我们试图抛弃有利于理解的死记硬背方法时就意味着我们没有足够谨慎地考察"理解"的含义。如果现在，为了对基础数学中出现的形式主义错误做出回应，我们就匆匆接受"直觉"方法，而没有仔细地用"直觉"去概括我们的真实思想，那么我们依然容易犯新的错误。正如我们所描述的那样，"直觉"不仅指出了常识的显而易见性，其自身还建立了坚实的知识基础。

让我们简要回顾一下菲茨拜因关于确定性直觉的讨论。他提出了另一个与我们反复强调的观点相类似的观点：

> 因此，我们认为（理性的）直觉的基本功能是：在象征层面上与感知同源，具有与感知相同的功能；准备和指导行动（精神的或外在的）。[29]

需要补充的是，在我们看来，直觉（包括感官的和理性的）在内在与外在感知之前和之间运作，将我们的行动计划中重要的感觉的和知识性的细节与其他细节分开。直觉与知觉在两方面有所不同，即描绘整体场景的能力、内在的评估的能力。至少，在确定性直觉或直觉的第二阶段中，在相当熟悉、长期工作和长久沉思的情况下，直觉最终会达到顶峰。直觉不仅是通过一些神秘的过程去"看到"；直觉的这一观察的过程与直觉产生的最佳氛围，正是教育者必须研究和创建的

152

事物。因此，对于我们来说，确定性直觉不是集体潜意识，而是个人成功地完成了意义探寻的标志。随着它们的到来，我们看到，我们曾经期待的事物，现在可以严格地、公开地进行并完成，甚至更令人满意的是，我们的目标通过公开演示的方式能被理解。我们已经完全清楚了直觉的特性，并掌握了它。

从这一切可以清楚地看到，与过去的理解概念相比，我们需要一个范畴更广的关于"理解"的概念。在某一学科中，专家的理解不需要复制给学生，也不需要学生与专家具有近乎一致的理解。我们并非都要寻求专家的理解水平。此外，给学生提供的材料（不是对他们的要求），在细节方面应该更加翔实，因为，具体的、特殊的和复杂的材料都可以给学习者留下深刻的印象。我们需要重新思考理解事物的方式。放慢教学的脚步并不必然导致教得和学得更少。喜悦、幽默、沉思和分享都是珍视直觉的教育中重要的组成部分。

综上，我们论证了直觉安排和呈现。这也预示了在下一章要进行的探索。人，一个有直觉存在的人，一直寻求理解和被理解。为了教好，教育工作者需要同情、理解学生；至少，他们需要掌握学生通过知识和理解寻求的东西是什么，他们（作为个体）如何最好地获得他们所需要的东西，更具体地说，他们如何创建对现实的表征。那么，接下来我们应该转向对教育中的直觉和爱进行考察。

小　结

在本章中，我们提供了各种具体的建议，其中包括用于直觉的安排和主题的陈述以及接受性和应用的理由。我们讨论了通过减少焦虑、激发意志，与个人意义相联系，在构建目标和表现模式方面提供选择。我们研究了通过戏剧制造喜悦和不和谐来增强或维持接受性的方法。我们详细描述了结构性课程，研究了各种"归纳"方法，还有重复对于熟悉各种主题领域的重要性。

我们讨论了创建表征，在这里我们强调了允许学生制订、组织和讨论他们自己的行动计划的重要性。我们还建议使用多个实施案例、嵌入式的图片、隐喻，从曾经的抽象事物、具体事物和概念结构中创建新的具象化水平。

最后，我们研究了教育者在理解规划中的作用，这次讨论使我们有机会回顾一些早期的论点并强化它们。与此同时，我们主张仔细研究"理解"的含义，我们提出了它在实践中的拓展性概念。我们通过提示即将到来的关于直觉和爱的探索来结束本章。

注 释

[1] Jerome S. Bruner, *The Process of Education* (Cambridge, Mass.：Harvard University Press, 1977), p. 28.

[2] Max Beberman, "An Emerging Program of Secondary School Mathematics," in *New Curricula*, ed. Robert W. Heath (New York：Harper & Row, 1964), p. 14.

[3] John Dewey, *Experience and Education* (New York：Macmillan/Collier Books, 1963), p. 67.

[4] Martin Buber, "Education," in *Between Man and Man* (New York：Macmillan, 1965), p. 90.

[5] Rick Billstein, Shlomo Libeskind, and Johnny W. Lott, *A Problem-Solving Approach to Mathematics for Elementary School Teachers* (Menlo Park, Calif.：Benjamin/Cummings, 1981), p. 177.

[6] R. B. Zajonc, "Feeling and Thinking：Preferences Need No Inferences," *American Psychologist*, 1980, 35 (2), pp. 151–175.

[7] Genevieve Lloyd, "The Man of Reason," *Metaphilosophy*, 1979, 10 (1), p. 27.

[8] Benedict Spinoza, *The Ethics*, trans. R. H. Elwes (New York：Dover, 1955), Part V, Prop. Ⅶ.

[9] Douglas R. Hofstadter, *Gödei, Escher, Bach：An Eternal Golden Braid* (New York：Basic Books, 1979), p. 564.

［10］ Ernest Hemingway, *The Short Stories of Ernest Hemingway* (New York: Scribner's, 1953), p. 207.

［11］ Nel Noddings, *Caring: A Feminine Approach to Ethics and Moral Education* (Berkeley: University of California Press, 1984).

［12］ Jean Dieudonné, "L'Abstraction et L'Intuition Mathematique," *Dialectica*, 1975, 29 (1), p. 44.

［13］ Ibid., p. 43.

［14］ 当然每个人都熟悉《艾丽丝梦游仙境》，还有《平面国》 (Edwin A. Abbott, New York: Dover, 1952) 以及《数学幻想曲》 (Clifton Fadiman, ed., New York: Simon & Schuster, 1958)。

［15］ Virginia Woolf, *To the Lighthouse* (New York: Harcourt, 1927), p. 161.

［16］ 参见 Frank K. Lester and J. Garofalo, eds., *Mathematical Problem Solving* (Philadelphia: Franklin Institute Press, 1982).

［17］ Zoltan P. Dienes and E. W. Golding, *Approach to Modern Mathematics* (New York: Herder and Herder, 1971).

［18］ Lev Vygotsky, *Mind in Society* (Cambridge, Mass.: Harvard University Press, 1978).

［19］ 参见 Nel Noddings, "The Use of Small Group Protocols in Analysis of Children's Arithmetical Problem Solving" (paper presented at annual meeting of the American Educational Research Association, New York, 1982).

［20］ 下面的这些案例来自普里西拉·查夫-斯坦格尔 (Priscilla Chaffe-Stengel) 和诺丁斯的描述。"Facilitating Symbolic Understanding of Fractions," *For the Learning of Mathematics*, 1982, 3 (2), pp. 42-48.

［21］ Michael Polanyi, *Personal Knowledge: Towards a Post-Critical Philosophy* (New York: Harper & Row, 1964), p. 130.

［22］ Henri Poincaré, "Mathematical Creation," in *The World of Mathematics*, ed. James R. Newman (New York: Simon & Schuster, 1956), p. 2041.

［23］ Ibid., p. 2043.

［24］ Ibid., p. 2050.

［25］ Efraim Fischbein, "Intuition and Proof," *For the Learning of Mathematics*, 1982, 3 (2), p. 10.

［26］ Ibid. , p. 10.

［27］ 参见 Morris Kline, *Why Johnny Can't Add*: *The Failure of the New Math*（New York：Vintage, 1974）; Robert Davis, "Discovery in the Teaching of Mathematics," in *Learning by Discovery*, ed. Lee S. Shulman and Evan R. Keisler（Chicago：Rand McNally, 1966）.

［28］ Bertrand Russell, "Mathematics and the Metaphysicians," in Newman, *The World of Mathematics*, p. 1578.

［29］ Fischbein, "Intuition and Proof," p. 11.

第七章

直觉、爱和教育

154　　另一方面，合乎伦理的友谊不是根据具体条款而形成的；一个礼物或其他任何好处都是对朋友的最佳馈赠。

——亚里士多德（Aristotle）《尼克马可伦理学》

什么是爱？

本章将介绍直觉和爱的相互关系以及这两种力量对教育的重要性。正如我们试图给直觉下定义一样，我们必须为"爱"这个词提供一个相当精确的定义，即我们用爱这个词来表达些什么。这项任务比最初看起来要困难得多，因为我们的语言中几乎没有任何词语像爱这样应用得如此泛滥。而且当代心理学家和哲学家认为除了爱这个词以外，很少有词语的内涵这么不稳定。然而，人类的爱不可避免地与直觉的使用和教学行为联系在一起，而且在很多情况下，尽管教育者不愿意去理解它的重要性，但是在将直觉和教育相互结合的过程中，爱发挥着至关重要的作用。[1]

什么是爱？一个俱乐部宣称"在舞台上表达爱"；一位中年商人声

176

称他喜欢引诱人；恋人们彼此发誓；宗教领袖呼吁各国停止争斗，彼此相爱，或为他们所热爱的信仰战斗至死。不同的情况用"爱"来表示不同的东西，结果就是，混乱和矛盾的含义相互杂糅，经常阻碍人们对爱的严肃讨论。这种混淆在很大程度上是由英语语言的模糊性导致的。因为在英语中，只有爱这个词表达着千差万别的经历和感受。这种模棱两可的现象也出现在其他现代语言中，哲学家们使用这些语言书写爱的主题。毫不奇怪，古希腊人的语言对不同类型的爱做出了许多重要的区分。这可以帮助我们更清楚地理解这个术语的含义。在希腊词汇中有三个词，eros（情爱）、agape（神爱、圣爱）和 philia（友爱）。当我们思考那些与直觉相互作用的爱的类型时，这三个代表爱的词为我们提供了特别的视角。

第一个词，情爱（eros）。今天的读者很熟悉它，但往往又不完全清楚。对许多人来说情爱特别暗示了性欲，除此之外别无其他。然而对于古希腊人来说，情爱包含了更广泛的内容：事实上对整个物质的、感官的、生命世界的兴趣都体现在情爱的概念中。英语中最接近的表达是"对生命的热爱"。然而，它并没有传达出全部的美的丰富性和身体上的刺激性情爱的暗示性。与现在的区分不同，古希腊人没有将性经历和感受与其他身体感受相互区分。因此欣赏美丽的夕阳、运动员的身姿、获得性体验或者只是因为活着而感到高兴，这些都属于情爱的概念范畴。此外，原始的情爱概念来自教与学的行为中的爱，情爱是其中的重要组成部分。

正如罗洛·梅（Rollo May）所指出的那样，柏拉图的情爱概念不仅囊括了这些概念，还包括更多：

> 情爱是动力，不仅推动人在性爱或其他形式的爱中与他人相互结合，还刺激人对知识的渴望，并激励他热切地寻求与真理的结合。通过情爱，我们不仅成为诗人和发明家，而且实现了伦理层面的善。表现为情爱形式的爱是一种创造性

力量。这是"一种永恒和不朽"——也就是说，只要人类存在，这种创造力就不会消失。[2]

这种说法不是诗意的幻想。它表达了人类最紧迫的问题，即融合成一个有凝聚力的整体。人们需要寻求与真理的联合，需要与知识的直觉性相遇，这种需要对于我们考察教与学背后的动机至关重要。它也是本章的主题之一。

神爱或圣爱（agape）是基督徒彼此感受到的爱的形式，也是早期的基督教教派爱的盛宴的术语。它被赋予仁爱、慈善的含义，例如，在《哥林多前书》的第 13 章中，在新约的其他地方，都使用了这个定义。[3] 保罗描述的神爱是一种无私的兄弟般的爱，是上帝所吩咐的，反映了上帝对所有人的爱，没有任何身体上的尤其是性的暗示。但是与情爱类似，神爱这个词的通用概念既没有传达其全部含义也没为我们提供所需的信息，即我们需要判断直觉、爱和教育是如何互相关联的。在基督教出现之前，在基督教将它与神圣之爱相互联系之前，在它与爱他人的神圣诫命相互联系起来之前，神爱作为一个单词和一个概念就已经存在了。在其早期的形式中，神爱仅仅意味着一个人对另一个人的单纯无私的关怀之情，而不考虑性别、年龄或其他差异。正是基于这种神爱的意义，我们将在教育的背景下发展我们对爱的定义。

在三个关于"爱"的希腊词语中，我们最后研究的是友爱（philia）。这也是三个概念中含义最广泛的一个。友爱与"亲爱的朋友"（philos）这个词有关，意思是朋友，而且它与友谊、兄弟情谊和伙伴关系的含义相近。philia 也是很多词的后缀，用来表示对某事物或某人的爱，如"爱猫癖"（ailurophilia）表示爱猫。这个词对教育者有两个关键的启示：其一，在同伴甚至是亲密伙伴关系的意义上的友爱；其二，对学科或某研究领域充满热爱或激情的友爱。另外，还有一个释义具有教育意义，即将不和谐的元素和活动结合在一起的自然力量。

伊索克拉底设想友爱是把看似不相容的物质融合再造为一个新实体的建构过程。[4] 这是一个很好的比喻。当直觉和爱被广泛承认和重视时，该比喻可以用来形容教师和学生之间发生的接触和交流。我们将看到，对学科的热爱和对学生的热爱是教育中全部的爱的经验之重要组成部分，是学生和教师的直觉的核心。

教 育 博 爱

我们现在已经提出了三个主要的希腊词语所蕴含的爱的思想。这些思想可能涉及在教育中运用爱，但我们仍然需要更加准确地说明，教育中的爱意味着什么，或者我们何以称之为教育博爱（caritas）。[5] 这种探讨非常重要。这是界定新概念的需要，也是我们依赖种类繁多的哲学概念，将其整合后作为新概念的基础；更因为许多教育者和人文社科的学者对任何关于爱的讨论都持怀疑态度。彼蒂里姆·A.索罗金（Pitirim A. Sorokin）写道：

> 敏感的心灵，我们的心灵不相信爱的力量。我们称之为"幻觉"和自我欺骗，是一种麻醉人们心灵的麻醉剂，是理想主义观点和不科学的幻觉。我们有这样的执念：反对所有试图证明爱有积极作用的理论——在人类的其他积极能量中，爱的力量是其中之一。这些力量决定人类的行为和个性，影响生物、社会、道德和心理进化的过程，影响历史事件的方向，塑造社会制度和文化。[6]

我们明确反对这种否定爱的存在的观点。与之相反，我们主张教育中的爱或者教育博爱是非常真实的。它是一种力量，可以成为课堂上最强大的动力，给人留下最持久的印象，最深刻地触动生命。

现在是我们更清楚地说明"教育博爱"含义的时候了。首先，它是一种愿望，它希望教育事业中的人能够真挚地交流，超越肤浅的交往，真正与他人联系。请注意，我们强调"愿望"。这种愿望在外部环境干预下可能无法实现，但愿望是爱的证据，而不是难以捉摸的物质结果。教育博爱也可能涉及对所教授学科的浓厚兴趣，甚至是热情的承诺。很难想象，一个成功的、令人满意的微积分、音乐或美国政治课程是由一位对这个学科没有热情或洞察力的教师所教授的。此外，如果没有对所研究学科的热情，学习显然会更加困难。沉浸在热爱的学科中，与它密切接触，还可以带来我们曾经讨论过的那种直觉的洞察力和经验。当然，如果教师对学生的能力、兴趣和参与程度视而不见，那么可能会破坏学生对学科的热情。在教学活动中，学科和学生必须密不可分地联系在一起。

对所教内容的热爱很重要，但更重要的是对教与学的行为的热爱。在许多学校里，学生和教师都需要通过枯燥乏味的日常活动来维持他们的活力和激情。此外，不仅是说教师授课或学生学习需要爱的支撑，事实上，教师和学生对教学的热爱和对学习的热爱必须相辅相成，因为师生有时会互换角色，教和学经常同时发生、相互作用。教育博爱的这一方面通常被描述为"为了自己而学习"，或"为了教的乐趣而教"，但这仅仅是解释的一部分。因为，教学和学习实际上是同一动力下的探索、发现与分享。这是一个爱与教育互动的动力中心。稍后我们将进一步讨论爱的这些方面，因为它们与今天的教学有特别的关系。

教育博爱还有另一个维度，这个维度尽管从本质上很难界定但仍值得一提，即它是一种正确感和恰当感，甚至可以被称为使命感，或教师所感受到的"召唤"。有些人直觉地感到他们是有影响力的、鼓舞人心的教师。他们一直都相信与儿童或成人一起工作是有益的和有价值的，教学是"为他们"的。不可否认的是许多教师在他们的职业生涯中没有坚持这种教育博爱的感情，因为这种教育博爱出现的次数太少了。事实上，我们期待当今的大部分教师拥有这种教育博爱有些不

158

切实际。因为这种与教师角色相关并充满吸引力的情感，不仅超越了简单的工作，还非常具有挑战性。

这些讨论对每位教师而言都是非常熟悉的，以至于似乎没有必要强调它们。然而教育情感方面的事实及其相互关系都需要明确，以便我们在讨论教育中的直觉和爱的时候进行阶段划分。这些事实一旦公开就为讨论提供了基本的参考框架。在这个框架中我们用直觉和爱对教育环境和哲学进行研究。现在让我们来看以下几个哲学流派，它们已经认识到爱和直觉在教育中的重要性。

佛　教　禅　宗

禅，从根本上看是直觉和非理性的，也就是说它所获得的知识并非源于三段论推理，而是经常没有任何象征性的解释，通常不能用语言来表达。这种知识或启示是自发产生的，尽管这可能需要长时间的准备。禅师的偶然点拨或行为便可以揭示新信徒们一直在追求的真相。在禅宗的著作中，有许多简短的交流，以心传心，被称为"心印"（koan）。它们阐明（或至少指向）顿悟时发生的事情。以下是一个典型的"心印"。

一个好奇的人问了禅师一个问题："道路是什么？"

"它就在你眼前。"禅师说。

"为什么我不能亲眼看到它？"

"因为你在想着自己。"

"那你呢？你看到它了吗？"

"只要你还看到两个人，说'我没有''你有'，那就说明你的眼睛还是模糊不清的。"禅师说。

"当既没有'我'也没有'你'时，有人能看到路吗？"

"那时候，既无'我'也无'你'，是谁想要看到它？"[7]

在这个禅宗案例中，有几条重要的线索揭示了直觉对禅的重要性。首先，请注意，领会"道"（道路）的隐喻是看见、平行直觉、直观和许多其他与直觉相关的术语。当"道"最终被理解时，宇宙被清晰地看到而没有被扭曲或失真。在禅宗教学中，关键词之一就是中文词"见性"（chien-hsing），意思是"探寻心灵的本质"。"见"字表示纯粹的看见。[8] 因此，见是没有障碍而清晰地看见。它深深地根植在禅宗的教导之中。正如"心印"所暗示的那样，这种看不仅仅是观察，更意味着视域融合——被看见的对象和观察者（教师）的融合，最重要的是禅师和信徒的融合。学生和教师、人类和自然，这些经常相对应的实体之间存在区别，两个辩论者的立场在追求更大的真理方面亦有所区别，但他们应该像普罗提诺（Plotinus）① 那样相信直觉的洞察力。这种看似不相容的实体的融合，就像上文提到的友爱的希腊语意义那样，不应被西方教育者轻视。教师和学生的经验之间的、不同学科的基本概念和原则之间的直觉联系，以及教师、学生和其他人之间潜在的、可以共享的教育的经验都非常重要，并且这些领域都具有独特性。禅宗可以为以上几个领域提供澄明和灵感。

禅宗训练也关注"爱"，我们也试图从各个角度对爱进行定义，尽管这对于第一次接近禅宗的人来说可能还不够明显。从下面所描述的一段禅宗公案的描述来看，禅宗大师对学生来说显得粗暴甚至残忍。Hiju Yesho② 是一位著名的禅师，曾经被一位僧侣问："什么是佛陀？"

禅师回答说："猫正在爬木桩。"

那名僧侣承认，他无法理解禅师。

---

① 普罗提诺（204—270），又译作柏罗丁、普洛丁，新柏拉图主义奠基人，罗马帝国时代的哲学家。——译者注

② 该日本禅师尚无通用的合适的中文译名。——译者注

禅师说："你去问那个木桩。"[9]

利奥·巴士卡力（Leo Buscaglia）① 在《生活·爱·学习》（*Living，Loving，and Learning*）中写了一个更具戏剧性的例子。这个例子表明心印会让那些不熟悉的人感到不耐烦甚至产生敌意。在和禅师路过一个日本花园时，巴士卡力一直在频繁地谈论他所知道且自认为重要的事情。突然，禅师转过身来打了巴士卡力的嘴。当巴士卡力问原因时，大师回答说："不要用你的脏脚在我的脑海里走！"[10] 我们马上意识到这是一种晦涩而又具有戏剧性的沟通方式。禅师用这种方式明确表明了双方的哲学信仰和对原则的承诺。学生的个体启蒙和禅宗大师的智慧都值得珍视，在任何情况下都不应被琐事影响。如果他们被影响，一个平时温柔的禅师可能会突然变得严肃。当然当学生不做我们想要他们做的事情时，我们并不提倡打学生。但禅宗大师所表现出的关切和果断为我们提供了一个思路。虽然我们处在一个完全不同的文化和教育背景下，但这些案例已经向我们展示了教育博爱如何成为教学和学习的重要组成部分。

在简要介绍禅宗之际，我们还想考察这一哲学流派将关怀与爱进行融合的其他方式。有一个著名的例子发生在禅宗大师与自然的关系中。与西方人反抗自然力量的观念不同，禅宗认为人与自然之间没有冲突，而是团结、和谐和友爱的，并且不承认个人生命的结束和外部世界的开端之间存在明显的区别。铃木大拙清楚地表达了禅的这个方面的内容：

> 人从自然中分离出来，但仍然是自然的一部分，因为分离这一事实本身就表明人类依赖于自然。因此，我们可以这样说：自然孕育了人类；人不可能脱离自然，他仍然扎根于

---

① 巴士卡力是 20 世纪晚期美国著名的教育家、作家和演说家，一生奔走各地宣扬爱的理念和对人类的关怀。——译者注

自然。因此他们之间不会有任何敌意。相反，人与自然之间必须始终保持善意的理解。人从自然而来是为了在自己身上看到自己的自然；也就是说，为了在人类身上看到自己，自然来到了自己身边。[11]

这是禅宗世界观中的和谐、互惠和统一，它采用了西方人容易理解的方式来呈现。同样，我们也可以毫不费力地看出禅宗对创造力的态度。禅宗直接影响了俳句（haiku）和禅意画（sumiye）这两种表达方式。俳句是一种短诗，由有限数量的音节构成，它具有强大的、唤起情感的意象的潜在力量。这对教师来说是众所周知的，我们不需要在这里讨论它的形式。不过，禅意画值得简要提及，可作为禅宗关注美学和沟通的一个很好的例子。禅意画，或者更确切地说，用墨进行的快速描画，用的纸张非常轻薄，以至于不需要修改、擦除，甚至笔都不怎么在纸上停留。绘画必须快速地完成，不需要对角度、阴影等进行合理的思考。它必须反映出艺术家的毫无修饰的直觉。因此欣赏者必须凭直觉了解绘画的内在"精神"，并寻求理解艺术家所要表达的内容。这与传统西方艺术不同。传统西方艺术寻求重现现实物理世界中的特定时刻。禅意画则是向观者传达艺术家自己想象中的景观、树或鸟，从而让观者看到一些从未见过的东西，其中充满了意义和情感的内容。禅意画实际上是禅宗对生活和学习态度的一种很好的比喻：承认个体，但是仍然重视整体性；看似晦涩或古怪，却传达了关于启蒙和生活的深刻信息。

裴斯泰洛齐的爱的教育

在第一章中，我们看到裴斯泰洛齐的教育思想非常强调从观察中推导出意义的直觉。裴斯泰洛齐还认为，爱是孩子受教育和发展的重要力量，不是一种额外的装饰品或多余的情感，而是教育者关心的核心问题。他写道：

> 在人类的情感中，孩子对爱的感觉清楚地表达了这个理想（人的内心的理想）。因此，如果要保持与理想的和谐关系，那么爱是核心力量，所有其他的情感必须处于适当的从属地位。同样的道理，认知活动与爱镶嵌在一起，所以它也是人类行为中明确传达理想的核心力量。[12]

因此，裴斯泰洛齐认为，爱是最好的激励人类行为的背后力量。儿童具有爱的潜力，儿童对爱的发现和尊重构成了其成长的主要部分，教师必须确保教育不妨碍这种发展。事实上，在裴斯泰洛齐看来，教师需要做得更多，包括：他们必须提供一个道德和宗教教育计划以鼓励孩子更好地发展自我。他相信孩子的父母，特别是孩子的母亲在培养孩子信仰上帝和公平行事方面的重要作用。这种经历的最终结果是我们得到一个尊重自己和他人、相信上帝、满足和快乐的成年人。[13]

爱在教育中的作用存在差异，比如裴斯泰洛齐说的那种作用和禅宗所说的爱的作用就存在区别。首先，裴斯泰洛齐以一种非常直接甚至是直言不讳的方式书写爱，而禅宗间接地暗示了爱的重要性。其次，裴斯泰洛齐在基督教文化中、在对上帝的信仰中建立了他对爱的论证，而禅宗认为并不存在人格化的神。[14]

然而，裴斯泰洛齐与禅宗哲学也有相似之处，例如，二者对教育的观点很相似，这点十分重要且值得强调。两个思想体系都强调个人发现和成长的重要性，强调与更大的整体和谐相处的必要性。双方都认为这些目标不能仅仅通过逻辑思维过程来完成，更需要与他人互动和内心自省，需要较长时间才能达成目标。我们还应该注意到，这两种学习观在根本上对人类的潜能和发展保持积极的态度，并且都反对固执偏见，反对人的资质有优劣等级。

裴斯泰洛齐不仅是一位教育理论家，而且实践了他所宣讲的东西。在 19 世纪早期的欧洲，他所在的伊弗顿（Yverdon，或译伊弗东）学校和其他学校形成了鲜明的对比。在其他学校中，殴打、无休止的诵读和严厉的教师十分常见。然而，在裴斯泰洛齐的学校里，孩子们得到尊重，被温柔地对待，教师依据他们的能力分配任务。总之，最重要的是爱，爱以最慷慨、最无私的形态渗透在教学的言语和案例中。他如此真诚地强调爱是一种教育力量。当一个农民来到伊弗顿学校时，他惊呼道："这不是一所学校，而是一个家庭。"虽然裴斯泰洛齐的学校最终衰落、关闭，但是他向教育者传达的"让教学和生活充满爱"的理念没有被遗忘。这仍然是他最重要的贡献之一。

裴斯泰洛齐试图将仁慈的父母、温和的校长甚至乡村牧师的角色合而为一，没有几个现在的教师愿意或能够承担这一任务。[15] 因此，他能够成功地创造一种培养直觉和爱的环境，可部分归功于他对学生产生广泛影响的能力。他对学生产生了深远的影响，正如尼尔在夏山学校所做的那样。相比之下，今天的教师必须遵守明确的时间规定来开展工作，这就明显降低了教师对学生的影响力。在本章的后面，我们将再次谈到培养直觉和爱的这一主要障碍。

马丁·布伯和《我与汝》

在 20 世纪，有许多聚焦关怀和爱的哲学家与神学家，马丁·布伯可能是最有影响力的一位。他的著作《我与汝》对公众和基督教神学家都产生了巨大影响。在我们这个时代里，在对人与人之间的关系的阐述方面，该书被认为是最重要的著作之一。布伯将人与人关系的演变描述为从"我与它"到"我与汝"的变化。在"我-它"的关系中，一个人并没有真正体验到另一个人的存在。在"我-汝"的关系中，人与人之间充满了更丰富、更深刻的意义。在解释"我-汝"关系的性质时，布伯写道：

> 关系是相互的。我心中的汝影响了我，因为我影响了它。
> 我们的学生塑造了我们，我们的作品塑造了我们。被神圣的
> 最初的语言轻轻触动，"坏"人变成了一个人。儿童和动物是
> 如何教育我们的！我们活在不可思议的生命中，其中充满普
> 遍流动的生命。[16]

布伯认为，在"我-汝"关系中，我们被吸引到一种新的存在形式
之中，其中充满奇迹、神秘和亲近神的无限可能性。人们对关系的认
识和参与可以通过精确的措辞、礼仪或者其他具有象征意义的东西进
行表达，但这远不如直接参与行为那么重要。

> 人的行为表现中的精神是对他眼中的汝的回应。人可以
> 运用多种方式进行表达，或语言，或艺术，或行动的表达；
> 但是精神只有一个，在对汝的回应这一行动中，他呈现、表
> 现出了他自己，使他不再神秘。[17]

在方法层面，布伯与禅宗明显不同。布伯试图展示一种可能性，
即两个人在没有文字或符号的情况下变得亲密与爱分享，实际上是在
静默中分享。这种经验类型与受到信徒追捧的禅宗的整体性和统一感
并不相同。这种经验类型还让我们想起第一章中讨论的普罗提诺的
作品。

布伯有关我与汝关系的观点是一个直觉经验。它与关怀和爱的概
念密不可分，并与裴斯泰洛齐对教育的许多观点相辅相成。虽然布伯
不反对使用理性来解决问题，但他非常重视感情。他告诉我们，感情
给我们带来了从其他任何途径都无法接收到的信息。他说："感情是
'内在的'，有生命的地方就有感情，病愈出院的人有情感。在关心的

一瞥之前情感谱系在跳舞。"[18] 这一"内在"信息包含了许多启示，例如关于我们自己、我们与他人的关系，当我们做出重要的选择时这些关系会指导我们。就最根本之处而言，与裴斯泰洛齐的教育价值观强调关心的基础一样，布伯的我与汝关系的基石也是对上帝的信仰。他没有把上帝专门描述为犹太人所说的神秘主义的上帝，也没有将之描述成基督教的上帝，而是将之描述为更一般的形态，即在我们所塑造的每个汝的背后都是真实的存在。正如布伯所言："每一个特别的汝都是对永恒的汝的短暂体验。"[19] 虽然上帝不应该与其他人、集体、汝相互混淆，但是我们寻求对他人的感应与我们寻求上帝在本质上是相同的。此外，上帝无处不在。这使德尔斐的说法成真——"无论呼唤或沉默，上帝始终存在"。布伯把对人类接触的探索与对上帝的寻找相融合，用非常直观的方式指出了现代人的两个主要问题。同时，他也强调人性的发展和进步对教育至关重要。

与那些在教育背景中关注直觉和爱的人相比，布伯的关注更为全面。但是其中包含了宗教的因素，因而可能不适合公立学校的课堂。尽管如此，对所有关注爱与直觉的发展及其相互作用的人来说，布伯著作中的核心思想仍然具有重要价值，也就是说，对于与我们互动的人、我们教导的人或我们关心的人，我们必须进行直接观察和体验，而不能依靠言语或符号作为中介，导致其影响力降低，让"汝"沦为"它"。现代学校经常过分拥挤甚至非个人化，在这样的环境中，我们必须记住"我-它"和"我-汝"之间的区别，"我-汝"关系值得珍惜。

直觉和爱的互动

直觉和爱在学习环境中以三种特定的方式互动：教师和学生之间的关怀和直觉敏感性，教师和学生可能共同感受到的关于某一学科领域的爱和直觉"感受",以及对学习或教学行为的爱。我们依次考察它们,看看它们如何与我们已经探索过的直觉概念相联系。

师 生 之 爱

从古希腊开始,许多教育评论家对学生和教师之间的爱进行了评论和赞扬。[20] 这种爱的感情似乎在某些历史时期被遗忘了,例如在 17 世纪和 18 世纪,那时,鞭刑和其他残暴的教育方式是常见的。在 20 世纪,进步主义教育运动的倡导者以及其他教育者开始强调以更友好人道的、温柔的方式对待儿童。今天理想的教师是一位充满爱心、有参与力、准备融入学生群体之中的教师。当然,现实往往达不到这种理想状态,教师热情衰退,全部的教学/学习经验都沦为了简单的重复练习。这个困难没有简单的解决方案,实际上它不是一个单独的问题而是复合性问题,即具体案例的情况不同,其重要性和结构都会发生变化的问题。但是我们将对以下两个问题进行普遍性考察:其一,在繁重的教学工作中考察教育博爱的持续性;其二,教育博爱与直觉的关系。这是迄今为止我们知之尚少的领域。希望考察能对这一领域有所启示。

无论是教师还是学生,都应"敞开心门"让对方成为"汝",与此同时,承认并尊重他人的直觉观点。这个直觉观点是从他人和周围环境中得到的。如此一来,教或学就会变得更容易。选择最佳的回应,评估对方真正需要或想要的东西,辨别恰当的行动界限——所有这些过程都可以凭借直觉和分析推理。教育者应当意识到直觉,重视直觉。需要特别指出的是,教师应该努力发现学生真正想学习的内容。学生们的兴趣可能与教师心中的课程内容一致,也可能完全不在课程所提供的内容范围之内,或者它们与课程主题只是稍微沾边。教师对概念和事实的直觉性的重组能够将课程主题和学生的关注点结合起来,还

166

能强化二者。除此之外，学生的兴趣和关注点有助于扩大教师所教学科的概念，甚至扩展教学本身的使命。这种觉悟本身就是一种直观性的突破。它可以丰富教学经验，赋予教师继续参与学生生活的力量和动力。我们必须明确强调，我们不仅仅提倡以儿童为中心的课程，尽管这些课程的某些方面可能是合适的。教师不需要放弃所有权威，也不需要废除预先制定的课程。学生的兴趣和关注总是可以作为一个因素被引入课程，而不会破坏规定的教学科目和程序。

对学科的爱

现在让我们专门地讨论对学科的爱，这是学生或教师可以感受到的。对特定学科（例如地理或数学学科）的兴趣甚至热爱不应等同于学习该学科的能力，尽管这两者可能经常同时出现。实际上有时学生可能会主动专注于他很难掌握的某项任务或概念。然而这种全神贯注可能并不一定反映他对特定学科的兴趣，而可能是学生生活中另外的矛盾或新的关注点的象征。在这种情况下，教师的敏感性和关注度可以与对孩子需求的直觉印象相结合，从而帮助教师制定策略使孩子在努力后获得更多的满足感。然而，这种全神贯注并不是唯一的，学生对学科问题的直觉和喜爱也活跃其中。例如，有一个学生对收集旧硬币非常迷恋。该兴趣产生的原因可能是复杂而模糊的，也许她的父母或哥哥姐姐都是业余的钱币玩家，或者她偶然间在祖父母的阁楼里发现了一枚旧硬币。无论被触发的方式如何，她的好奇心被唤醒了，她带着关于硬币的问题来找她的五年级老师。她的困惑是关于带有印第安人头像的便士和带有水牛图案的镍币的。这个案例说明学生的兴趣不一定要被引导到课堂学习的主干科目中；只要在时间和其他课堂规定允许的范围内，对于硬币（或恐龙，或飞行，或其他）的兴趣应该得到支持，因为女孩无疑会从这种学习经验中获益。当然，可能还有许多复杂因素：教师可能无法回答女孩的每一个问题，或者学校的图书馆可能没有足够的资料，导致这个学生无法进行深入研究。两者相比，后者更重要。无论这名教师是否选择花很多时间教授这个特定的学科知识，最重要的是教师要激发学生对这个学科的兴趣。如果学生的想法需要支持或鼓励，教师可以告诉他们无论在课上还是课下，对问题充满兴趣、努力钻研是非常有意义的。对某一问题领域有浓厚的兴趣，无论它是学校教授的一门课程还是关于课外学习的兴趣活动，它都值得参与。情绪健康的孩子本质上是天真的、富有想象力的、有创造力的；对他们不加干涉，他们自己将会去实验、探索。乔治·伦纳德（George Leonard）说得好：

> 我们不承认的是，每个孩子一开始都是阿基米德、亨德尔、尼采。一个 8 个月大的婴儿成功地平衡了一个积木与另一个积木之间的关系。其重要性不亚于尼采。虽然他现在不能用语言流利地表达它，但如果可能的话，这也难不倒婴儿。因为，对他来说，这样的时刻很多，并不像尼采的光辉时刻那样稀少。[21]

在承认儿童的创造潜力的同时，我们也认识到孩子具有直觉地理解概念、关系和解决方案的能力。儿童具有探索和发现的非理性潜力，这一观点得到了公开的赞同。这也为单调乏味的课堂仪式提供了另一种选择，并向学生传达了一个信息，即他们自己的发现和想法很重要。大多数时候，学生经常收到其他信息，其内容为学校科目，很无聊而且不值得感兴趣，而课外兴趣活动虽然很"有趣"，但很少能够得到家长或教师的支持。[22]

除了师生之间交流对学科的热爱之外，还有另一个话题值得讨论，即教师从非常热爱某学科转到非常热爱他的学生。这种转移必须符合以下条件：第一，对特定学科的迷恋；第二，对某些（但不一定是全

168

部）关系和概念的直觉感；第三，向其他人传授这种知识的愿望；第四，全情投入的有效沟通的能力。直觉对上述的每个因素都很重要，因为教师需要利用学生的兴趣和能力的忽现瞬间，如某天教室的氛围，或者许多其他因素。这些因素处在流动、动态的教室环境中，我们无法对其进行合理的分析。当教师决定如何、何时以及以何种程度与学生交流该学科的信息时，教师都应当培养和信任直觉。我们必须记住不仅事实性的信息可以传达，对学科领域的热爱也可以传递。对于后者我们没有简单的程序，也没有万无一失的策略。我们可以做出的最具体的陈述是：对一个学科或方法真正感兴趣的关怀型教师会将这种热爱传达给部分学生——可能只是一两个。这种沟通看起来不太成功。稍后我们继续讨论这个核心问题。

对教与学的爱

最后是人们对教与学的爱。这种爱是整个教育事业的核心。如果没有最广泛意义上的教学热情，教师能做的有用的事情会更少，失去学习欲望的学生将无法从任何形式的教学中获益。然而传统教学往往削弱了学生的学习欲望，并消耗了教师的热情。尽管许多教育体系的设计者的初衷是好的，然而学习和发现却变得困难甚至几乎不可能。正如爱因斯坦，他是公立学校中著名的失败者，他说："现代教学方法没有完全扼杀神圣的探究意识和好奇心实在是一个奇迹。"[23]

孩子们一开始对他们的生活充满好奇，充满发现和体验的快乐，并且更重要的是，向他人展示他们所发现和学到的东西。在这个过程中，存在着对探究的持久热情的种子以及分享和交流所学知识的愿望。这两种特质都不需要在课堂上"创造"或"点燃"，而需要保持并得到鼓励。教师知道这并不容易。当学生上课时，他们的主动性、好奇心和对学习的热爱可能已经遭受了挫折。这些挫折包括冷漠的父母、教育者以及反应迟钝的学校机构造成的贬低和打击。当教师要求儿童第一次回答问题就必须提供正确答案，当学习开始强调速度和精确度，这二者便抑制了儿童使用直觉的自然倾向。正如布鲁纳所指出的那样，猜测经常会被惩罚，并被与懒惰联系在一起。[24]

善于启迪智慧的教师必须与这些障碍做斗争。即使学生做出结论可能有些仓促，教师也要用博大而宽容的对教学的热爱来回应那些充满热情的、幼稚的错误。教学作为这种爱和认同的对象是一种最苛刻的活动。教学很难做到每次都很成功，甚至有时还令人筋疲力尽。更恰当地说，这种行为应该称为教与学，因为这两项活动是不可分割的。没有人能够在真正意义上帮助他人发现宇宙，但是教师可以帮助学生了解某一学科、认识自我以及见识他人如何构建事物。所有的小学教师都知道，与孩子们一起工作可以给他们带来源源不断的好处，那就是看待世界的新视角和新方法。凭借宽容、耐心、幽默感以及对发现和学习过程的显而易见的热情，教师可以在年长的学生甚至成年人身上激起好奇心和勇气的火花。对于许多教师而言，与擅长直觉思维的学生的互动为他们提供了继续从事教学的动机和鼓励，使他们可以持续地热爱教学/学习行为。

爱 的 障 碍

成为一名关怀型教师是一项艰巨的工作。我们提出的建议是给那样一些教师的，他们在无情的官僚机构中工作，他们的工作环境有严重的社会问题——冷漠的年轻人以及一大堆其他的问题。一般而言，这些问题导致培养直觉成了一项似乎不可能完成的艰巨任务。本书不是写给那些身处完美环境的教育工作者的，完美环境中永远不会存在那些问题。为此，我们必须设法解决现实中的教师所面临的巨大困难，即教师薪酬过低、专业性不被承认。我们可能无法找到所有问题或大

170

多数问题的答案，但我们会尽量尝试界定和阐明将直觉和爱引入课程后所面临的问题。

从本质上讲，大型组织管理应追求稳定性、连续性和可预测性。拉里·古巴（Larry Cuban）等人表明，在过去的 100 多年里，虽然许多改革者和呼吁改革的团体已经做出了艰辛的努力，但是美国公立学校的课程仍表现出惊人的延续性。[25] 因此，教育管理部门不太可能对新的课程和教学体系感兴趣，而且新课程与教学非常强调难以描述、不可量化的存在，比如爱和直觉等。教师可能会收到来自上级的微妙（或不那么微妙）的信息，建议他们专注于该州最低能力测试中包含的内容和程序。由于感受到非传统的学习方法和这些方法所蕴含的价值观的压力，更加保守的同事可能会给新教师施加压力。因为这些新教师对待学生的方式与他们不同。总而言之，这些力量构成了强大的惯性和向心力，使教育趋向于整齐划一，而整齐划一是我们教育体系的标志。而这也是课堂中阻碍爱和直觉的重要因素。

教师必须决定如何处理这些压力，决定的第一步是，要看他或她对引入直觉和爱有多大的决心。如果没有承诺和信念，那么遵循传统的教育实践，他可能会做得更好，而不是成为一个三心二意的投机者。但是，如果教师认为直觉是孩子们值得发掘的东西，爱是这一发掘过程的一个重要部分，那么就要仔细规划了。幸运的是，班主任在"关上教室门之后"仍然有相当大的自主权，而且尽管受到基础能力的测试、教师证明材料和其他因素等的影响，他还是可以在很大程度上掌控每天在教室里发生的事情。如果校长或同事对此充满敌意或持怀疑态度，教师可以悄悄地在课程中引入直觉：对你的学生说实话；让他们知道你正在倡导直觉接触和感受式学习的方式，这些方式与他们之前遇到的可能不同。如果他们看起来有些怀疑，教师可以解释几乎在每个领域中都是如此，解释很多最重要的和令人兴奋的进步是如何实现的。那不是依靠书本上的方法，而是依靠直觉的解释、"猜测"、对观点或数据的富有想象力的重新组合，以及对功能和意义的自我反思

171

性的洞察。精力和诚意是必不可少的。我们在第六章讨论了学科中的直觉方法，如果教师在那之前没有获得至少一部分学生的支持，那么他会发现大多数学生不愿意抛弃熟悉的做作业方式。

这又把我们带回到了爱的主题——这个等式中微妙但又极其重要的元素。它也是本章的主题：对教学的热爱，也就是我们所谓的"教育博爱"，而不是对教学任务的一种轻浮、过于积极、盲目乐观的态度——这样的态度在第一次面对真正的压力时就会被击倒。这不是建立在期待的基础上的情感——期待那些重要且积极的改变快速地或轻松地到来，期待学生会突然改变性格，期待教师生活的烦琐或苛刻的方面将奇迹般地改变。事实上，对学生的爱，对学科和教学/学习的爱确实会激发信念，但它是对人的能力的信念，即确信自己有能力找到新问题的解决方案，相信我们会与学生相遇，我们可以触及他们的心灵，他们也会影响我们的生命。这里提到的爱的所有形式，尤其是教育的情爱（eros）都包含着这种内心的希望，希望令人满意的教学成为可能。如果认为把这种承诺和参与称为"爱"似乎过于夸张，那么请考虑本章开头提供的爱的定义：建立亲密关系的愿望，一种类似于保罗·蒂利希（Paul Tillich）① 所谓的"终极关怀"[26]，深刻的情谊和强烈的关怀感。在课堂上的爱既不是天真的期望，也不是坚忍的顺从，而是对整个学习和教学过程的投入。它也是一种渴望，渴望用直觉情感去指导学生和我们自己。它还是一种可以抵御无法避免的挫折和失望的力量。

当爱遭遇挫折

教学可能充满了失望——真正的挫折，即无数的精力、情感投入或对直觉的依赖似乎都没有用。这些失望导致了许多教师重新审视自

---

① 蒂利希（1886—1965），美籍德裔哲学家、新派神学家，代表作有《存在的勇气》《信仰的动力》等。——译者注

己的职业生涯。这确实导致了一些教师离职。随着教学成为越来越苛刻的职业，越来越多的教师感到沮丧。人们更关注"教师倦怠"的现象，即教师在教学中难以投入情感和精力的问题。本节重点讨论的是，多种职业倦怠中的一个具体问题是，作为一个爱和直觉导向的教师，当付出的努力不足以获得成功时如何保持镇定和平衡。

有些孩子似乎对教师给予他们的关注和关心没有回应。无论我们做什么，最理想的情况是这些孩子仍然保持冷漠和难以接近，最糟糕的情况是敌对和暴力。他们中的一些人可能最终会被转移到有特殊资源支持的班级或其他的教育项目中，但许多孩子将留在我们的班级中。他们似乎无法被感动，沉浸在自己的幻想世界里，或被家庭或社会问题分散注意力。遇到这种孩子的教师会以多种方式做出反应。他们可能会认为，影响孩子的社会力量太大以至于学生不会受到课堂的影响。在某种意义上说，这些教师可能是正确的。其他人可能会因为学生的明显失败而责备自己，同时这会让他们怀疑自己的教学能力，怀疑自己对教育事业的投入，甚至怀疑自己对教学的热爱。这一节是专为这些教师而写的。

首先，我们不应该因为课堂上看似失败的事情而下意识地责怪自己。虽然从定义上讲，爱是绝对的，但它的直接的、可感知的效果则很少是绝对的。同理，如果我们对学生和学科问题的直觉还没有被证明是错误的，哪怕是表面的错误，那么我们就不应该放弃直觉的方法。请记住，与其他能力一样，直觉能力也可以通过练习得到提高，并且由于这些技能是人类的技能，因此错误是不可避免的。但是，假设事情持续性地出错呢？例如，旨在鼓励直觉过程的教学计划变得平淡，尝试向学生传达关怀和爱却遭到拒绝，本来应该充满创新的课堂看上去只是一片混乱。

如果发生这种情况，现在是时候回过头来重新审视直觉的观点了。它指引我们就课程、座位安排等做出决定。我们的决定是在什么情况下做出的？偏爱或成见是否影响了我们的决策？简而言之，当我们制订计划、设计目标时，我们是否正在努力应用一种直觉的模式？这一系列常见的问题通过教育博爱与我们之前提到的各种类型的爱联系了起来。这是直觉体验、情感和爱的投入三者之间最深刻的联系。这种爱不仅仅是专业的承诺，还与下面这种承诺相关，即这种爱应该是一种动力，是我们批判那些值得珍视的直觉情感的动力，是我们努力调整不成功的课堂情境的动力。同样重要的是，教育博爱可以成为忍受困境时的毅力之源，即使直觉的方法也无法改变困境。从这个意义上讲，爱实际上根本没有失败，而是为未来的努力、决策和直觉洞察力提供了可能。如果教师能够以一种不受干扰的方式反思事件来得出结论——他应当重视直觉反应和直觉方法，但不盲目依赖它们，那么爱就能提供最强大的力量。

爱还应该使教师认识到在典型的学校生活中时间有限。在规定时间内，爱可以帮教师辨别要做的事情的重要程度，同时毫无怨言地接受并承认自己的时间和精力有限。爱可以保持一种紧迫感，但是冷酷的决心、怨恨或者疯狂的活动都不是爱的最佳伴侣。在某些情况下，爱可以给予直觉的最棒的礼物是一种什么时候该等待或完全退出的判断力。事实上，在许多困难和紧张的情况下，最好的办法就是简单地寻找一种可以培养充满活力的新的直觉模式的环境。

最后，这一过程将教师带回到对"爱"的沉思。这需要人们通过关注美丽的物质世界来恢复精神，如欣赏秋天的缤纷色彩，与朋友一起享用一顿美食，或者听收音机里最喜欢的歌曲。这些事情都可以帮助我们重获爱的力量。这种热爱生活的大爱能够提供精力、热情和教育博爱。这种转移注意力的消遣很重要。它可以把教学行为从单纯的一份工作提升为一种特殊的职业——一种可以强化直觉的职业。

小 结

正如我们前文指出的那样，本章并不打算勾勒教育万能的蓝图。

显然在许多情况下我们可能无法为学生提供爱，无法同时将直觉和爱相结合以提高教学成效或改善师生关系。还有一些孩子，他们每次都会拒绝我们给予爱和培养他们直觉潜能的任何尝试。这种情况和这样的孩子的存在，既不意味着教育中的直觉和爱不是灵丹妙药，也不意味着遇到挫折的教师、家长或朋友的真正失败。虽然这看起来很明显，但这仍然是值得强调的一点。因为关于如何改进教学的著作往往强调简单的解决方案。其实没有一种技术或者教育理念（哲学）能够克服所有可能会遇到的问题。无论教师的能力和精力如何，不管如何运用爱和直觉，谁都无法逃避这一事实。教师可以发现他们的学生经常会因为课程和教学中的直觉和关怀情感的变化感到困惑不安。这可能会影响他们的教育和生活。如果再加上前面提到的困难，例如缺乏时间、管理者和家长不理解，那么引导学生接受包含爱和非理性思想在内的教育所面临的挑战似乎是巨大的。然而如果一个人意识到帮助几名学生，甚至是一名学生意识到自己使用直觉思维和情感来处理日常生活问题的潜力，意识到这件事的重要意义，那么这种努力就不会白费。再次声明，这种主张看起来似乎很明确，但是在实际生活中，它需要不断被强调，因为关心的对象通常指单独的个体。因此，强调直觉和爱的教学再次肯定了每个儿童个体的重要性，并加强了学生和教师之间的个人联系。这也是教育的本质之一。

本章的另一个观点是将教育意义上的爱与对问题解决的直觉方法的理解相结合。这个定义的依据来自哲学概念上的合法性。正如我们所注意到的，直觉虽然是东西方哲学和宗教遗产的重要组成部分，但在课堂上却被忽视了。同样的，我们所谓的教育博爱在教育理论中占有一席之地（实际上许多教师都在践行），但却很少被认可或公开地称为儿童学校经验的重要组成部分。直觉、公开承认和赞同关怀的态度，这三者需要被纳入教育理论和实践之中，以获得应有的合法性。

本章简要介绍了四种方法。这些方法能解决教育中关于直觉和爱的问题。还有很多其他的方法，虽然它们的具体细节不同，但都承认教育经验不仅仅是一系列的认知练习，它的内涵应该更丰富/深刻。如果教育要像杜威所建议的那样——能够促进人的全面发展，就必须能应对不同的认识和感受方式，面对我们日常生活中使用的那些方式，它还必须认识到利用爱与直觉的适应能力和不同技术组合的重要性，因为并非所有情况都需要相同的方法。

最后，这本关于直觉和教育的书引入了爱和关怀的概念，因为在教育中，这两者变得真正不可分割。一名有爱心、关心他人的教师应该意识到那些影响他对学生印象的直觉因素以及影响学生对学科内容认知的直觉因素。同样，当教育工作者越来越意识到直觉在人际关系中的作用时，他们将会比以往更加重视关怀和教育博爱。我们对扩大与加强直觉的使用和关怀的表达持开放的态度，那么教育对于学生和教师而言都会是一种更有意义的经历。除此之外，学校应普遍强调爱和直觉等通常不被重视的主题，使其获得合法地位。这可以提升公众对它们的接受程度，并将使这些人类能力在功能、思维和情感的概念中获得更高的地位。

注　释

[1] 参见 Nel Noddings, *Caring*：*A Feminine Approach to Ethics and Moral Education* (Berkeley：University of California Press, 1984). 该书中有关于作为教育中心主题的关心的讨论。

[2] Rollo May, *Love and Will* (New York：W. W. Norton, 1969), p. 78.

[3] 在新约中有许多关于爱的文献。

[4] Isocrates, *Antidosis*, 268. 哲学家恩培多克勒 (Empedocles) 也同意这一点。

[5] caritas 与 charity、caring、cherish 这些词有关，是一个拉丁词，意思是尊敬、喜爱、尊重和爱，也有珍贵的内涵。因此，这是表达情感的一个很好的词，教育博爱可以带来富有洞察力和同情心的教育。

[6] 引自 Leo Buscaglia, *Living*, *Loving*, *and Learning* (New York：Holt, Rinehart &

Winston, 1982), pp. 6-7.

[7] 引自 Douglas R. Hofstadter, *Gödel, Escher, Bach: An Eternal Golden Braid* (New York: Basic Books, 1979), p. 254.

[8] 参见 Daisetz T. Suzuki, *Zen Buddhism* (Garden City, N.Y.: Doubleday, 1956), p. 160.

[9] Ibid., p. 248.

[10] Buscaglia, *Living, Loving, and Learning*, p. 64.

[11] Suzuki, *Zen Buddhism*, p. 236.

[12] *Pestalozzi's Educational Writings*, ed. J. A. Green (New York: Longmans, Green, 1912), p. 161.

[13] 有关裴斯泰洛齐对母亲在道德教育中的角色的看法的更完整讨论,请参见 Kate Silber, *Pestalozzi: The Man and His Work* (London: Routledge and Kegan Paul, 1960), pp. 172-84.

[14] 禅宗作品中常提到"佛性",这种特殊理念可能存在于无生命的物体或生物中。然而,这并不意味着禅宗假定了一种在物质世界运动的拟人的佛力。

[15] 有关裴斯泰洛齐的实际教育成就的简要介绍,请参阅 Auguste Pinloche, *Pestalozzi and the Foundation of the Modern Elementary School* (New York: Scribner's, 1901).

[16] Martin Buber, *I and Thou*, trans. Ronald Gregor Smith (New York: Scribner's, 1958), pp. 15-16.

[17] Ibid., p. 39.

[18] Ibid., p. 43.

[19] Ibid., p. 75.

[20] 古希腊的教师通常会陪伴学生多年,用其全部的智慧来教育学生。尽管这些教师有些是奴隶身份,但仍受学生尊重。当学生长大后,这些教师有可能会被释放。

[21] George Leonard, *Education and Ecstacy* (New York: Delacorte 1968), p. 230.

[22] 参见 Paul Goodman, *Growing Up Absurd* (New York: Vintage, 1960), p. 80.

[23] 引自 Leonard, *Education and Ecstasy*, p. 231.

[24] Jerome S. Bruner, *The Process of Education* (Cambridge, Mass.: Harvard University Press, 1977), p. 64.

[25] 参见 Larry Cuban, "Determinants of Curriculum Change and Stability, 1870-1970,"

in *Value Conflicts and Curriculum Issues*, ed. Jon Schaffarzick and Gary Sykes (Berkeley: McCutchan, 1979), pp. 139-190.

[26]　Paul Tillich, *The Courage To Be* (New Haven, Conn.: Yale University Press, 1952), pp. 47, 82.

第八章

直觉研究的最新进展

关键时刻，一个新见解的突然出现，是一种直觉行为。

——亚瑟·凯斯特勒（Arthur Koestler）《创造行为》

在第二章中，我们看到直觉主题越来越多地引起公众的兴趣。最近出现了许多关注直觉的书和机构。这些面向学者与非专业人士的书和机构在塑造对直觉的普遍理解方面做出了很大的贡献。本章将介绍与直觉有关的著作和有代表性的机构，并强调教育者寻求在教学中使用直觉的观点。我们还将试图确定哪些书和研究已经明确提出了直觉的概念，以及这些概念与我们自己对直觉的定义及其用途相比如何。

对直觉的重要研究

过去 10 年最直接关注个人直觉潜力发展的书是弗朗西丝·E. 沃恩（Frances E. Vaughan）的《唤醒直觉》（*Awakening Intuition*）。[1] 沃恩认为，每个人都有直觉思考的能力，直觉始终如一地产生真理。解决问题和个人成长是该书的核心问题。沃恩将大部分笔墨用于意象、梦以及它们与直觉的关系研究。沃恩为帮助"调谐"直觉而设计的练习对希望培养直觉意识的教师可能有所帮助。

她所描述的许多练习都涉及放松身体和提高注意力的方法。这些方法不需要对外界刺激进行理性分析就能帮助人们认识自己的身体和周围的环境。沃恩还强调对所有形式的主观体验的接受度，例如图像、情感、预感或其他体验。沃恩断言，通过内省和放松来识别、接受和观察主观经验对发展人的直觉至关重要。通过消除干扰和无关的想法"静下心来"也是如此。该书最有趣的练习涉及对"直觉"这个词本身以及直觉对个人意义的思考。通过将该词视为一个咒语，重复它或专注于它的形象，人们就可以获得洞察力，并发现解决冲突的难度较小。最后，沃恩在该书末尾提供了"唤醒直觉指南"，还对该书最有用的观点进行了简要回顾。沃恩的写作风格通俗易懂，没有过度模糊的或过多流行的心理学术语。直觉和神秘主义之间的关系，尤其是在远东的思想中，得到了承认，但是沃恩并没有对直觉经验进行任何特定的宗教解释。读者可以自由地将直觉与他们认为可以兼容的任何信仰体系联系起来。沃恩还鼓励他们把各种非理性体验都视为直觉。

尽管《唤醒直觉》有这些优点，但从我们的角度来看，它存在一个主要缺陷，即没有提供关于直觉的清晰的定义。沃恩坚持直觉必须产生真理。沃恩将她的直觉概念与我们在第一章和第二章中提到的那些重要的后康德主义哲学家的概念进行了区分。这使概念更加复杂。虽然许多读者不会因为没有定义而受到困扰，但是那些想在教育中形成严谨的直觉概念的教育哲学家就会发现沃恩的书是没有用的研究基础。用这种不严密的方法解决如此棘手的定义问题可能也使怀疑论者感到厌烦。那些怀疑论者原本就不愿认真对待直觉。

沃恩认识到直觉涉及对意义的追求，但她对直觉经验或过程的描述是不严谨的，她没有强调意志的重要性。我们已经论证过，意志的驱动力对于直觉体验至关重要。沃恩似乎完全忽略了一个问题，即为什么我们能够并且想要凭直觉思考。这样的话，那些关注直觉的哲学论证或情感动机的人可能会感到失望。

尽管如此，在过去 10 年中问世的关于直觉的所有流行文献中，沃恩的著作仍然胜过其他关于直觉的著作。沃恩很熟悉最新的关于直觉的心理学著作以及东方哲学家的一些观点。她的语言很有诗意，但她的书充满了培养直觉和使用直觉的真实案例。《唤醒直觉》已经吸引了很多读者，它代表了一种严肃的尝试，即把一些不太容易理解的直觉材料呈现给读者。显然，最近任何关于直觉主题的评论文章都无法忽视这本书。

在纯粹的学术脉络中，《人类意识的本质》探讨了沃恩所触及的许多相同问题。这一论文集由罗伯特·E. 奥恩斯坦（Robert E. Ornstein）编辑[2]，涉及的领域包括哲学、心理学、宗教及其交叉学科。现代科学和传统东方哲学都在研究什么是人类的意识以及如何更好地理解人类意识。该书的重点内容如下。

● 亚瑟·迪克曼（Arthur Deikman）讨论了"双峰意识"——一种接受模式。在这种模式中，"我们仅仅接收信息"而没有进行有意识的理性思考。迪克曼的概念建立在布伯和禅宗的观点的基础上，与我们提出的许多关于直觉的主张明显相似。迪克曼还对改变思维方式的经历以及某些宗教人士所经历的"神秘的精神错乱"感兴趣。这是我们尚未提到的主题，但对许多探索直觉的人来说却是一个有趣的主题。

● 伊德里斯·沙赫（Idries Shah）以一种暗示直觉过程的方式呈现了苏非哲学的基本思想，尽管由于苏非哲学本身的非语言性质，一些概念仍然令人难以理解。正如沙赫所指出的那样，为了被理解，苏非派必须被践行而不是被阅读。沙赫的文章提醒我们，在许多非西方文化中一个人的本性的直觉部分是被接受的，并被整合到人类行为和思想的模型中。在本章的后面，我们将更多地谈论利用直觉的非西方体系。

● 乌尔力克·奈瑟（Ulric Neisser）在一篇有趣且清晰的文章中解释了视觉产生的过程。他说我们对光的刺激的反应不是完全被动的，因为我们主动接受光并提取模式，然后"理解"它们。这些想法很好地补充了韦特海默关于人类倾向于完成不连续的或"令人不安的"的数字的理论。尽管奈瑟没有使用"直觉"这个词来描述他所讨论的过程，但他所描述的"理解"数字的行为并不总是能用理性分析来解释。按照他的解释，感官印象的重新定位似乎涉及另一个组成部分。我们称之为直觉。

作为一个整体，《人类意识的本质》是一本由丰富的可读的资料构成的论文集，激励了认真对待直觉的研究者。虽然书中没有提供增强直觉的具体例子，并且没有一篇文章明确阐明直觉的概念，但是论文集是有价值的，因为其中的文章的质量都较好，并且包含了多学科的探讨。因此奥恩斯坦的论文集为更好地理解一些培养非理性的问题打开了大门。这些运动与非理性思考的过程有关，而且对后者有益。

奥恩斯坦本人也提出了许多关于人类思维和直觉认识的新观点。他的观点在《意识心理学》中得到了明确阐述。[3] 奥恩斯坦解释了当代知觉理论，强调其主观性质，然后从现代科学和东方哲学的角度解释了"裂脑研究"的含义。书中关于我们如何体验时间的篇章十分有趣。书中讲了我们如何体验时间，研究"非线性"时间体验，药物对时间经验的影响，还有持续时间、同步性和因果关系等问题。奥恩斯坦研究了一直困扰哲学家和心理学家的问题——我们如何感知空间和时间。他的研究提供了深刻的思考（如果不是总能找到答案的话）。

奥恩斯坦的书用一整章专门论述直觉的发展。他与我们一样，使用了"直觉模式"这个词。奥恩斯坦解释：人的直觉能力可以增强，也就是说直觉模式可以通过教育而提升。奥恩斯坦认为瑜伽派、禅宗和传统的苏非派都重视并培育直觉模式，它们坚持认为人类是"更大的有机体"的一部分。它影响人类并受到人类的影响。有趣的是奥恩斯坦从未说过这个"有机体"是不是集体意志或直觉意识。读者在理解人类心灵的过程中没有接受过他的任何说教。他的说教内容是，所有的东方哲学派别在理解人类心理方面都具有无可比拟的优越性。奥

180 恩斯坦研究了禁欲主义运动的问题和矛盾。该运动强调谦卑、仪式行为或自我否定，以至于失去了追求更高意识或更强认知的最初目标。他写道：

> 如果我们能够对这两种心理学［西方和东方］的无度的行为保持警惕，我们就可以摆脱其各自的不平衡，并结合各自类型中的最重要元素，而不让它们极端化。[4]

奥恩斯坦倡导的平衡对教育工作者特别有吸引力。他们试图穿过东方神秘主义和西方心理学的盘根错节的丛林，从而选择他们自己的道路。

接着，奥恩斯坦列举了直觉模式教育的其他重要方面。

一是心理的自我掌控。在这种状态下，训练有素的人可以调节心跳、体温和其他生命体征。

二是身体状态对意识的影响。例如，在瑜伽中使用呼吸练习和特殊姿势去打破普通意识的平衡，从而发展另一种意识模式。

三是关于身体微妙能量的神秘概念。总的来说，奥恩斯坦将以下几者联系起来：柏格森的"活力论"① （élan vitale）、汉斯·德里斯奇（Hans Driesch）的"生命力"，这二者体现了日本合气道的原则；中国太极拳的理念，即一切都是观念的表征而这种观念是万事万物都蕴含着的力量，这种力量可以改变客观的物体或环境。奥恩斯坦认识到柏格森和德里斯奇的观点在很大程度上已经不可信，但他仍然认为在某些情况下，当精神集中产生显著的行为结果时，"超能量的概念"还可以用。

---

① 活力论，又名生机论，是关于生命本质的一种唯心主义学说。现代代表人物有德国胚胎学家杜里舒、法国生物学家兼哲学家柏格森以及美国遗传学家辛诺特等。他们认为某种特殊的、非物质的因素（即"活力"）支配着生物体的全部活动，生命拥有一种自我的力量。柏格森竭力主张活力论，他采用了生命力的概念。——译者注

四是对思考的忽略。正如我们在禅宗与其他学派中所看到的那样，追随者在努力消除他们心中的种种杂念，尤其是远离外部世界的习惯用语。这种直觉模式教育与第五章讨论的一些练习相似，也明显与沃恩的"静下心来"的建议密切相关。

《意识心理学》为发展心灵的直觉维度提供了建议，并在结尾提出了"扩展人的概念"的建议。该建议考虑了影响人类意识的广泛因素，其中包含格式塔心理学、研究"超自然"现象以及苏非派思想的贡献。

奥恩斯坦希望在不久的将来我们能够更好地理解人类意识。这将给所有人带来重大的好处。他的书内容翔实，可供各种读者阅读。他还提供了一系列高质量的参考书目。对于直觉，他并没有给出一个明确的定义，但读者可以找到足够的材料来帮助自己建立对这个术语的理解，阐明直觉概念。因此，可以说，在与直觉主题相关的著作中，《意识心理学》是当今最有价值的图书之一。

与直觉有关的机构

我们要介绍的第一个机构是认知科学研究所（Institution of Noetic Sciences）。它致力于研究与直觉和认知的替代性方法相关的问题。该研究所由阿波罗 14 号的前宇航员埃德加·米切尔（Edgar Mitchell）在 1973 年创立，主要工作是"支持研究和教育项目。它们将扩展人类对意识本质和'身体-心灵'联系的理解"[5]。在过去 10 年中，该研究所吸引了一批杰出的科学家以及一大群感兴趣的外行。该研究所的目标过于广泛以至于引起了一些人的质疑。尽管如此，它赞助了一些重要主题的研讨会（如"有意识和无意识的心理过程：对学习的影响"），还出版了一份通讯，其中包含精心撰写、质量上乘的文章以及对研究心理和身体的相关著作的述评。大多数教师将会觉得这些材料容易理解、很有启发性，高中生也会有这样的感受。

像沃恩一样，认知科学研究所并没有依赖任何特定的哲学或宗教中关于心灵的概念。该研究所的文献表明：研究所将致力于再教育，从而改变社会，但它没有提出任何有关政治的议程。如果说有一种学说是该研究所一直坚持的，那就是坚定地认为人类思维有很大的潜力。尽管这个观点尚未发展完善，但将来可以对此进行研究和开发。该研究所目前尚未出版任何关于直觉的重要著作，也没有提供该术语的明确定义。尽管如此，直觉始终是该研究所相当感兴趣的一个主题。

对那些对直觉感兴趣的教育者来说，认知科学研究所是一个重要的潜在资源。显然它并没有参与任何形式的教育欺诈或故弄玄虚的神秘骗局。在那里，有一群真诚且非常有能力的人对与人类心灵有关的各种激动人心的主题感兴趣。从直觉的立场来看，该研究所的主要不足包括两方面：其一，公开宣称的研究领域过于广泛，这可能阻碍其对主题的深入研究，例如直觉；其二，到目前为止，它对教育实践的具体贡献仍然是个空白。然而，该研究所克服缺点的前景如同参与此类研究的任何其他组织一样，无限光明。

我们要介绍的另一个机构是意识演化研究所（The Institute for Conscious Evolution）的直觉应用中心（Center for Applied Intuition）。它研究思维的非传统概念，尤其关注直觉。该中心由威廉·考茨（William Kautz）领导，专注于科学和商业环境中的问题解决，寻求将直觉更直接地运用于创造和解决问题的过程。虽然该中心的宣传材料没有明确地讨论学校教育和公共教育系统的问题，但其提出的技术和目标对教学有明显的影响。最重要的是该中心提供了简明易懂的直觉定义：

> 直觉是人类在不用理性思考的情况下"直接认识"或获取知识的卓越能力。当直觉启动，信息开始涌现，它不是来自我们习惯运用的有意识的思维方式，而是来自意识之外，我们通常无法控制的某个地方。[6]

这种直觉的概念与本书曾提出的概念完全不同，它将意识的思维功能与直觉功能完全分开。在日常生活中，许多人体验过的理性和直觉的相互作用没有被提及，同样，我们已经定义的意志（意愿）也没有被纳入直觉过程的重要部分。

关于直觉问题的解决方法，该中心不同寻常的特点是使用了"直觉专家"（intuition experts）这个词。根据该中心的说法，那些直觉专家们的"直觉技能发展得很好，可以随心所欲地将其作为一个获得信息的清晰渠道。信息的主题可以超出和超越他们过去的教育与经验"。直觉专家能够有针对性地根据问题收集答案并通过形成共识来分析和比较答案，最终形成自己的行动基础。因此，直觉应用中心的关注点似乎是少数人，特别是直觉上有天赋的人们，而不是大多数或所有人。它研究这些人利用天赋的才能，而不志在发展所有人的直觉能力。该中心的一部分项目曾经聚焦于帮助非直觉思考者发展直觉能力，但是该中心的哲学似乎更强调天赋异禀之人的直觉能力。教师们不会发现这些方法特别有用，尽管他们可能希望在课堂环境中探索直觉共识的概念。

该中心在论证直觉在发现真理中的价值方面没有沃恩那么深入。尽管该中心声称，直觉专家的预测具有高度的准确性。考茨及其同事收集的材料包括科学证据、直觉创造力的传奇叙述以及很多关于直觉和超心理学（parapsychology）的流行文献，所有一切都证明了直觉的力量和通过"直觉共识"促进成功的可能性。

直觉应用中心提供的证据和论点很有趣。该中心为直觉解决问题的概念提供了有趣的支持，即使其本身没有直接提及教育。解决问题的直觉方法和创造力能否在商界得到认可还有待观察。我们希望它是适当的方法，这样可以减少直觉进入课堂的困难，减少其争议。

我们暂且放下关于直觉的组织机构，先来讨论关于直觉的书籍。我们来看看最近出版的一些书。这些书以一种不太明确的方式对待直觉。近期至少与直觉有某种联系的书的数量巨大，从数量众多的著作

183

里挑选最具代表性且具有广泛影响力的作品相当困难。接下来我们要做的是选择著作。这些作品以各种各样的方式讨论了直觉问题，其中一些对教育有重大影响，另一些则不然。无论是艺术的、社会科学的还是政治领域的书，它们的共同点是：关注非理性的认知方式和创造性的问题。这些书也被那些追求更充实、更广阔人生的人热切地阅读，他们也会因为直觉的力量而有所提升。

直觉与社会

在许多与直觉有关的文学作品中，最强烈的吸引力和最大的缺点都可以在下面两本非常受欢迎的书中找到——查尔斯·A.赖希（Charles A. Reich）的《绿化美国》[7] 和弗格森的《宝瓶同谋》[8]。这两本书都没有把直觉作为其明确的中心主题，但两者都使用了新的意识概念，这将有助于构建作者所设想的乌托邦社会。20 世纪 70 年代早期，赖希的书在大学校园和其他地方享有盛誉。该书是一个选集，作者对当时的美国社会进行了批判，强调振兴社会。作者还观察了 20 世纪 60 年代后期的青年文化对美国复兴的影响。我们不试图分析这本有争议的著作的所有方面，我们研究的是在形成论点时，赖希所使用的类似直觉的思维方式以及这种方式所带来的问题。

与同时代的许多其他作家一样，赖希坚持认为 20 世纪 60 年代和 70 年代的美国人被异化和碎片化了，而且这个国家陷入了物质主义的破坏性浪漫之中。根据赖希的模式，美国可以摆脱这种困境，从"意识 I"（现存的负面情况——根据赖希的划分）通过"意识 II"（对他人需求的高度注意以及根据美国已经存在的周期性变革继续践行改革的愿望）最后到达"意识 III"。意识 III 具有明显的直觉特征：赖希引用的资料来自梭罗、詹姆斯·乔伊斯（James Joyce）、华莱士·史蒂文斯（Wallace Stevens）和杰罗姆·D.塞林格（Jerome D. Salinger）笔下的英雄——霍尔顿·考尔菲德（Holden Caulfield）。所有这些人物都拒绝社会的传统智慧，通过内在意识的"正义感"在生活中寻求意义。赖希认为在 20 世纪 60 年代的青年文化中，受到这些不墨守成规的人们的启发，很多人形成了新的认识，抛弃了已经贬值的长辈们使用的理性。

这种新的意识——意识Ⅲ"宣称个人自我是唯一真实的存在"[9]。这种主观现实同时包含了共同体的福祉和深层次的个人感情，这不同于卢梭描述的"人类天性"，即如果允许孩子们自然地发展，人类天性就会得到发展。因此，意识Ⅲ的概念取决于两个假设。第一，在没有正式培训或灌输的情况下人们本能地为个人和社会利益而努力。第二，社会正在靠近一种目标，即很多人（也许是大多数人）将被培养成具有更高意识水平的人。

从教育者的角度来看，《绿化美国》带来了一个挑战——我们正在寻找直觉模式，想在教育或社会中应用它。赖希对 20 世纪 60 年代青年革命的力量和深度进行了评价。他的评价看起来很幼稚和欠考虑。"滚石乐队"没有让贝多芬的《第九交响曲》过时或显得无关紧要，麦迪逊大道也没有屈服于这一代的爱。更重要的是，赖希期待的意识革命并没有实现。事实上赖希注意到年轻人的许多社会性趋势似乎正朝着相反的方向发展。赖希所设想的直觉生活方式的兴起至少在当时被扼杀了。它转向了赖希所谴责的物质主义和疏离文化。意识Ⅲ在美国社会的失败引发了严重的问题，即赖希对内在正义感的力量的评估并不准确。这种内在正义感本应引导个人过上更好的生活。赖希非常关注个人对意义的追求，但他没有充分发展这个观点，没有明确用直觉概念来为他的哲学基础做铺垫。

《绿化美国》提到的一个令人不安的问题是许多著作正在使用"个人直觉指引"的概念。就像沃恩和其他作家一样，赖希也不清楚这个内心指引究竟是什么。书中写到，受当时发生的戏剧性事件的严重影响，赖希称"意识Ⅲ"为"解放"。他告诉我们它"不接受强加的制度"，并且其所有方面都是由能量统一的。这些陈词滥调根本不足以界定书中的核心概念。简而言之，赖希将直觉视为社会变革的一种力量。这一观点从根本上说是不严谨的，而且他几乎没有提出任何建设性的建议去培养这种直觉。

将赖希书中提出的观点和目标与我们提出的进行对比，很明显，赖希对意识Ⅱ的关注和重视程度远远低于我们。事实上，赖希似乎并不认为意识Ⅱ是社会和人类发展的一个持久或理想的阶段。然而现代社会的许多特征（例如贫穷、暴力、竞争）表明，应该做出真正的努力以确保人们至少掌握意识Ⅱ。赖希似乎想直接进入意识Ⅲ，而我们的建议和本章讨论过的大多数其他作家的建议更多的是促使社会成功地脱离意识Ⅰ。赖希拒绝承认他对直觉用途的讨论不够，乌托邦的背景则进一步限制了直觉的适用性，也就是说在现实世界中工作的人会觉得《绿化美国》中的直觉方法不适用。

《绿化美国》问世10年后，弗格森出版了《宝瓶同谋》一书。就像《绿化美国》一样，《宝瓶同谋》立即在那些希望美国社会向新方向发展的人群中产生了影响——远离西方社会中一直主导人们认知生活的死板的理性思维。此外，像赖希的书一样，弗格森的作品预测在不太遥远的未来，这种变化或革命是可能的，个人可以在新社会中获得更幸福的生活。

然而，这两本书之间存在重要的差异。对于教育工作者来说，弗格森的书清晰、明了地论证了包括直觉在内的核心思想的发展脉络。弗格森称直觉为"默契的认知"，并声称"它一直是我们所有进步的沉默伙伴。左脑可以将新信息组织到现有的事物计划中，但它不能产生新的想法。如果没有直觉，我们仍然生活在洞穴中"。[10]

弗格森认识到传统的教育方法很少强调直觉，学生也因此受到了影响，但她也坚持认为直觉正在被认可，并将在未来的教育中逐渐发挥越来越重要的作用。当弗格森所说的"全脑认知"被广泛接受时，学生不仅能更熟练地完成学业任务，而且可以更好地了解阻碍他们进步的无意识焦虑。最终的结果是当"宝瓶时代革命"发生时，学校或者儿童和成人开展学习的任何地方都将是有良好的道德氛围、充满活力和令人兴奋的场所。

不像赖希所设想的乌托邦社会那样很久都无法实现，弗格森描述的所有这一切都令人鼓舞，并非不可思议。弗格森甚至进一步提出了"集体潜意识"的主张。这种集体潜意识可以引导个人了解重要事实或帮助个人制定决策。她不清楚这种集体潜意识是否需要与某些哲学或宗教体系联系起来，也不清楚它是否仅仅是一群人的直觉共识的产物。在哲学和信仰方面，弗格森坚持多元的价值观，所以她似乎有意避免提出直觉意识方面的观点。然而令人失望的是她没有详细地给出集体潜意识的任何证据。

《宝瓶同谋》也涉及精神与疾病之间的关系以及精神对身体的影响的问题。这是我们在讨论直觉时有意回避的一个话题，但许多使用直觉一词的人对直觉的定义包含了这个话题。弗格森认为，所有疾病都可以在某种程度上与情绪压力和精神状态联系在一起。她指出使用生物反馈疗法、太极和其他与身体自我"接触"的方法已经取得了显著效果。催眠、生物反馈、冥想和其他练习都明显地利用了非理性因素的作用，因此我们可以认为这些练习与直觉有关。虽然弗格森没有详细介绍这些练习开展的过程，但她确实为那些愿意深入研究的读者提供了足够的参考。

在《宝瓶同谋》中，作者用很大的篇幅描述了精神及其在追求意义方面可以发挥的作用。正如许多其他涉及"对生活的直觉理解"的书一样，弗格森的书断言宇宙是完整的而不是支离破碎的或二元的。如果只使用思维的理性方面，就不可能在深层意义上理解这种统一性。即使是有组织的宗教也无法提供这种联系，因为它在很大程度上已变得平庸。我们了解到"宝瓶时代的同谋者"没有使用理性的或传统的宗教式表达方式，而是选择通过神秘的体验直接与精神接触。弗格森小心翼翼地避免提倡从一种神秘主义走向另外一种特殊的神秘主义。

187

相反，她为神秘主义者的观点提供了一些证据和文献。其基本观点是存在一个超越我们现实世界的世界，与其接触可以赋予我们日常生活所遇事件以意义。

即使不接受弗格森关于直觉接触的神秘本质论观点，人们也可以在《宝瓶同谋》中发现大量有用的信息和有趣的猜测。这些主要涉及直觉在未来社会中可能发挥的作用。赖希从他生活的社会中感受到了分离感和疏离感，《宝瓶同谋》的基调与之不同，即使在当下美国的背景下阅读它，其情感基调也是充满希望的。弗格森认为变革已经在进行中，因此她列出了资源和组织机构的清单，这一清单可以帮助新人融入"阴谋"。尽管书中提供的一些信息会随着时间推移而变得陈旧，但这份清单可能是该书最重要而具体的贡献。综上所述，《宝瓶同谋》包含许多关于直觉的有趣想法，还包括一些提示，即如何探究书中那些建议。

《宝瓶同谋》强调直觉在宽泛意义上对个人发展和社会变革的贡献。其他作者更关心的是将直觉技能用于特定领域，取得实质性的成功，或能够提高社交技能。关于直觉这一领域的许多书都夸大了非理性知识的功能。对此心怀疑虑的人们认为它们提供的文献资料太少或根本没有，有的人指出它们用模糊而不明确的语言回避问题。如果限定在概念层面，还有一些人尝试在社会交往的背景中为直觉下一个负责任的定义。弗洛拉·戴维斯（Flora Davis）的《非语言交流》就属于这类。[11] 戴维斯对我们发出和接收的非语言信息感兴趣，并提供了关于信号内涵的解释。对于有关沟通的每个领域，他依次予以讨论：眼睛、面部、手部、姿势、气味和触碰。戴维斯提供的大部分信息对于试图厘清学生复杂行为的教师都很有用，但该书的重点不在于此。相反，戴维斯非常重视求爱的信号、性行为的信号以及类似的主题，这与赖希和弗格森的书中所讨论的宏大主题完全不同。

目前在这个国家中，《非语言交流》可能是我们能得到的唯一一本全部内容都以社交和沟通为导向的涉及直觉的书，因此戴维斯的作品是对直觉文献的重要补充。书中的参考书目既广泛又涉及很多学科。对任何想要研究这一主题的人来说，它都是一个很好的起点。类似于其他流行的直觉类书籍，这本书也存在一个重要的缺点。虽然在书的结尾处，人们已经明白了戴维斯指的直觉意味着什么，但是该术语的真正定义从未被阐明。在书中有几个关于肢体语言和文化差异的重要问题，戴维斯也没有明确回答。具体来说，《非语言交流》中所描述的肢体语言，我们期望少数族群成员在何种程度上呈现它们？在不同的文化中，肢体语言也随之变化。对此，戴维斯提供了案例：以色列人盯着陌生人看的习俗，拉丁美洲人与人说话时站得很近的习俗。然而这些零散的信息大多是以逸事的方式呈现的，戴维斯没有对这些重要的差异进行深入系统的分析。通过肢体语言进行直觉交流很难，跨文化进行这种交流更困难，显然我们还需要做更多的工作。

189

　　还有一本受欢迎的关于直觉主题的著作是朱利叶斯·法斯特（Julins Fast）的《体态语言》。与之相比，《非语言交流》更详细。虽然戴维斯的许多说法缺乏证据，但是她仍然写出了一本值得称赞的著作，其话题虽难以琢磨，但重要性不减。《非语言交流》最明显的缺点是它试图将直觉感知变成一个像其他理性过程一样的、可以被监控和操纵的过程。由于直觉与分析推理不同，因此不能以同样的方式开发或运作。对那些希望在课堂上使用非语言交流的教师而言，虽然《非语言交流》提供的信息或理论基础不足，但它至少可以提高他们对无意识发送信息、接收和解释信息的重要性的认识。这些信息通过肢体语言和其他身体的非语言手段进行传递。

直觉与精神

　　这部分主要讨论涉及直觉的另一个主题——与直觉概念有关的精神或宗教层面。这一主题近年来引起了颇多关注。我们关注的是现代宗教或精神运动中的直觉部分，如果对现当代的所有宗教或精神运动进行一项完整的考察，那么必然应对近期宗教思想的整体脉络进行回顾。但我们不打算进行这样的研究调查，而是关注这一领域中最重要的那些研究，以便更好地理解直觉的宗教体验的含义。

关注直觉的哲学和宗教通常分为两类——以东方为中心的哲学和宗教，以及更多反映西方或犹太–基督教影响的哲学和宗教。正如我们前面提到的，犹太–基督教传统是典型的非直觉导向的，不像东方哲学和宗教那样偏重直觉导向。虽然它根本上带有启示性和使人欣喜的非理性经验，然而除了五旬节和灵恩运动还蕴含直觉的可能性之外，制度化的基督教显然缺乏直觉的成分。当基督教会认识到并承认直觉经验时，通常会采取较为被动的启示形式，如认知者被动接受知识——有时甚至是不情愿的。基督徒中的直觉者可以感受到自己与上帝或宇宙合一，但是这种感受明显不同于禅宗或印度教教徒的直觉体验。近年来一些基督教作家已经认识到这些对基督教直觉概念的限制，并试图将直觉的认知方式与基督教信仰结合起来。在这些宗教思想家中，作品阅读量最高的、最受欢迎的是阿伦·瓦兹（Alan Watts）。

关于精神和意识的主题，瓦兹的代表作是《快乐的宇宙观：意识的奇遇》[12]。瓦兹的"有意识地折中"的理论借鉴了 20 世纪的小说家如赫尔曼·黑塞（Herman Hesse）、禅宗、道教学说以及精神分析理论的元素。他将这些不同的元素融合在一起形成了一种诗意的叙事，涉及"意志与世界、主动和被动、内心和外在、自我和非自我之间的相互性"[13]。自从犹太–基督教传统形成以来，上帝和人的分离就成为一种常态。瓦兹希望超越它，使人类与整个宇宙更紧密地联系在一起。这种与物质和精神世界的直接接触显然是一种直觉接触，因为它不依赖于分析、分类和评价。这看起来很浅显。起初瓦兹的观察可能似乎只是对显而易见的问题的复述。当然，世界是一个具有许多特征的总体，其中的关系是如此微妙和深刻，凭借我们目前的理性知识暂时还无法充分地解释它们。但是瓦兹正在努力探究更深层次的东西。他试图厘清自己对世界的理解，即世界中相互对立的事物可以和谐一致，以及"代替'已知者'和'已知内容'的是'正在求知'，代替'行为者'和'行为'的是简单的'正在行动'"[14]。这种愿景只能通过生命直觉来实现，无论这种生命直觉属于哪个流派——禅宗、道教、革新的基督教，还是属于非宗教基础上的参考框架。从瓦兹的立场来看，他对建立复杂的哲学或神学体系并不感兴趣，但是由于他优雅的风格，对西方文化的透彻洞察，他的理论仍然颇具说服力。从某种意义上说，读者只有意识到这个精神话题的直觉方法，才能理解瓦兹所讨论的内容。因此《快乐的宇宙观：意识的奇遇》和瓦兹的其他著作可能无法说服许多人接受生命直觉观的理念，但是这些书将为那些已经接受了该观念的人提供支持。

对于教育工作者来说，瓦兹的《快乐的宇宙观：意识的奇遇》和其他作品作为对其他书的辅助性支持是最有用的。其他书的内容有助于更具体地把直觉方法用在学习和社交互动中。有经验的教师也可以设法在课堂上运用瓦兹的成果，以此来激发学生写作或讨论。虽然瓦兹几乎没有提供实际应用的方法，但他的书可以为那些希望拓宽自己对意识的理解的学生和教师敞开大门。瓦兹做了有价值的介绍，把东方哲学中的直觉模型介绍给了西方人。

大多数东方主要宗教都在某种程度上通过直觉的认识方式关注自己。近年来，两种特别能俘获公众想象力的东方哲学或宗教是禅宗和道教。在几十年前，美国人基本上对这两者一无所知。在第六章中，我们简要介绍了一些涉及禅宗的概念，现在我们来谈谈道教在美国被接受的状况。

关于道教的书数不胜数，但许多书没有透彻地呈现它，甚至曲解了这个古代中国看待世界的观念体系。少部分书能够清楚地表达道教对直觉体验的态度，并用西方人能理解的语言写出来，西方人可以用灵性心理学的观点去理解这一主题。其中一本书是由让·希达诺·博

191

伦（Jean Shinoda Bolen）① 撰写的《道的心理学：共时性与自我》[15]。博伦的思想以荣格的共时性理论为基础。共时性是指我们无法用推理解释的那些看似"偶然"的事件，但这些事件可以作为信息被纳入我们的意识中。道家的预言方法，例如《易经》中的预言方法，就涉及这一领域。无论是星座运势还是《易经》都让我们意识到：至今我们尚未认识到自身和直觉意识的关系。博伦坚持认为，我们所有的直觉观念都非常重要。

> 要知道如何选择心灵的道路就是要学会如何追随直觉感受的内在节拍。逻辑可以肤浅地推理出这条道路通向何方，但它无法判断你的心是否情愿。[16]

博伦认识到情感在直觉体验中的重要作用：即时性的感觉驱动直觉的思想者向前探索。虽然正如我们指出的，这种感觉并不总是对的，但它们极大地增强了直觉体验的兴奋、强烈程度和目的感。

教育工作者在阅读了博伦的短小精悍的著作后，会更多地了解中国的道教观念，同时他们也会联想到西方文化的一些特征，例如：男性思维，侧重强调逻辑、线性思维、右脑的功能；整个社会对直觉的贬抑；我们对有限的、科学的认识方法的坚持。虽然由于我们讨论直觉的作用问题，再次忽略了对直觉的严格定义，但是像奥姆斯坦的著作一样，博伦的书也是我们了解非理性认知方式的不同视角。

最后，我们应该承认亚洲作家对宗教和直觉文献的贡献。在禅宗研究领域，有一位作者十分优秀。在运用禅宗的思维方法去理解心灵方面，他的作品特别清晰且具有说服力。他就是铃木大拙，半个多世纪以来，他一直使用日语和英语撰写著作，至今仍在亚洲和其他地方具有广泛的影响力。最近，铃木大拙的作品文集被命名为《禅的觉

---

① 博伦，女，医学博士，国际知名的荣格学派心理学家，加利福尼亚大学精神病学临床教授，代表作有《道的心理学：共时性与自我》《俗女心底的女神》等。——译者注

醒》[17]。在书中，他讨论了禅宗的基本内容之一，也就是直觉先验知识。这种类型的知识被称为"般若"①，并且铃木大拙描述了它在很多方面与直觉认知方式相对应的经验。直觉认知方式是我们曾经引用过其观点的西方作家所提出的。铃木大拙写道：

> 当人们谈论直觉时，它与个体对象联系在一起。人们有直觉，直觉对象是自己所拥有的东西。主体和客体之间别无他物。这些直觉可以立即发生，也就是说，没有任何中介。虽然主体和客体是存在的，但是它们的关系是直接的，无须借助中介的力量。[18]

铃木不仅强调直觉的即时性，而且强调感知者和感知对象的显而易见的联合。这两个特征都是我们对直觉的定义的重要部分，虽然我们没有谈到"联合"，而是谈到"主体性放松"的感觉。铃木大拙传播了西方人不熟悉的禅宗观念，使我们能够理解西方哲学家的思想与东方智慧之间的相似之处。

铃木大拙还关注直觉与人类情感之间的联系，特别是与爱的联系。他认识到，爱不是我们自身以外的东西给我们的命令，如果爱是以傲慢的自我中心主义为基础的，那么它就是虚假的和具有破坏性的。真正的爱永远不具有破坏性，因为正如他所说的那样："爱进入其对象并与之成为一体，然而权力带有标志性的二元论和歧视，压制任何反对它的对象，或者不然，征服之并将其变成如奴隶一般的附属物。"[19]

因此，禅宗的观点为教师或家长提供了一个启示。爱学生不是要指导和操控他们，教师必须努力将教学/学习过程转变为一种更加全面的体验，不再关注权威，而是重视教师、学习者、学科和教学/学习行为之间的直接联系。这是我们在第七章中论证过的关系，这种关系可

①　原文为 prajna，即智慧。——译者注

以对众多学生的体验产生重大影响。铃木大拙没有具体描述这种直觉启发式的爱被如何运用在社交场合中，但他也从未承诺给予我们这类信息。他感兴趣的只是努力呈现禅宗思想的宽广视野，并让读者自己去应用这些观念。

作为一本观念类而非实践类的书，《禅的觉醒》清晰地介绍了世界上最重要的与直觉知识有关的哲学或宗教思想体系之一——禅宗。虽然根据禅宗的原则，这本书作为对全面的直觉思想的可靠说明，缺乏应用的信息和生活中的具体例子，但这并未明显影响这本书的重要性。铃木大拙还指出了以下这些可能性：同一性不一定意味着无聊或平庸（我们也称之为适当的冗余），真正的直觉体验既不是被动的，也不是攻击性的，而是一种意志和对消除障碍的认可以及对更大集体的认同（但不是在语言层面上）。

关于《禅的觉醒》我还有最后一点想说的：铃木大拙和其他禅宗作家一样提到了一种集体或总体的直觉。它超越了单独直觉者的个体经验。这种集体直觉似乎不仅是对人类和所有生物的印象，甚至还涉及整个宇宙。虽然这种说法不能被理性地证明，但教育者不应轻易否定它，因为它会对教学产生深远的影响。如果有可能获得对一块礁石、一首诗歌、一套政治制度或一种微生物的直觉，那么，所有形式的探究之现实性和迫切性将会增加。如何做到这些？那些认真阅读铃木大拙作品的人肯定已经得到了答案，同时牢记了我们在第五章和第七章中讨论过的制度和其他限制。

在发展神秘的直觉或宗教观念中的直觉的过程中，远东并不是唯一一个不受犹太–基督教干扰的地方。在美国西南部进行实地考察时，人类学家卡洛斯·卡斯塔尼达（Carlos Castaneda）遇到了一位印第安的雅基族（Yaqui）萨满，他向研究者介绍了一种致幻性药物。它可以使人进入"不同寻常"的世界。这可以被看作卡斯塔尼达在这方面研究的起点，他在1968年出版了名为《唐望的教诲：亚奎文化的知识系统》[20]（以下简称《唐望的教诲》）的著作。卡斯塔尼达随后出版的其他几本书进一步发展了《唐望的教诲》中提出的观点。这些观点迅速受到娱乐界人士、吸毒者、当代反主流文化圈的欢迎。与这本书的流行几乎同时发生的是，诸如佩奥特碱（peyote）①、迷幻药（L. S. D.）和仙人球毒碱（mescaline）等使人上瘾的药物被滥用。因此，《唐望的教诲》被誉为致幻剂使用的哲学依据。与此同时，这本书也被许多人谴责，他们认为该书鼓励对危险药物进行不负责任的实验。

我们对卡斯塔尼达作品的关注点在于，它提供了一种导向启蒙的非理性体验。这种体验对任何试图理解直觉模式的人都有价值。卡斯塔尼达的描写引人入胜，富有诗意，表达了他对这种不同的认知方式满怀欣赏。但是卡斯塔尼达逐渐进入了雅基族巫术这一神秘世界，而这对于在教室等传统环境中关注教育的人来说几乎没有用处。除了使用致幻性药物存在明显的法律和道德缺陷之外，参与唐望仪式所获得的启蒙的类型对教育者或哲学家的价值也非常有限。因为除了药物反应带来的初步经验，卡斯塔尼达所描述的经验在其他任何情况下都无法得到验证或证实。

这是一个严重的缺陷，不仅是在哲学的立场方面，还包括实际立场的。当然，许多其他神秘的直觉体验也无法得到验证（这就是为什么我们没有对它们进行讨论），但是特别需要关注的是，使用佩奥特碱背后隐藏的问题是将绝对真理或现实归因于直觉体验。理性地说，我们无法证明铃木大拙与他所看到和触摸过的那朵花的结合，如同我们无法证明卡斯塔尼达在服用了一种刺激大脑的药物后变成了一只乌鸦。然而，后者似乎更难接受——也许是因为我们知道他使用了致幻性药物，也许还因为卡斯塔尼达的叙述所形成的戏剧性的形象。然而在这两种情况下，我们都面临超出任何理性可以验证范围的经验。重要的是要记住，我们强调的直觉是可以被测试的，或至少是可以公开的和相互分享的：数学的直觉可以被证明，对遥远地方文化的直觉可以通

----

① 佩奥特掌是一种蓝绿色小仙人掌，具致幻作用。从佩奥特掌中提取的致幻剂，被称为佩奥特碱。——译者注

过探访该文化来验证，还有运动直觉可当场付诸实践并被观察到。那些普遍存在的直觉，例如《唐望的教诲》中的那些引人入胜的故事应被当作一种提示，即某些形式的直觉经验应当被视为重要的研究领域，即使无法将其应用在教育领域。

现在，我们已经看了近期一些与直觉有关的著作和研究，包括直觉与社会变革、意识理论、个人发展、社交技能的发展、精神性形式等内容。对于直觉的初学者而言，许多书受众广泛、销量很大，但是这些书的质量和实用性各不相同。我们用两本截然不同的书来结束本章内容。对于直觉本身和直觉在人类思维与创造力中的重要性，这两本书均持认真严肃的态度。我们可以期待这两本书。在讨论直觉方面，二者是原创性、实用价值颇高的书，二者不会一边胡言乱语或哗众取宠，另一边含糊不清和模棱两可。只有这样的书才能受到相当大的欢迎。

两部重要著作中的直觉

《GEB：一条永恒的金带》（以下简称《GEB》）① 的作者是侯道仁。这是一本不同寻常的书，不适合被纳入已经划分的任一种类。[21] 这是一部复杂而高度原创的作品，试图将来自艺术、音乐、现代数学和计算机科学的观念进行融合。侯道仁是计算机科学的教授，除了关注自身专业外，他还关注我们如何创建和组织知识体系，如何建立解释物理事件的理论模型。为了满足这些追求，他开始研究非理性知识。如果要对侯道仁的思想进行全面论述，这需要相当大的篇幅，因此，这里仅就他对直觉的观察展开讨论。像本章中提到的许多其他的作家一样，侯道仁也强调把禅宗作为一种思维方式的重要性，因为它能帮

---

① 关于此书，可参考阅读：霍夫施塔特. GEB：一条永恒的金带 [M]. 成都：四川人民出版社，1984；侯世达. 哥德尔、艾舍尔、巴赫：集异璧之大成 [M]. 北京：商务印书馆，1997. ——译者注

助我们理解直觉的本质及其运作方式。他重述了禅宗中的几个典型故事，并强调理解物理科学中的直觉因素。事实上，哥德尔、埃舍尔、巴赫的几乎所有作品都反映了睿智的判断，而直觉是其重要组成部分。

侯道仁的书内容宏大而复杂，教师和其他关注培养直觉的人如何才能运用呢？只能以间接的方式。该书的大部分内容都集中在计算机和人工智能等相关的问题上。其他部分涉及音乐和荷兰版画艺术家毛里茨·C.埃舍尔（Maurits C. Escher）的令人着迷的对称版画，后者的对称方式启发了格式塔心理学家的一些著作，但只间接地谈到直觉问题。侯道仁只在少数几个地方直接谈论直觉，例如我们在第六章中提到的关于拉马努金的段落。他没有完全解释直觉的含义，事实上他并没有将直觉的定义表达明确是有道理的甚至是应当的。侯道仁不应该因为这种遗漏而受到指责，因为定义直觉不是他应尽的任务。

读侯道仁的书，那些寻找如何培养或鼓励直觉的读者将会有所收获，那些寻求作者隐藏其中的直觉概念的哲学家将收获寥寥。书中零散分布着伪苏格拉底式的对话，这些对话揭示了侯道仁的思想，具体包括关于非逻辑或非理性的思维过程的概念、人类逻辑的局限性以及获得现实或数学的直觉概念的方法。

侯道仁在"意义的位置"（The Location of Meaning）这一章中区分了"信息承载者"（information-bearers）和"信息揭示者"（information-revealers），后者也是一种信息，它会触发复杂解释过程的信息，其中包括直觉理解。在"心灵与思维"（Minds and Thoughts）的章节中，他阐述了语言中的声音对我们理解方式的影响——这显然与我们在本书前面讨论过的直觉的某些特点有联系。侯道仁的书中隐藏着对数学运算的讨论，这隐隐指向了直觉（在我们使用这个术语的意义上），但是，对于直觉在数学教学中的应用及其重要性，他并没有做过多的讨论。

因此，在理解直觉及其在教育中的应用方面，虽然《GEB》对我们的直接帮助不大，但是它提供的关于直觉的间接信息很重要。也许侯道仁最伟大的贡献之一就是他采用了显而易见的直觉方法把学科和思想巧妙地融合在一起，《GEB》就是一个成功实施直觉规划的典型案例。侯道仁尝试解决一个基本问题，即任一有限系统如何真正地检验或理解其本身。通过思考该问题，他指出：关系性的直觉知识在丰富理解中发挥基础作用时，有限的逻辑就可以走得更远。对于大多数有能力、有理想的读者而言，《GEB》将激发我们洞察宇宙的可能概念，其中直觉知识起着重要的作用。

已故的凯斯特勒出版了几本哲学和心理学主题的书，其中一本是《创造行为》。该书特别关注直觉。[22]凯斯特勒试图阐明一种创造力理论，理论中包括有意识和无意识的过程，它产生科学发现、艺术创意和独特的灵感。他还试图将人类的创造力原理与适应于生物的一般性原则相联系。他研究了生物的广泛的共同性，还研究了人类学习中亟待解决的直觉问题，然而，他对前者的研究已经超越了对后者的研究。尽管如此，凯斯特勒提出的人类创造力的来源及其与直觉的关系的理论仍应该引起所有教育者的关注。

凯斯特勒认为，类比是直觉洞察力的表达，是不能归因于线性思维的一种经验。凯斯特勒引用了开普勒、开尔文男爵（Lord Kelvin）①、牛顿等人的例子。他指出，科学发现经常发生在以下时刻：具有直觉思维方式的思想者脑中突然蹦出一个类比的想法，这些类比将一些已知关系或事件联系起来，甚至可能与一些迄今不为人所知的关系或事件联系起来。作者使用类比、隐喻和明喻等方法为其作品赋予力量和生命，然后读者被类比启发并获得见解或审美经验。凯斯特勒解释了这种类型的学习的特殊性：

　　　　因此，本部分提到的这种类型的发现，其真正成就是

----

①　开尔文男爵本名为 William Thompson Kelvin，系开尔文家族的第一位男爵，其重要成就是创立开氏温度，标记为 K。其代表作品有《遮盖在热和光的动力理论上的 19 世纪乌云》等。——译者注

"发现了之前没有人看到的一种类比"。……换句话说：解决问题意味着填补空白。对常规问题而言，通常存在各种基质（matrice）——种类繁多的预制的桥梁，可以用来完成工作；虽然这可能需要付出辛勤的汗水来调整桥梁以适应地形。[23]

一些发现——凯斯特勒称之为"最初的发现"（original discoveries）——发生在没有预制基础的情况下。在这种情况下，直觉引导科学家或研究人员做出选择，即在类比中应该强调哪些特征。凯斯特勒认为，这个过程不发生在意识中，而发生在无意识中。在意识到类比或在营造可能孕育"原始发现"的类比的环境方面，言语、有意识的思考几乎没有帮助。凯斯特勒认为，事实上，常规地、有意识地重复日期和数字等可能会形成习惯。这与创造的原创性背道而驰：

198

> 因此，习惯和原创性就像是在有意识和无意识过程之间的两条路中，指向了相反的两个方向。学习过程向习惯的简缩、技能的自动化构成了下行；而上行的包括来自地下的微小而活跃的意向以及稀有的重要的创造浪潮。[24]

凯斯特勒进一步提倡做白日梦和构建非结构化、不受约束的环境，以使"稀有的重要的创造浪潮"更有可能。

虽然凯斯特勒描述的是成熟的科学家的贡献，但是他关于类比和创造力的观察对各级各类的教育都有重大意义。他所倡导的东西，与大多数学校里正在发生的事情截然相反，具有讽刺意味的是，与科学课程中特别常见的东西相对立。凯斯特勒提出一个我们可能会从中获益的建议，即提供去做白日梦的时间，或提供能够有助于阐释那些令人费解的现象的类比。这一建议可能会遭到一些教师的怀疑或嘲笑，但它值得认真考虑。因为这样做所花费的时间偶尔会产生意想不到的结果。而且正如布鲁纳所指出的那样，同样的直觉过程在艺术和社会的研究中也具有重要价值。[25]

凯斯特勒还讨论了我们也重视的另一个问题：逻辑与直觉的联系。凯斯特勒认识到了通常条件下，在探索过程中直觉最能发挥作用的两个条件：用知识促进直觉时，心甘情愿借助于逻辑推理时。路易斯·巴斯德（Louis Pasteur）在免疫学方面取得了开创性成就。这个故事支撑了凯斯特勒的同时运用了直觉模式和分析、理性模式的观点。我们知道，巴斯德是第一个产生将天花疫苗接种于其他疾病患者的想法的人。虽然现在回想起来，这种联系似乎很明显，但是与他同一时代的那些人相比，巴斯德能认识到这种联系说明他是独一无二的。在该领域中，他的知识积累、得出逻辑推理结论的能力以及对关系的直觉掌握，使他意识到接种疫苗可以抵御许多疾病。这种认识深刻地改变了医学，其结果是在未来的数十年中数百万人的生活受到了影响。这种逻辑和直觉的结合的核心是特定关联中那个洞察的瞬间。其行为就像更为著名的将军和政治家的行为一样，对人类历史产生了巨大的影响。

因此，凯斯特勒指明了道路，在教室或实验室中可以实现直觉和理性模式的结合，这将极大地丰富正规教育。无须放弃传统教室的所有教具或程序，教师可以将直觉过程与更传统的过程相结合。对于科学教师和学生来说，凯斯特勒对科学突破的描述使得阅读变得引人入胜、令人振奋。对于那些想要了解更多的人来说，《创造行为》的第一部分提供了一个包括有意识和无意识的具有挑战性的教学模式，它可能会影响教师对待学科和学生的态度。整体而言，《创造行为》是一本重要的著作，在直觉的培养方面，它做出了实质性的贡献，其直接贡献体现在科学研究领域，间接贡献体现在教育领域。

小　结

本章的前面几节提供了关于当下直觉观点的概览。虽然材料多种多样，但是提供了一个启发性的基础。在此基础上，我们可以对当代有关直觉思维的趋势进行一些概括。

首先，在当下直觉是一个热点话题，引起了大部分人的极大兴趣，这不同于以往几个世纪中的任何时代。心理学家、社会批评家、科学家、治疗专家、人类学家、流行作家和其他各类人群都吸收了非理性知识和智慧的概念。他们将这些概念用于解释人类行为、创造力、沟通交流和其他现象。与此同时，读者如饥似渴地吸收、利用直觉的理论，尽管这些理论五花八门且经常相互冲突。在许多情况下，那些读者将一个或几个作者的推测铭记于心。显而易见，一般公众，以及在较小程度上，还有知识分子群体中的一部分人，他们都已准备好聆听对人类思维——包括非线性、非理性成分在内的人类思维的阐释。正如我们在第二章中简要提到的那样，人们关注非理性和直觉的原因很复杂：其一，对东方神秘主义和其他直觉哲学的与日俱增的认识，例如卡斯塔尼达所描述的那样；其二，人们对传统的科学、理性主义的学习方法和知识等存在普遍的不满意。

在对那些数量庞大的令人眼花缭乱的研究非理性和直觉思维的文献进行综述时，我们被这种对理性主义及其所有作品的强烈的排斥所震撼。任何降低理性思维重要性的模式都会被那些越来越多的对当前的文化及其价值观不满意的人迅速捕获。强烈渴望去接受非理性知识，包括任何形式的甚至是无法佐证的非理性知识，已不是单纯的思想观念的兼容并包问题，而已威胁了严谨的直觉研究。首先，它使天真的读者容易受到无能的或无耻的人的欺骗和剥削，而且由于一些流行文学具有耸人听闻或不加批判的特点，这种接受任何非理性文学的渴望加剧了人们对科学领域和学术共同体的疏离，还阻碍了他们对直觉潜在价值的严肃认真研究的参与。这种态度在教育理论中的危害最严重，因为教育理论太容易受到各种思潮的影响。解决这些问题的方法是对教育理论工作者和外行进行关于直觉的教育，尤其需要教会那些外行进行区分，区分哪些作品是可信赖的，哪些作品对直觉和非理性的主张过于激进甚至鲁莽。

200

其次，显而易见，在我们研究的著作中，那些受欢迎的作家们几乎没有就直觉的含义达成一致，而且许多作家甚至没有试图定义它。正如我们在第一章中所看到的那样，定义问题并不少见。但是，对于教育工作者而言，这仍然是迫切需要解决的问题。因为如果设计包含直觉的任何一种类型的教育计划，但是却不清楚直觉的含义，是不明智的。毫无疑问，禅宗和其他神秘主义的哲学流派的支持者，将会反对给直觉一个口头的定义，因为从根本上说，直觉是非言语的和非线性的概念。虽然我们也赞同这种观点，但是我们仍然坚持认为只要教育主要依靠口头语言，那我们就需要对直觉有一个明确的定义和具体的描述，这样直觉才能指导我们的教学。

最后，这里讨论的书籍和机构提供了令人眼花缭乱的直觉的可能用途。即使我们抛开最似是而非的和过于天真的论述，在直觉领域中，仍然有许多可以深入研究直觉的有潜力的研究方向，包括人际关系、社会变革、创造力研究、智力活动和其他领域等。到目前为止，我们收集了已经出版的大部分的文献。通过阅读它们，我们完成了对这些领域的初步调查，它们只暗示了未来几十年可能的发展。奥恩斯坦编辑了一本自己的论文集，它提供了与直觉相关的各种主题的理念。这些只是探索的开端。最终，在这些研究之中，有许多领域可能对教育具有重要意义，例如，第五章讨论的增强直觉模式的技术已经具有明显的价值。

因此，目前我们对直觉的研究表明，尽管直觉话题历史悠久、久负盛名，但其仍是尚未成熟的研究领域。当下，这个领域的研究还处在起步阶段，充满了不确定性，它还涉及多个学科，甚至进一步涉及伪科学和神秘主义的领域。尽管如此，我们仍然期待出现一种公认的、严肃的直觉观，它未来可期、前景广阔。像侯道仁和凯斯特勒这般有才能和智慧的作者提出了关于心灵的观点。心灵中包括直觉的概念。直觉不是齐格弗里德·英格尔曼和特雷泽·英格尔曼认为的那种"草率的思考"。这在本书第一章中谈到过，他们错误地把"草率的思考"

201

与直觉联系在一起。在这些作者和著名的研究机构对直觉的认真研究的基础上，我们可以期待更多的教育理论工作者和实践者参与到直觉的研究与应用中来。

注 释

［1］ Frances E. Vaughan, *Awakening Intuition* (Garden City, N. Y.：Anchor/Doubleday, 1979).

［2］ Robert E. Ornstein, ed., *The Nature of Human Consciousness* (San Francisco：W. H. Freeman, 1973).

［3］ Robert E. Ornstein, *The Psychology of Consciousness* (New York：W. H. Freeman, 1972).

［4］ Ibid., p. 167.

［5］ *Institute of Noetic Sciences：Research Projects and Conferences* (San Francisco：Institute of Noetic Sciences, n. d.), p. 1.

［6］ *Intuitive Consensus：A Novel Approach to the Solution of Difficult Scientific and Technical Problems* (San Francisco：Center for Applied Intuitionn, n. d.), p. 2.

［7］ Charles A. Reich, *The Greening of America* (New York：Random House, 1970).

［8］ Marilyn Ferguson, *The Aquarian Conspiracy：Personal and Social Transformation in the 1980's* (Los Angeles：J. P. Tarcher, 1980).

［9］ Reich, *The Greening of America*, p. 225.

［10］ Ferguson, *The Aquarian Conspiracy*, p. 297.

［11］ Flora Davis, *Inside Intuition* (New York：McGraw-Hill, 1971).

［12］ Alan Watts, *The Joyous Cosmology：Adventures in the Chemistry of Consciousness* (New York：Pantheon, 1962).

［13］ Ibid., p. 63.

［14］ Ibid., p. 64.

［15］ Jean S. Bolen, *The Tao of Psychology：Synchronicity and the Self* (San Francisco：Harper & Row, 1979).

[16] Ibid. , p. 89.

[17] Daisetz T. Suzuki, *The Awakening of Zen*, ed. Christmas Humphries (Boulder, Colo. : Prajna Press, 1980).

[18] Ibid. , p. 24.

[19] Ibid. , p. 68.

[20] Carlos Castaneda, *The Teachings of Don Juan : A Yaqui Way of Knowledge* (Berkeley : University of California Press, 1968).

[21] Douglas R. Hofstadter, *Gödel, Escher, Bach : An Eternal Golden Braid* (New York : Basic Books, 1979).

[22] Arthur Koestler, *The Act of Creation* (New York : Macmillan, 1964).

[23] Ibid. , p. 201.

[24] Ibid. , p. 211.

[25] Jerome S. Bruner, *The Process of Education* (Cambridge, Mass. : Harvard University Press, 1977), p. 67.

第九章

结　　论

我们将不会停止探索，而我们所有探索的终点将会到达
我们出发的地方，并且我们是生平第一次知道这地方。

——托马斯·S. 艾略特（Thomas S. Eliot）《小吉丁》①

我们对直觉的研究首先从概念梳理开始，我们考察了直觉从古代先知到现在的最新进展。我们看到，直觉的历史就像拥有它的那些人一样，遇到了各种波折。它曾经被认为是唯一确定形式的知识，也因其不可靠性而受到谴责；它与真理和光明联系在一起，也与黑暗和邪恶关系密切；它为科学和艺术中所有创造性的领域服务，却也被称为神秘主义者和邪教徒的特殊礼物。一直以来，直觉都是一个令人感兴趣的话题，但在教育领域中，很少有人严肃认真地研究和关注它。

什么样的直觉支配了我们，这是一个问题。我们发现，直觉是一种面向对象的能力，它将内在和外在感知的材料组成理性的和意志的表征。它由意识对意义的追求所驱动。在一个深刻和富有诗意的意义上，它是人的心灵的眼睛、耳朵和手。为了研究什么是直觉，我们经

---

① 《小吉丁》是艾略特晚期诗歌代表作《四个四重奏》中的一首诗歌。小吉丁是指17世纪英国内战时期国教徒聚居点的一座小教堂，是他的祖先和他自己生活中值得纪念的四个地点之一。——译者注

过长年累月对大量文献的探究，最终发现，用"直觉模式"这一概念去描述直觉活动是最有用的——当然，出于教育的目的。正如我们所描述的那样，直觉模式的特点包括意志的参与、接受能力、感官的参与、对理解力或同理心的追求，以及主观确定性与客观不确定性之间的张力等。

203 因为我们的主要关注点在教育上，所以我们把注意力集中于直觉在智力活动中的作用，然而显而易见的是通过对其他领域直觉活动的仔细研究，教育者可能也会受益匪浅，具体领域如审美、社会、精神、实践和道德。当然我们的确在某种程度上讨论了这些问题，然而这些领域的讨论还有许多工作亟待完成，尤其是道德领域。它特别需要教育者的认真关注。当我们直觉地处理道德情境时，我们拒绝"思考"，相反，我们直接地与道德情境邂逅，接受、理解道德的含义并将我们的精力投入到为它们的服务中。今天，在道德教育领域中，方法占据了主导地位，这些方法几乎完全是基于理性和逻辑的，因此几乎毫无实效。这不仅意味着道德教育的损失，也意味着所有教育的损失。因为在道德上满足他人所需要的爱也会引起教师和学生智力活动中的快乐与兴奋。此外，这种爱以及它所滋养的智力活动，可以保护其接受者，以免各种不健康的和无道德原则的思潮侵蚀他们的心灵与思想。

在第八章中，我们认识到，许多流行的、鼓舞人心的、有用的涉及直觉的书，尽管不够严谨，却对人类社会活动的宏大问题做出了重要的陈述。在教育领域中，人们也需要重新考虑这些著作的重要性。在 20 世纪 60 年代，一些教育评论家的工作也很卓越，但是我们没有谈论他们。如果回顾一下，我们就会发现其中大部分内容都缺乏明确性和严谨性。虽然关于直觉的观点鼓舞人心，并且基本上是"正确"的，与之相反，现代教育则是枯燥沉闷和对道德不敏感的，但是直觉研究没有提供足够严谨的理论基础，也没能在理论基础之上建立一个清晰的结构。因此当我们的教育家、评论家重新回归改革努力时，我们应该努力建构一个坚固的理论结构。这本书代表了我们的一种努力，期待我们一直朝着正确的方向前进。

我们在探索中提出了几个问题，这些问题不但没有解决，甚至比研究开始时更神秘。其中一个是机器是否具有直觉，为了与我们的理论基础保持一致，我们的回答必然是否定的。任何聪明的人都会毫不犹豫地这样回答。因为没有人愿意承认自己和机器是同类的。他们预测人类永远不会飞、不能在月球漫步，或者隔着千山万水无法相互说话。此外我们不能把人类历经痛苦努力弄明白的事情弃之不顾。直觉是一种由意志直接指导和呈现的能力，它是动态的、自我关怀的，即直觉关注它本身的存在与发展，关注它所依赖的外在身体。我们可以用理性的既定形式去想象无实体的心灵，但我们无法用直觉的形式去想象无实体的心灵，因为直觉正是思维能力的一部分，它连接身体和心灵。身体是直觉的容器，承载直觉的存在、产生，以及获得意义的强烈欲望。

当然，现在我们可以（如果明智地说，应该）稍微隐藏一下我们的答案。机器可能会生成直觉的某些表现形式。机器也许可以做到以下这些：获得有限的类似直觉，对语言做出回应；通过某些预先确立的标准建立各种可能的组合，并选择正确的那一个；通过电学和化学的方法感知人类正在对它撒谎。这些成就必将是巨大的，并且实现的难度很大，然而这只是人类直觉的一部分。我们曾经暗示过为了体验直觉，要求直觉者成为直觉寄居或想要居于其中的事物的一部分。直觉者可以感受恐惧、希望、爱和渴望。我们当然可以为机器编写可以"说出"人类将要表达的情感——我们所说的恐惧、希望和爱情——的程序。但是，一台机器能够感受到一个母亲握着一个垂死孩子的手的绝望吗？能感同身受一个男人在死亡面前的恐惧吗？能体会一个人在爱人的怀抱中的幸福吗？好吧，有人可能会回应我们，必须记住《2001 太空漫游》中的"哈尔"①。这没错，但到目前为止，"哈尔"

---

① 哈尔 9000 是一台具有人工智能的电脑，出自科幻片《2001 太空漫游》（*2001：A Space Odyssey*）。该片是根据科幻小说家亚瑟·克拉克（Arthur Clarke）的小说改编的美国科幻电影，于 1968 年上映，被誉为"现代科幻电影技术的里程碑"。——译者注

仍是虚构的。

我们在几个方面可能是错的。也许如我们所认为的那样，对一个完整的智力概念而言，所谓的直觉不是必要的。也许机器可以在意志的层面上变得"有所成就"，从而发展出直觉。也许更为有趣的是，我们可以摆脱直觉和身体成为与人类完全不同的有意识的东西。最后一个也许是最有趣的，我们也注意到，我们中很少有人渴望这样的转变，就像过去一样，我们中很少有人会迫不及待地想成为"天堂"中无实体的存在。

另外一个需要回答的问题没那么深奥，它涉及熟悉度在直觉活动中的作用。我们，以及相当多的支持者都坚持认为，在直觉产生的过程中，熟悉度既不必要也不充分。但我们采取了一个大致的常规观点，即熟悉度和直觉通常是正相关的。发现是由精心准备的头脑完成的，但是如何"精心准备"以及以何种方式"精心准备"，是一个有趣而重要的问题。最近许多研究似乎表明成功的创新是由"错误"的人在"错误"的地方创造的。[1] 创新不是来自负责生产新产品的人，而是来自那些人——他们独立地工作并且负责工作的次要部分。如果这个结果与普遍的现实情况一样，那么我们就需要非常仔细地研究创新者和流水线工人所具有的"准备"的性质。

仅凭对熟悉和直觉之间的真实关系的预测，我们能否对教育提出建议呢？我们在一定程度上讨论了在提出主要概念和原则之前唤起熟悉度的必要性。这似乎仍然是正确的。但是，在这种联系中我们描述的那种熟悉度可能被更恰当地称为"设备、设施"。人们需要具备与研究领域相关的常规技能、符号和交流模式，但对设备的熟悉度是不能继续发展的，并且它也会被局限于完全的常规化之中。有些事情必须常规化，这样人们才可以自由地在一个领域内活动，但是常规化不能表征一个人的活动。为了创造，为了创新，人们必须重新看待事物，因此，必须在熟悉的领域内或与之相关的领域内找到暂未探索的新领域，人们必须有勇气进入新的领域。

在教育方面，我们认为，必须提出强有力的论据证明应当扩大学科范围——将特定主题与各种其他主题联系起来。学生应该熟练掌握基本的常规，学习重要的思想，然后暂时抽身去开展各种各样的应用、欣赏、评价，甚至零散的联想。接着他们应该重新进入该领域，提升他们的熟悉度，然后再走出去。同样，教师也不应该只教授代数，当然更不仅是教"代数一"。从一个活动中移除"再看一下"的需要——因为已经知道到了所有内容，没有什么活动比它能更加迅速地扼杀直觉。

所以，在本书的最后我们提出最后一个问题，这是一个挑战：教育能否改变，以便我们的学生能够成为时代发展的预言者？像我们建议的那样，教育有可能发生许多改变。其中大多数完全是实践层面的，例如经济上的、结构上的和教学方法层面的改变。但是这个问题可能会引起许多人的消极回应。他们的理由很简单——因为学校的任何变化都很难实现。朝着我们所设想的方向改变需要投入，需要放弃自身的利益诉求，以及需要放弃一直使用的根深蒂固的方法。显然教育可以改变。它会改变吗？我们只能将该问题视为挑战并期待一个积极的答案，一个对其他教育工作者和我们一样具有吸引力的答案。

注 释

[1] 参见 Thomas J. Peters and Robert Waterman, *In Search of Excellence: Lessons from America's Best Run Companies* (New York: Harper & Row 1982)；另见 Thomas J. Peters, "The Mythology of Innovation, or a Skunkworks Tale Part I," *The Stanford Magazine*, Summer 1983, pp. 13-21.

参 考 书 目

Bartlett, Frederick C. *Thinking*. New York: Basic Books, 1958.

Bell, E. T. *Men of Mathematics*. New York: Simon & Schuster, 1965.

Bergson, Henri. *Time and Free Will*. Translated by F. L. Pogson. London: George Allen and Unwin, 1910.

Berkeley, Bishop George. "A Dialogue Concerning the Principles." *Selections from Berkeley: Annotated*. Edited by Alexander Campbell Fraser. Oxford: Clarendon Press, 1899.

Berne, Eric. *Intuition and Ego States: The Origins of Transactional Analysis*. San Francisco: TA Press, 1977.

Bolen, Jean Shinoda. *The Tao of Psychology: Synchronicity and the Self*. San Francisco: Harper & Row, 1979.

Brentano, Franz. *Psychology from an Empirical Standpoint*. Edited by Oskar Kraus. Translated by A. C. Rancurello, D. B. Terrell, and L. L. McAlister. New York: Humanities Press, 1973.

Bruner, Jerome S., et al. *Beyond the Information Given: Studies in the Psychology of Knowing*. Edited by Jeremy M. Anglin. New York: W. W. Norton, 1973.

Bruner, Jerome S. *The Process of Education*. Cambridge Mass.: Harvard University Press, 1977 (1960).

Buber, Martin. *Between Man and Man*. New York: Macmillan, 1965.

Buber, Martin. I and Thou. Translated by Ronald Gregor Smith. New York: Scribner's, 1958.

Buscaglia, Leo. *Living, Loving, and Learning*. New York: Holt, Rinehart & Winston, 1982.

Capra, Fritjof. *The Tao of Physics*. Berkeley: Shambhala, 1975.

Carlyle, Thomas. "Characteristics." *Critical and Miscellaneous Essays*, vol. Ⅲ. London: Chapman and Hall, 1899.

Croce, Benedetto. *Aesthetic*. Translated by Douglas Ainslie. New York: Noonday Press for Farrar, Straus and Giroux, 1972.

Cross, Milton, and Ewen, David, eds. *Milton Cross' Encyclopedia of the Great Composers and Their Music*. Garden City, N. Y.: Doubleday, 1953.

Davis, Philip, and Hersh, Reuben. *The Mathematical Experience*. Boston: Birkhauser, 1981.

Dewey, John. *Experience and Education.* New York: Macmillan/Collier Books, 1963.

Dienes, Zoltán P. , and Golding, E. W. *Approach to Modern Mathematics.* New York: Herder and Herder, 1971.

Eliot, T. S. "Little Gidding. " *Collected Poems and Plays* 1909 – 1950. New York: Harcourt Brace, 1952.

Encyclopedia of Philosophy, The. Edited by Paul Edwards. New York: Macmillan, 1972.

Ferguson, Marilyn. *The Aquarian Conspiracy: Personal and Social Transformation in the* 1980's. Los Angeles: J. P. Tarcher, 1980.

Fromm, Erich. *The Art of Loving.* New York: Harper & Row, 1956.

Fuller, R. Buckminster. *Intuition.* New York: Anchor Press, 1973.

Goodman, Paul. *Growing Up Absurd.* New York: Vintage, 1960.

Green, Maxine, ed. *Existential Encounters for Teachers.* New York: Random House, 1967.

Hadamard, Jacques. *The Psychology of Invention in the Mathematical Field.* New York: Dover, 1954.

Hamlyn, D. W. *The Theory of Knowledge.* Garden City, N. Y. : Doubleday, 1970.

Hocking, William Ernest. *Types of Philosophy.* 3rd ed. New York: Scribner's, 1959.

Hofstadter, Douglas R. *Gödel, Escher, Bach: An Eternal Golden Braid.* New York: Basic Books, 1979.

Husserl, Edmund. *Ideas.* Translated by W. R. Boyce Gibson. New York: Macmillan, 1962.

I Ching. Translated by John Blofeld. New York: Dutton, 1968.

Jaynes, Julian. *The Origin of Consciousness in the Breakdown of the Bicameral Mind.* Boston: Houghton Mifflin, 1976.

Johnson, Samuel. Quoted in James Boswell, *Life of Johnson.* L. F. Powell's revision of George Birbeck Hill's edition. Oxford: Clarendon Press, 1934.

Jung, Carl Gustav. *Man and His Symbols.* Garden City, N. Y. : Doubleday, 1964.

Jung, Carl Gustav. *Psychological Types.* Translated by H. Godwin Baynes. London: Kegan Paul, Trench, Trübner; New York: Harcourt Brace, 1946.

Kant, Immanuel. *Critique of Pure Reason.* Translated by F. Max Müller. Garden City, N. Y. : Doubleday, 1966.

Klausmeier, H. J. , and Harris, C. W. , eds. *Analyses of Concept Learning.* New York: Academic Press, 1966.

Kline, Morris. *Why Johnny Can't Add: The Failure of the New Math.* New York:

Vintage, 1974.

Koestler, Arthur. *The Act of Creation.* New York: Macmillan, 1964.

Leonard, George. *Education and Ecstasy.* New York: Delacorte, 1968.

Lester, Frank K. , and Garofalo, J. , eds. *Mathematical Problem Solving.* Philadelphia: Franklin Institute Press, 1982.

Loewe, Michael, and Blacker, Carmen, eds. *Oracles and Divination.* Boulder, Colo. : Shambhala, 1981.

May, Rollo. *Love and Will.* New York: W. W. Norton, 1969.

McLuhan, Marshall, and Fiore, Quentin. *The Medium Is the Message: An Inventory of Effects.* New York: Bantam, 1967.

Memmert, Wolfgang. *Die Geschichte des Wortes "Anschauung" in Pädagogischer Hinsicht Von Platon Bis Pestalozzi.* Doctoral Dissertation, Nürnberg University, 1968.

Neumann, Erich. *The Great Mother: An Analysis of the Archetype.* Translated by Ralph Manheim. Princeton, N.J. : Princeton University Press, 1955.

Newman, James R. , ed. *The World of Mathematics.* New York: Simon & Schuster, 1956.

Noddings, Nel. *Caring: A Feminine Approach to Ethics and Moral Education.* Berkeley: University of California Press, 1984.

Ornstein, Robert E. *The Psychology of Consciousness.* San Francisco: W. H. Freeman, 1972.

Ornstein, Robert E. , ed. *The Nature of Human Consciousness.* San Francisco: W. H. Freeman, 1973.

Patmore, Coventry. "Seers, Thinkers, and Talkers. " *Religio Poetae.* Uniform ed. London: Bell, 1907.

Polanyi, Michael. *Personal Knowledge: Towards a Post-Critical Philosophy.* New York: Harper & Row, 1964.

Pribram, K. H. , ed. *Mood, States, and Mind.* Brain and Behavior, vol. 1. Harmondsworth, Middlesex, England: Penguin, 1969.

Roszak, Theodore. *The Making of a Counter Culture.* Garden City, N. Y. : Anchor/Doubleday, 1969.

Rucker, Rudy. *Infinity and the Mind.* Boston: Birkhauser, 1982.

Sartre, Jean-Paul. *Being and Nothingness.* Translated by Hazel E. Barnes. New York: Washington Square Press, 1966.

Schleiermacher, Friedrich. *The Christian Faith.* Edited by W. R. Mackintosh and J. S.

Stewart. New York: Harper & Row, 1965.

Schopenhauer, Arthur. *The World as Will and Representation.* Translated by E. F. J. Payne. New York: Dover, 1969.

Shah, Idries. *The Sufis.* Garden City, N. Y. : Doubleday, 1964.

Shulman, Lee S. , and Keisler, Evan R. , eds. *Learning by Discovery.* Chicago: Rand McNally, 1966.

Sidgwick, Henry. *The Methods of Ethics.* Indianapolis, Ind. : Hackett Publishing, 1981.

Spinoza, Benedict. *The Ethics.* Translated by R. H. Elwes. New York: Dover, 1955.

Stephens, James. *The Crock of Gold.* New York: Macmillan, 1926.

Suzuki, D. T. *An Introduction to Zen Buddhism.* New York: Grove Press, 1964.

Suzuki, D. T. *Zen Buddhism.* Garden City, N. Y. : Doubleday, 1956.

Vaughan, Frances E. *Awakening Intuition.* Garden City, N. Y. : Anchor/ Doubleday, 1979.

Vygotsky, L. *Mind in Society.* Cambridge, Mass. : Harvard University Press, 1978.

Weizenbaum, Joseph. *Computer Power and Human Reason: From Judgment to Calculation.* San Francisco: W. H. Freeman, 1976.

Wertheimer, Max. *Productive Thinking.* New York: Harper, 1945.

Weyl, Hermann. *Mind and Nature.* Philadelphia: University of Pennsylvania Press, 1934.

Whitehead, Alfred. *The Aims of Education.* New York: Free Press, 1967.

Wilder, Raymond L. "The Role of Intuition." *Science*, vol. 156, May 1967, pp. 605–610.

Woolf, Virginia. *A Room of One's Own.* New York: Harcourt Brace, 1929.

索　引

译　后　记

与诺丁斯先生相遇缘于我的博士生导师檀传宝教授对其的邀请。十多年前，关怀理论刚被介绍到中国，檀传宝教授邀请诺丁斯先生来北京师范大学讲学。彼时，我刚刚博士毕业，闻讯便赶回母校聆听讲座。

我钟爱诺丁斯的关怀理论。她认为关怀不仅是一种美德，更是一种关系。这一观点确实为我厘清师生关系乃至人际关系提供了很好的阐释。她在《关心：伦理和道德教育的女性视角》一书中指出："当儿童犯错时，我们要想想他的行为动机或许是好的，而不是简单地责备、羞辱甚至体罚儿童；我们通过这样的方式引导儿童寻找更好的自我，实现不断发展的道德理想。"这是多么令人感动的对人之良善的确认。这种女性学者对人类情感的独特信仰令我着迷。我不禁想追溯这一理论的源头。最终，我发现了诺丁斯早年出版的《教育中的直觉》一书。

在这本书中，诺丁斯肯定了人类直觉的价值，她从直觉的概念说起，梳理了古代直觉观以及 20 世纪以来心理学、文学和哲学对直觉的理解。在历史溯源的基础上，诺丁斯阐明了直觉的概念以及直觉模式的特征，并将直觉融入教育教学之中，由此开启了教育中的直觉研究。这本书是诺丁斯早期的重要著作之一，为诺丁斯后期的德育理论奠定了基础。这本书伴随着道德情感主义革命的崛起，是关于道德直觉研究的著作之一。这本书第一次明确地提出应该关注教育中的直觉。从传统看来，人们通常认为教育（包括德育）应遵循理性主义的逻辑，无论是皮亚杰还是科尔伯格都尝试从认知心理学的视角解释教育规律。但是，教育中不仅有理性，亦存在直觉。正如有些学生喜欢某门学科仅仅是因为喜欢某个老师，而喜欢某个老师仅仅是缘于老师不经意的一句话、一个眼神、一个微笑。迈克尔·J.莫布森（Michael J. Mauboussin）在《反直觉思考》中说道："我们有时会欺骗自己说，我们以一种理性的姿态前行，并且能够权衡各种选择的所有利弊。但是，这种情况可能很少出现。很多时候，'我决定支持 X'的意思只不过是'我喜欢 X'。"

本译著的翻译工作离不开天津师范大学王慧博士的支持。她欣然接受我的邀请，完成了后三章的翻译任务，并高兴地说："我喜欢诺丁斯呀！"因为喜欢，所以欢喜。这或许是女性学者某种独特的工作情调。感谢宁波大学的硕士研究生张心睿、饶浴婷、孙笑、付凯丽、胡雨君、严惠芬、李冰心、张晗、厉雅慧，以及天津师范大学的硕士研究生张倩、王雯慧、黄琦、罗芳。她们认真仔细地完成了文稿校对工作。

感谢志同道合的阅读者。祝福安好！

梁明月
2021 年 9 月

出 版 人　郑豪杰

责任编辑　薛　莉

版式设计　孙欢欢

责任校对　贾静芳

责任印制　米　扬

图书在版编目（CIP）数据

教育中的直觉／（美）内尔·诺丁斯，（美）保罗·
J.肖尔著；梁明月，王慧译．—北京：教育科学出版
社，2023.6（2024.5 重印）
（世界教育思想文库）
书名原文：Awakening the Inner Eye：Intuition
in Education
　ISBN 978-7-5191-3096-1

　Ⅰ.①教… Ⅱ.①内… ②保… ③梁… ④王… Ⅲ.
①教育研究 Ⅳ.① G40-03

中国国家版本馆 CIP 数据核字（2023）第 081854 号

北京市版权局著作权合同登记　图字：01-2018-6563 号

世界教育思想文库

教育中的直觉

JIAOYU ZHONG DE ZHIJUE

出 版 发 行	教育科学出版社		
社　　　址	北京·朝阳区安慧北里安园甲 9 号	邮　　　编	100101
总编室电话	010-64981290	**编辑部电话**	010-64981252
出版部电话	010-64989487	**市场部电话**	010-64989572
传　　　真	010-64989419	网　　　址	http://www.esph.com.cn
经　　　销	各地新华书店		
制　　　作	北京金奥都图文制作中心		
印　　　刷	三河市兴达印务有限公司		
开　　　本	720 毫米×1020 毫米　1/16	版　　　次	2023 年 6 月第 1 版
印　　　张	17	印　　　次	2024 年 5 月第 2 次印刷
字　　　数	209 千	定　　　价	59.00 元